Alexander May · Friedrich Eschenbaum · Oliver Breitenstein

Projektentwicklung im CRE-Management

Springer
Berlin
Heidelberg
New York
Barcelona
Budapest
Hongkong
London
Mailand
Paris
Santa Clara
Singapur
Tokio

Alexander May · Friedrich Eschenbaum
Oliver Breitenstein

Projektentwicklung im CRE-Management

Leitfaden zur Ausschöpfung von Wertsteigerungs- und Kostensenkungspotentialen im Flächenmanagement

Mit 78 Abbildungen

Springer

Prof. Dr.-Ing. Alexander May
Universität Leipzig
Institut für Baubetribswesen und Bauwirtschaft
Jahnallee 59
04109 Leipzig

Friedrich Eschenbaum
Deutsche Bahn Immobiliengesellschaft mbH
Mörfelder Landstr. 55
60598 Frankfurt

Dipl.-Ing. Oliver Breitenstein
Universität Leipzig
Institut für Baubetriebswesen und Bauwirtschaft
Jahnallee 59
04109 Leipzig

ISBN 3-540-63489-4 Springer-Verlag Heidelberg New York

Die Deutsche Bibliothek - CIP-Einheitsaufnahme
May, Alexander:
Projektentwicklung im CRE-Management: Leitfaden zur Ausschöpfung von Wertsteigerungs- und Kostensenkungspotentialen im Flächenmanagement / Alexander May; Friedrich Eschenbaum; Oliver Breitenstein. - Berlin; Heidelberg; New York; Barcelona; Budapest; Hongkong; London; Mailand; Paris; Santa Clara; Singapur; Tokio: Springer, 1998
ISBN 3-540-63489-4

Einbandentwurf: de'blik, Berlin
Satz: Camera ready Vorlage durch Autoren
SPIN 10638504 7/3021 - 5 4 3 2 1 0 - Gedruckt auf säurefreiem Papier

VORWORT

Die gegenwärtige liegenschaftsbezogene Investitions- und Deinvestitionspolitik deutscher Unternehmen zeigt auf, daß ein professionelles Corporate Real Estate Management nur vereinzelt und bestenfalls im Ansatz betrieben wird.

So vielseitig wie die Zielgruppen für das Corporate Real Estate Management sind, so unterschiedlich sind auch Intention und Ausprägungsgrad in den jeweiligen Unternehmen. Die Bandbreite reicht von institutionellen Immobilieninvestoren, wie Versicherungen, bis zu Unternehmen mit traditionell großem Immobilienportfolio, wie TLG, Post, Bahn oder Telekom. Bei diesem Unternehmenstyp erhält das gesamte Spektrum des Corporate Real Estate Managements eine noch stärkere und ausgeprägtere Bedeutung für die liegenschaftsbezogene Unternehmenspolitik, deren Ziel es sein muß Wertsteigerungspotentiale bei nicht mehr betriebsnotwendigen Arealen aufzuzeigen und Kostensenkungspotentiale bei betriebsnotwendigen Flächen und Objekten auszuschöpfen.

Unter dem Aspekt langfristig nicht mehr benötigte Liegenschaften mit der effizientesten Wertschöpfung zu vermarkten, erhält die Projektentwicklung als einer von vier Bausteinen des Corporate Real Estate Management, neben dem Portfolio-, dem Verwertungs-, sowie dem Facility-Management, einen entscheidenden Stellenwert innerhalb dieses Aufgabenspektrums.

Eine einfache Verwertung durch Verkauf von Flächen „wie es steht und liegt“ wird ab einer gewissen Grundstücksgröße am Markt kaum plazierbar sein. Um das Potential für eine optimale Wertsteigerung auszuschöpfen, ist die Wertschöpfungskette in Abhängigkeit verschiedener Einflußfaktoren solange zu durchlaufen, bis projektspezifisch der optimale Verwertungszeitpunkt erreicht ist. Dies ist Aufgabe der Projektentwicklung.

Mit diesem Buch wird das gesamte Spektrum der Projektentwicklung, als ein wichtiger Baustein des Corporate Real Estate Managements mit allen relevanten Phasen und Aspekten, unter der spezifischen Voraussetzung von betriebseigenen Liegenschaften praxisnah aufgezeigt.

Die Intention der Autoren ist hierbei das Aufgabengebiet der Projektentwicklung inhaltlich so darzustellen, daß dem Leser eine globale und ganzheitliche Sichtweise der einzelnen Schritte ermöglicht wird. Anhand des Projektablaufes werden Aufgaben und Tools der einzelnen Projektphasen in verständlicher Form vermittelt, verdeutlicht und durch viele Praxisbeispiele hinterlegt.

Die einzelnen Bausteine des Corporate Real Estate Managements sowie die Aufgabenfelder der Projektentwicklung werden wissenschaftlich dargestellt. Mit besonderem Akzent werden die jeweiligen Phasen der Projektentwicklung von der Projektidee bis zu einzelnen Vermarktungsaspekten, unter der Berücksichtigung von Besonderheiten und signifikanten Einflußfaktoren aus der speziellen Thematik betriebseigener Liegenschaften, ausführlich aufgezeigt.

Dieses Buch wendet sich an Ingenieurbüros, Projektentwickler, Bauträger, Hochschulinstitute, Wissenschaftler und Studenten, um Grundlagen auf diesem Gebiet zu vermitteln, fachspezifische Ergänzungen zu geben und als Anregung zur Auseinandersetzung mit dieser Materie zu dienen.

Die Autoren möchten sich an dieser Stelle nochmals bei allen Fachbereichen der Deutschen Bahn Immobiliengesellschaft mbH in Frankfurt für das Engagement und die Mitarbeit bedanken. Weiterhin danken wir der Roland Ernst Gruppe und der ABB Grundbesitz GmbH. OHG für die Unterstützung und die wertvollen Anregungen.

Heidelberg, Mainz, Leipzig
im Herbst 1997

Alexander May
Friedrich Eschenbaum
Oliver Breitenstein

Abkürzungsverzeichnis

AN	Arbeitnehmer
AG	Arbeitgeber
BBP	Bebauungsplan
CAD	Computer Aided Design
CRE	Corporate Real Estate
DVP	Deutscher Verband der Projektsteuerer e.V.
ED	nur Einzel- und Doppelhäuser zulässig
g	Geschlossene Bauweise
FM	Facility Management
FNP	Flächennutzungsplan
GE	Grundstückseigentümer
GFZ	Geschoßflächenzahl
GRZ	Grundflächenzahl
NGF	Nettogeschoßfläche
PE	Projektentwicklung
VEP	Vorhaben- und Erschließungsplan
WA	Allgemeine Wohngebiete
WF	Wohnfläche
WR	Reine Wohngebiete
ZLT	Zentrale Leit-Technik

Inhalt

I Einleitung

I Einleitung

Projektentwicklung (PE) und Corporate Real Estate (CRE) - zwei Begriffe von häufig schillernder Ungenauigkeit und mangelnder Transparenz.

Hat zumindest der Begriff Projektentwicklung in der Baubranche seit Jahren einen immer ausgeprägteren Bekanntheitsgrad, wird mit dem Begriff Corporate Real Estate, das seinen Ursprung in den USA hat, nur ansatzweise und keinesfalls umfassend eine Definition verbunden.

Profit Center
Corporate Real Estate

Beschreibt die Projektentwicklung ein Tätigkeitsfeld mit Maßnahmenkatalog, versteht man CRE als eigenständiges unternehmerisches Geschäftsfeld oder zumindest Profit Center mit marktnahem Immobilienmanagement, um strategische Vorgaben zu definieren und umzusetzen.

Was verbindet beide Begriffe miteinander; welchen Stellenwert hat die Projektentwicklung im CRE, und gibt es in diesem Zusammenhang Abweichungen, Besonderheiten oder maßgebliche Einflußfaktoren, die sie von einer „klassischen" Projektentwicklung unterscheiden?

Professionelles CRE

Die gesamte deutsche Wirtschaft befindet sich im größten Umstrukturierungsprozeß der Nachkriegszeit. Zur Finanzierung dieses ametrischen Kapitalbedarfs in Höhe vieler Milliarden DM können wichtige monetäre Mittel durch ein professionelles CRE freigesetzt werden, indem sich Grundstücke und Liegenschaften zu einer neuen Ressource der Unternehmensstrategie eröffnen.

Die Immobilie, als „fünfte Unternehmensressource" nach Arbeit, Kapital, Technologie und Information, wird als Steuerungsinstrument in die Unternehmenspolitik eingebunden. Grundüberlegungen sind die Entwicklung und Realisierung von Wertsteigerungspotentialen bei nicht betriebsnotwendigen Flächen und andererseits eine Ausschöpfung von Kostensenkungspotentialen bei betriebsnotwendigen Flächen.

Sinn und Zweck von CRE

Sinn und Zweck von CRE ist die Renditeerzielung aus Immobilien, ohne den Hauptgeschäftszweig der jeweiligen Unternehmen zu verändern.

Betriebseigene Ressourcen werden intensiver genutzt, Kosten gesenkt und Synergiepotentiale geschaffen. Ziel ist die Rentabilitätssteigerung des Unternehmens.

Zielgruppen im CRE

Welche Zielgruppen können für CRE in Betracht gezogen werden?

Zum einen Unternehmen in Industrie und Handel mit entsprechendem Immobilienportfolio, zum anderen institutionelle Immobilieninvestoren, wie z. B. Versicherungen oder Banken; schließlich Unternehmen und Sondervermögen in staatlicher Hand mit erfolgten oder angestrebten Privatisierungsabsichten, wie z. B. die Deutsche Bahn AG.

Um den Brückenschlag und eigentlichen Stellenwert der Projektentwicklung im CRE zu erlangen, soll die Koexistenz der vier Bausteine innerhalb des Aufgabenspektrums gemäß Abb. 1 aufgezeigt werden.

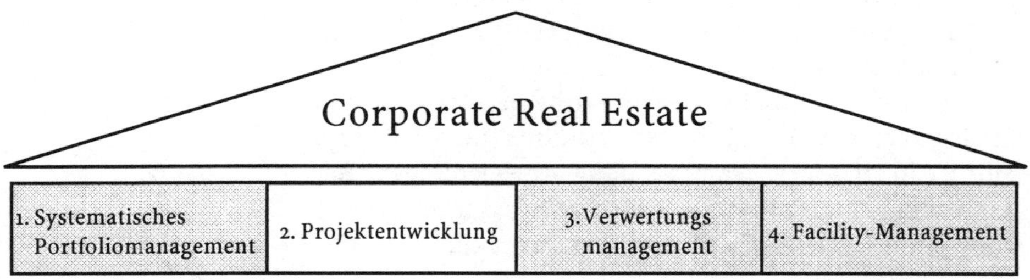

Abb. 1: Corporate Real Estate

Die Projektentwicklung kann als breites, vielseitiges und umfassendes Spektrum verstanden werden. Sie bildet die Gesamtheit aller Untersuchungen, unternehmerischen Entscheidungen, Planungen sowie anderer bauvorbereitender Maßnahmen, die für den Neu- und Umbau von Objekten sowie bebauten oder unbebauten Grundstücken als notwendig oder zweckmäßig erscheinen.

Projektentwicklung in Deutschland

Hierzulande ist eine systematische und intensive Projektentwicklung nur zum Teil ausgereift. Die einzelnen Aufgaben und Arbeitsschritte der Entwicklung von

Immobilien werden oftmals ohne Gesamtkoordination von verschiedenen Unternehmen, Abteilungen oder Personen ausgeführt. Unkenntnis auf diesem Sachgebiet, mangelndes Spezialwissen, fehlende Zusammenarbeit der Beteiligten sowie unausgereifte Vorgehensweisen wirken sich unter langfristiger Betrachtungsweise meist nachteilig auf die Entwicklung einer Immobilie aus und haben postum geringe Vermarktungschancen zur Folge. Des weiteren führen sie fast ausnahmslos zu unrentablen Renditen für Kapitalanleger und in nicht seltenen Fällen sogar zum kompletten Scheitern geplanter Projekte.

Entwicklung des Immobilienmarkts

Betrachtet man heute den Immobilienmarkt, so stellt man nicht nur in den großen Ballungsgebieten weitgehend eine Sättigung fest. Insbesondere Büro- und Gewerbeimmobilien konkurrieren um die besten Standorte. Die Fachmedien prognostizieren und belegen schon seit langem hohe Leerstandsraten bei der Flächenvermietung, doch trotzdem versprechen sich die meisten Entwickler noch immer auskömmliche Renditen sowie gute Vermarktungsmöglichkeiten „ihres" Projekts.

Wandlung des Immobilienmarkts

Zurückzuführen ist diese Situation auf eine grundlegende Wandlung des Immobilienmarkts. Ausgehend von der Wiederaufbauphase in der Nachkriegszeit herrschte am „Immobilienmarkt" ein starker Nachfrageüberhang, so daß selbst geringwertige Objekte an schlechten Standorten reißenden Absatz fanden. Somit war es für die Anbieter (in diesem Fall einzelne Bauträger, Investoren, Bauspekulanten etc.) fast problemlos möglich, sich am Markt zu etablieren.

Erst seit Mitte der 80er Jahre hat sich der Immobilienmarkt grundlegend gewandelt, wobei die Wiedervereinigung und dem damit ausgelösten „Bauboom" in den neuen Bundesländern (besonders in den Städten Berlin (Ostteil), Leipzig und Dresden) einen erheblichen Beitrag zu dieser Entwicklung geleistet hat. Bei dieser Systematik ist insbesondere eine Nachfrage durch steuerliche Aspekte entstanden. Die „echte" marktorientierte Nachfrage wurde dadurch weitgehend überdeckt. Teilweise ist es durch diesen Ansatz zu einer erheblichen Fehlentwicklung auf dem Immobilienmarkt gekommen.

Veränderung der Marktkonstellation

Eine Veränderung der Marktkonstellation zu Gunsten der Nutzer und deren Nachfrage ist die Folge eines über Jahre hinweg gestiegenen Immobilienangebots bis hin zum heutigen Überangebot an vermiet- bzw. vermarktbaren Flächen.

Für die Projektentwicklung bedeutet dies eine Wandlung von einem Verkäufermarkt hin zu einem Nutzermarkt, und dieser Nutzer bestimmt nun erheblichem Umfang die komplette Marktsituation und somit letztlich über den Erfolg oder Mißerfolg der einzelnen Projekte.

Funktionalität und Flexibilität als entscheidende Grundsätze

Gerade im Zusammenhang mit der Spezialisierung in allen Bereichen der Wirtschaft, zunehmender Rationalisierung und Automatisierung werden wesentlich höhere Anforderungen an eine Immobilie und somit auch an deren Entwicklung gestellt. Die Zeiträume für eine bestimmte Nutzung, bedingt durch den rasanten technischen Fortschritt, werden immer kürzer. So ist es ein Gebot der Zeit, daß Funktionalität und Flexibilität als entscheidende Grundsätze an das Anforderungsprofil einer Projektentwicklung gestellt werden müssen.

PE im Rahmen des CRE

In diesen Darstellungen liegt jedoch auch ein strategischer Ansatz zwischen der Projektentwicklung als „reiner Dienstleistung" und der Projektentwicklung im

Abb. 2: Nebengleise eines Bahnhofs

Rahmen des CRE, also der Entwicklung unternehmenseigener Flächen.

Werden in einem späteren Kapitel die drei verschiedenen Ausgangssituationen für eine Projektentwicklung aufgezeigt, ist diese beim CRE verständlicherweise jedesmal gleich: für ein vorhandenes, verwertbares Grundstück wird ein Nutzer oder Investor gesucht. Diese Systematik, bei der der sonst übliche erste Kostenblock, der Erwerb und die Finanzierung des Grundstücks nicht entstehen, ergibt zwangsläufig auch die Abkehr der Notwendigkeit des Grundstückseigentümers zu einer „spekulativen" Projektentwicklung. Der Umkehrschluß bedeutet hierbei, daß falls kein vermarktungsfähiges Konzept erarbeitet werden kann, entsprechende Flächen im Bestandsportfolio zu belassen sind, bis sich eine konkrete Verwertungsmöglichkeit auf dem Immobilienmarkt bietet. Abbildung 2 zeigt ein solches stillgelegtes Bahnareal.

Beim CRE gilt somit: Keine Projekte „für den Markt", sondern konkret für Nutzer und Investoren.

Um in der Einleitung auch einen ersten visuellen Überblick entsprechender Flächen für eine Projektent-

Abb. 3: Nebengebäude eines alten Bahnhofs

wicklung im Rahmen des CRE aufzuzeigen, stellen die Abb. 2 und 3. die Aufnahme ein Areals dar, für welches ein Verwertungskonzept erarbeitet werden soll.

Das Spektrum der Problematik für eine Projektentwicklung reicht von abbruchreifen Aufbauten (gemäß Abb. 3) mit entsprechenden aufwendigen Rückbaumaßnahmen, Umnutzungs,- Sanierungs- und Integrationsmöglichkeiten, mangelnder oder unzureichender Erschließung, Denkmalschutzauflagen (gemäß Abb. 4) für Gebäude, Gebäudeteile oder komplette Anlagen bis hin zu Kontaminierungen durch entsprechende Altlasten.

Abb. 4: Bayerischer Bahnhof Leipzig

II BAUSTEINE DES CORPORATE REAL ESTATE (CRE)

1 Definition und Aufbau des Corporate Real Estate

Verteilung des Unternehmensvermögens

Der Anteil des Immobilienvermögens von Unternehmen beträgt je nach Wertansatz in vielen Fällen mehr als 50 % des Gesamtvermögens, und die mit ihm verbundenen immobilienspezifischen Kosten bilden nach denen des Personals den größten Kostenfaktor mit 5-10 % des Gesamtumsatzes.

Diese fundamentale Vermögens- und Kostenwirksamkeit der betrieblichen Immobilien wurde bisher unterschätzt und fordert die Neugestaltung der bis dato rein funktionserhaltenden Verwaltung betrieblicher Gebäude. In den letzten Jahren hat sich in Wirtschaftsunternehmen und bei der öffentlichen Hand ein starkes Kostenbewußtsein durchgesetzt. Produktionen und Verwaltung wurden optimiert. Organisationsmethoden, wie z. B. Lean-Management, Just-In-Time, Fertigungssegmentierung usw. haben sich am Markt etabliert. Doch der Bereich der Immobilie wird von vielen noch stiefmütterlich behandelt. Durch zunehmend schwierigere konjunkturelle Einflüsse und wachsenden Kostendruck ist es an der Zeit, diesen Kostenblock zu optimieren.

Corporate Real Estate als neue Strategie

Der in den USA entstandene Fachbegriff *Corporate Real Estate* soll hier mit neuen Strategien Abhilfe und Optimierung schaffen. Einige Konzerne haben inzwischen dieses professionelle Immobilienmanagement eingeführt. Es entstehen Konzepte zur Verwertung von brachliegenden, entbehrlichen Grundstücken und zur anderweitigen Nutzung überflüssiger Gebäudeflächen. In vielen Fällen ergeben Bestandsanalysen, daß mehr als 20 % der betrieblichen Immobilien nicht notwendig sind und somit verwertet werden können. Durch professionelles *Corporate Real Estate Management* können so wichtige Mittel freigesetzt werden, um den Umstrukturierungsprozeß der deutschen Wirtschaft mit

Corporate Real Estate Management

dem dazu nötigen Kapitalbedarf zu finanzieren. Grundstücke und Liegenschaften entwickeln sich zu einer neuen Ressource für die Unternehmensstrategie. Die Immobilie, auch bezeichnet als „fünfte Unternehmensressource" nach Arbeit, Kapital, Technologie und Information, wird in die Unternehmenspolitik eingebunden mit der Philosophie CRE als strategisches Führungsinstrument.

Grundüberlegung im CRE

Grundüberlegungen sind hierbei das Aufzeigen und Entwickeln von Wertsteigerungspotentialen bei nicht betriebsnotwendigen Arealen und umgekehrt, eine Ausschöpfung von Kostensenkungspotentialen bei betriebsnotwendigen Flächen und Objekten.

Sinn und Zweck von CRE ist die Renditenerzielung aus Immobilien, ohne den Hauptgeschäftszweig zu verändern. Zudem ist das betriebliche Immobilienmanagement in der Lage, einen Beitrag zur Sicherung und Stärkung der Wettbewerbsfähigkeit von Unternehmen zu leisten - Immobilien bieten dazu grundsätzlich viele Möglichkeiten.

Strategien und Methoden des CRE sollen dazu beitragen, daß Unternehmensziele unterstützt und letztendlich besser erreicht werden. Betriebseigene Ressourcen werden intensiver genutzt, Kosten gesenkt und Synergiepotentiale aufgezeigt.

Als CRE wird (gemäß Abb. 5) das Einbringen von immobilienspezifischem Know-how in die Welt der betrieblichen Liegenschaften verstanden.

Ziele des CRE

Die wesentlichen Aufgaben des CRE lassen sich in vier Gruppen unterscheiden :

1. Formulierung immobilienbezogener Ziele und Strategien zur Festlegung der Entwicklungsrichtung der Immobiliendimension eines Unternehmens und Anpassung an sich ändernde Umweltbedingungen.
2. Optimaler Einsatz und Allokation der immobilienbezogenen Ressourcen und Kapazitäten durch den Immobilienbereich (Berücksichtigung interner und externer Nutzerbedürfnisse).
3. Die für das Immobilienmanagement zuständigen Entscheidungsträger steuern die operativen Immobilienaktivitäten, die in der Regel dezentral und primär unter Einsatz externer Dienstleister erbracht werden.

4. Optimale Koordination der Immobilienstrategien mit den generellen Wettbewerbsstrategien eines Unternehmens bzw. seiner Geschäftsfelder im Hinblick auf eine Verbesserung der Leistungs- und damit Wettbewerbsfähigkeit des Gesamtsystems zu bewirken

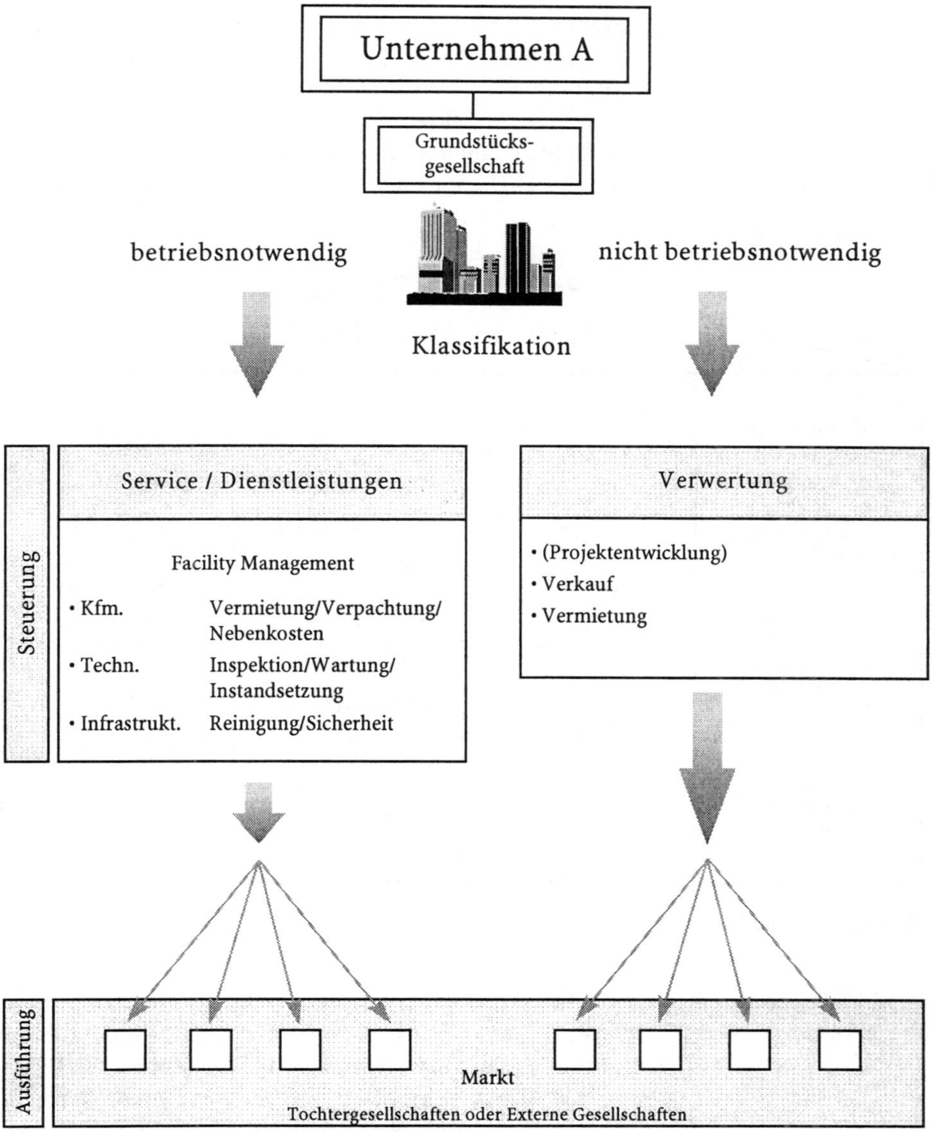

Abb. 5: Vorgehensweise im CRE

1.1 Aufgabenfelder im CRE

Am Anfang der Umsetzung von CRE (gemäß Abb. 6) im Industrieunternehmen steht der aufwendigste, aber auch wichtigste Schritt in Form einer Bestandsaufnahme. Hierbei müssen alle Objekte, Flächen und Gebäude systematisch erfaßt werden, wobei eine Bewertung des Bestandes nach Marktkriterien (z. B. Vergleichsmieten) und Nutzung (z. B. Produktionshalle) durchgeführt werden muß

Sind alle Objekte erfaßt, muß das Bestandsportfolio nach betriebsnotwendigen und nicht betriebsnotwendigen (entbehrlichen) Flächen und Gebäuden systematisch getrennt werden.

Corporate Real Estate

1. Systematisches Portfoliomanagement	2. Projektentwicklung	3.Verwertungs management	4. Facility-Management
· Portfolioaufbau (Differenziert in Betriebs-notwendig/Entbehrlich) · Grundstücksdaten · Mieter-/Vermietungs-daten · Wertermittlung · Altlastenerfassung · Portfolioanalyse · Strukturieren · Vergleichen · Umsetzungsstrategie · Verwertungskonzept · An-/Verkauf · Vermietung/Verpacht. · Erbbaurecht · Beleihen · Entwickeln	· Feasibility-Studie · Markt-/Standortanalyse · Nutzungskonzept · Wirtschaftlichkeits-berechnung · Developmentkonzept · Verwertungskonzept · Finanzierungsmodell ·Marketingkonzept · Marketing · Investoren · Mieter / Käufer	· Unterteilung schnell-, mittel- und langfristig verwertbare Grundstücke · Renditepotential · Einsparungspotential · Marketingkonzept · Objektaufbereitung · Aktionen / Events · Public Relation · Finanzierungskonzept	· Technisches Konzept · Gebäudetechnik · Ver- und Entsorgung · Recycling · Infrastrukturelles Konzept · Flächen-/Raumplanung · Kostenerfassung · Servicedienste · Kaufmännisches Konzept · Controlling · Objektbuchhaltung · Finanzierung

Abb. 6: Bausteine des CRE

Entbehrliche und betriebsnotwendige Flächen

Entbehrliche Flächen und Gebäude werden unter den Prämissen eines Verwertungsmanagements dem Verkauf (Direktverwertung) oder der Projektentwicklung zugeführt (Einordnen in entsprechende Verwertungsmodelle). Bei den betriebsnotwendigen Flächen und baulichen Anlagen wird eine interne Miete eingeführt. Dabei ist es wichtig, daß die Nebenkosten nutzerspezifisch abgerechnet werden (nach Möglichkeit keine Pauschalen!). Bei den internen Mieten ist darauf zu achten, daß diese analog zu vergleichbaren Marktkonditionen erhoben werden und in entsprechenden Abständen den Vergleichsmieten der Regionen angepaßt werden.

Verwertung entbehrlicher Flächen

In einem späteren Schritt wird eine Optimierung des genutzten Portfolios durchgeführt. Durch Projektentwicklung (PE) sollen die entbehrlichen Flächen, nach entsprechenden Variantenmodellen, einer Verwertung zugeführt werden. Ziel hierbei ist es, die verschiedenen Wertsteigerungsphasen in der Wertschöpfungskette zu durchlaufen, um eine maximale Rendite zu erwirtschaften.

Durch ein entsprechend organisiertes Facility Management (FM) soll eine Kostenoptimierung an allen betriebsnotwendigen Objekten mit dem Ziel einer Kostensenkung durchgeführt werden (ausführliche Erklärung zu Facility Management in Kap. 3).

1.2 Praxisbeispiele

Praxisbeispiele

Die Zahl der Unternehmen, die aktives Immobilienmanagement betreiben, wächst langsam aber stetig an. Zu erwähnen sind z. B. IBM, American Express, BASF, Deutsche Bank.

Die „Union Pacific Railroad Company" ließ 22.000 Meilen Grundstücksareale entlang den Schienensträngen bewerten. Das Ergebnis dieser Untersuchung wahren ungenutzte Grundstücksteile im Wert von 250-300 Mio. US$, mit denen die Betriebseinnahmen um 15-20 % gesteigert werden könnten.

Die „Mellon Bank" bringt jährlich 150-160 Mio. US$ an Ausgaben für Büronutzung auf. Berater haben mehr als 30 Standorte im Nordosten Amerikas neu bewertet und durch Verkauf, Umnutzung und externe Vermietung von fast 40.000 m^2 wurden Kosteneinsparungen von rund 20 % erzielt.

ABB (Asea Brown Boveri), ein internationaler Elektronikkonzern mit 42 Mio. m^2 Grundstücksfläche und 12 Mio. m^2 Nutzfläche in 33 Ländern, hat durch den Einsatz von aktivem Immobilienmanagement allein in der Schweiz den Bestand der Nutzflächen um 40 % verringert.

2 Projektentwicklung

2.1 Begriffsdefinition

Der Projektbegriff hat seinen Ursprung im technischen Bereich, insbesondere in bezug auf die Realisierung von Großvorhaben im Anlagenbau sowie in der Luft- und Raumfahrt. Heute findet er aber auch in nicht technischen Aufgabenfeldern, wie bei Investitionsvorhaben, Informationssystemen oder neuartigen Produkten, Verwendung. Allerdings herrschen speziell in der Immobilienbranche unterschiedliche und teilweise abstrakte Vorstellungen hinsichtlich der Bedeutung und Funktion dieses Begriffs. Allein beim Literaturstudium begegnen dem Leser eine Vielzahl von nicht einheitlich verwendeten, ja selbst inhaltlich voneinander abweichenden Definitionen der Projektentwicklung. In diesem Zusammenhang sei darauf hingewiesen, daß der englischsprachige Begriff „Development" synonym für Projektentwicklung verwendet wird.

Projekt nach DIN

Die *DIN* definiert beispielsweise den Projektbegriff als ein „...Vorhaben, das im wesentlichen durch die Einmaligkeit der Bedingungen in seiner Gesamtheit Zielvorgabe durch zeitliche, finanzielle, personelle oder andere Begrenzungen Abgrenzung gegenüber anderen Vorhaben und durch projektspezifische Organisation gekennzeichnet ist."[1]

Demnach kann auch die Errichtung eines Bauwerks als Projekt bezeichnet werden, da die o.g. Kriterien weitgehend erfüllt sind.[2]

---

1 DIN 69901: Projektwirtschaft/Projektmanagementbegriffe, August 1987

2 Vgl.: Brandenburger, J. R.: Ernst: Projektmanagement im Bauwesen, Zürich ,1991, S. 10

Nach *Retter* wird Projektentwicklung wie folgt definiert:

„Unter Projektentwicklung bei Grundstücken kann man die Summe aller Untersuchungen, unternehmerischen Entscheidungen, Planungen und anderer bauvorbereitender Maßnahmen verstehen, die erforderlich oder zweckmäßig sind, eines oder mehrere Grundstücke (Erbbaurechte) zu überbauen oder die Verwirklichung einer sonstigen Nutzung vorzubereiten, ferner die Durchführung der baulichen oder sonstigen Nutzung im wirtschaftlichen Bereich zu sichern."[3]

Dabei handelt es sich in erster Linie um einen deskriptiven Ansatz, der dem originären Charakter der Projektentwicklung nicht in vollem Umfang Rechnung trägt.[4] Aus diesem Grunde wird im Folgenden von diesem Ansatz Abstand genommen.

Der Deutsche Verband der Projektsteuerer e.V. (DVP) bedient sich einer systematisierenden Darstellung unter dem Gesichtspunkt einer ganzheitlichen Betrachtungsweise:

„Projektentwicklung bedeutet Kombination von Standort, Projektidee und Kapital, so daß einzelwirtschaftlich wettbewerbsfähige und zugleich gesamtwirtschaftlich sozial- und umweltverträgliche Bauinvestitionen geschaffen und gesichert werden."[5]

Definition Projektentwicklung

Die Autoren dieses Buches verstehen unter Projektentwicklung die Summe aller

technischen / architektonischen
wirtschaftlichen
rechtlichen

Maßnahmen mit dem Ziel, ein Projekt innerhalb eines vorgegebenen

Kostenrahmens
Qualitäts-, Ressourcenrahmens,
Zeitrahmens
zu realisieren.

---

3 Vgl.: Retter, Projektentwicklung, S. 337, übernommen von Heuer: „Vermarkten" Teil 6, Kapitel 3, S. 1/ Falk: „Immobilien- Handbuch" Kapitel 15.1, S. 1/ Bohne- Winkel: „Das strategische Management von offenen Immobilienfonds", S. 42

4 Vgl.: Bohne- Winkel, Stephan: Das strategische Management von offenen Immobilienfonds, Köln 1994, S. 42

5 DVP: Informationen 1994, Wuppertal 1994, S. 11

Aufgaben der Projektentwicklung

Die Projektentwicklung hat somit die Aufgabe, die *wirtschaftlichen* (z. B. Renditeberechnung), *technischen* (z. B. Gebäudekonzeption) und *rechtlichen* (z. B. Kaufvertrag) Grundlagen, die zur Durchführung eines Projekts notwendig sind, zu schaffen.

Mit dieser Definition nehmen die Autoren bewußt Abstand vom Deutschen Verband der Projektsteuerer e.V. (DVP). Dieser sieht hauptsächlich die technischen Leistungen des Projektentwicklers und der Projektsteuerung. Als wirtschaftliche Aspekte werden Kostenschätzung, Kostenberechnung, Kostenanschlag und Kostenfeststellung sowie Mittelabflußkontrolle und Benutzerkosten gesehen.

Die rechtliche Seite wird folgendermaßen erwähnt: „Die Rechts- und Steuerberatung können als standesrechtlich geschützte Leistungen nicht zu den Projektsteuerungsleistungen zugerechnet werden."[6]

Der Projektentwickler

Der Projektentwickler und Projektsteuerer hat jedoch die Aufgabe, öffentlich-, zivil- und steuerrechtliche Aufgaben zu erkennen und deren Lösung durch Fachleute herbei zu führen.

Projektentwicklung betreiben zumeist Personen aus den Berufsgruppen der Architekten, Bauingenieure, Kaufleute oder Juristen.

Anhand des überaus komplexen und umfassenden Aufgabenfeldes einer Projektentwicklung ist der Developer in aller Regel damit überfordert, sämtliche Teilaspekte der anfallenden und geforderten Leistungen (besonders im Detail) durch sein eigenes „Know-how" abzudecken.

Projektteams in der Projektentwicklung

Durch dieses heterogene Leistungsbild ist es somit ratsam, zru Durchführung der Projektentwicklung jeweils „Projektteams" zu gründen, damit in die gestellten Aufgaben das nötige Fachwissen mit entsprechender Determinanz einfließen kann. Art und Umfang einer solchen Konstellation hängen in aller Regel von der Größe und Anforderung des entsprechenden Projekts ab.

Projektentwicklung ist eine Aneinanderkettung inhaltlich verschiedener, teilweise in sich selbst abgeschlossener Leistungsphasen und Arbeitsschritte, welche in einem stringenten oder deduktiven Bezug bzw. Verhältnis zueinander stehen (z. B. Standortanalyse-

6 DVP: Informationen 1994, Wuppertal 1994, S. 19

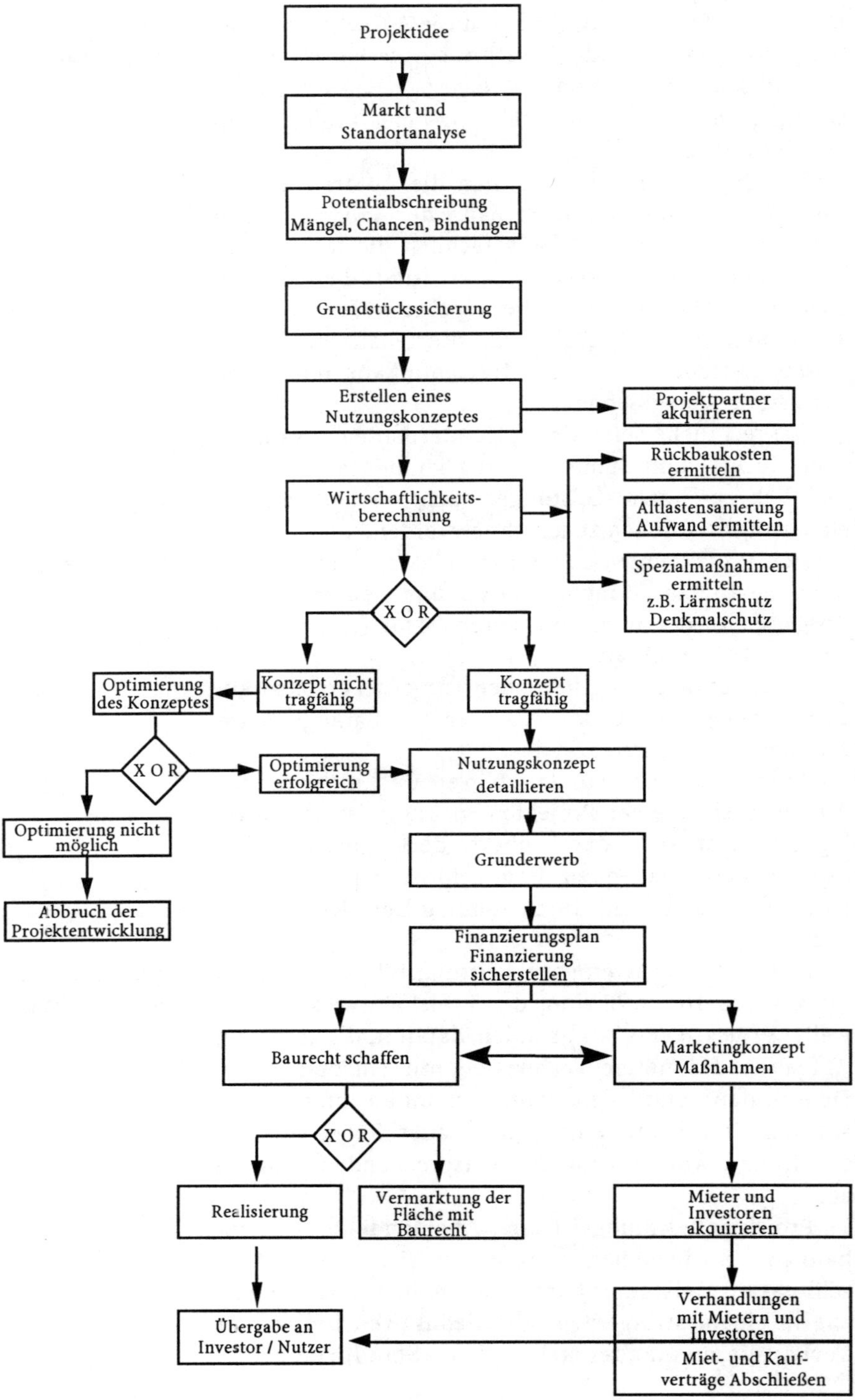

Abb. 7: Ablaufschema Projektentwicklung

Nutzungskonzept). Des weiteren ist der jeweilige Arbeitsschritt in seiner Reihenfolge durchaus flexibel und teilweise primär in Abhängigkeit der Projektgröße (Kostenvolumen), sogar entbehrlich.

Ablaufkette der Projektentwicklung

Einen besonderen Stellenwert in dieser Ablaufkette erhalten die Punkte Nutzungskonzept, Wirtschaftlichkeitsberechnung und Vermarktung.

In das Nutzungskonzept fließen sämtliche Daten und Wertungen der Markt- und Standortanalyse, des architektonischen bzw. städtebaulichen Konzepts und Belange baurechtlicher Anforderungen ein.

In die Wirtschaftlichkeitsberechnung fließen sämtliche Daten des baulichen Planungskonzepts, zusätzlicher und besonderer Maßnahmen (z. B. Kosten für Altlastensanierung), sowie die Annahmen der Erlöse (Mieten und Verkaufspreise) des gewählten Verwertungsmodells ein.

Die Vermarktung hat letztlich die entscheidende Aufgabe, einen Abnehmer (Nutzer oder Käufer) für das Produkt zu finden sowie das Projekt zu etablieren und bekannt zu machen (Marketing).

In Abb. 7 „Ablaufschema in der PE" werden die einzelnen Arbeitsschritte in der Projektentwicklung - der „klassische Ablauf" dargestellt.

Bei einer Projektentwicklung stellt dieser gesamte Ablauf in aller Regel einen iterativen Prozeß dar, bei dem entsprechende Phasen auch eine höchst unterschiedliche Intensität erhalten können.

Die einzelnen „Phasen" sind dabei teilweise flexibel konfigurierbar. So kann bei entsprechenden Projekten z. B. das Akquirieren von Mietern und Investoren, bereits zu einem sehr viel früheren Zeitpunkt erfolgen.

2.2 Das Leistungsbild der Projektentwicklung

Leistungsbild der Projektentwicklung

In Anlehnung an die 5stufige Unterteilung durch den DVP

1. Projektvorbereitung
2. Planung
3. Ausführungsvorbereitung
4. Ausführung
5. Projektabschluß

Funktionsmatrix	wirtschaftlich	technisch/ architektonisch	rechtlich
Projekt-vorbereitung	• Projektbudget • Marketingkonzept • Finanzierungskonzept • Wirtschaftlichkeits-betrachtung	• Ezeptrschließungskon • Außenanlagenkonzept • Gebäude- und Stellplatzkonzept • Organigramm aller Projektbeteiligten • Städtebau • Architektur • Haustechnik • Zeitplanung	• Planungs- und Bauordnungsrecht • Voraussetzungen prüfen • Eigentumsverhältnisse prüfen • Miet- und Pachtver-hält nisse prüfen • steuerrechtliche Aspekte prüfen • Umsetzungsmodell
Projekt-planung	• Kostenbudget • Wirtschaftlichkeits-berechnung • Sicherung der Finanzierung	• Durchführung aller Planungen/Leistungen • Terminplanung • Angebotseinholung und - auswertung • Beweissicherung	• Kaufvertrag • Bauplanungs- und bauordnungsrechtliche Bearbeitung und begleitung • Grundbuchbearbeitung • Vertragsabschlüsse mit allen Projektbeteiligten
Projekt-durch-führung	• Durchf. der Verträge • Prüfung und Freigabe von Zahlungsforderungen • Kostenfeststellung • Sicherheiten / Gewähr-leistung • Marketing • Budgetcontrolling	• Realisierungscontrolling • Auftragsverhandlung und -vergabe • Terminüberwachung • Abnahme • Inbetriebnahme • Übergabe	• Realteilung • Baulasten und Dienstbarkeiten • Nachtragsforderungen
Projekt-abschluß	•Vermietung • Verkauf • Erbbaurecht	• Mängelfeststellung • Erstellen von Bestandsplänen	• Bürgschaften

Abb. 8: Funktionsmatrix

wäre gemäß der Definition von Projektentwicklung, mit ihren wirtschaftlichen, technischen/architektonischen sowie rechtlichen Maßnahmen, eine Aufteilung in vier Projektstufen denkbar. Diese kann wie folgt aussehen:

1. Projektvorbereitung
2. Projektplanung
3. Projektrealisierung
4. Projektabschluß

In der Funktionsmatrix (gemäß Abb. 8) sind die jeweiligen Leistungen der einzelnen Phasen, unterteilt nach wirtschaftlichen, technischen/architektonischen und rechtlichen Maßnahmen, dargestellt.

2.3 Aufgaben der Projektentwicklung (im CRE)

Zentrale Aufgaben

Die Projektentwicklung erhält im CRE die zentrale Aufgabe, sämtliche Potentiale, welche in disponiblen und

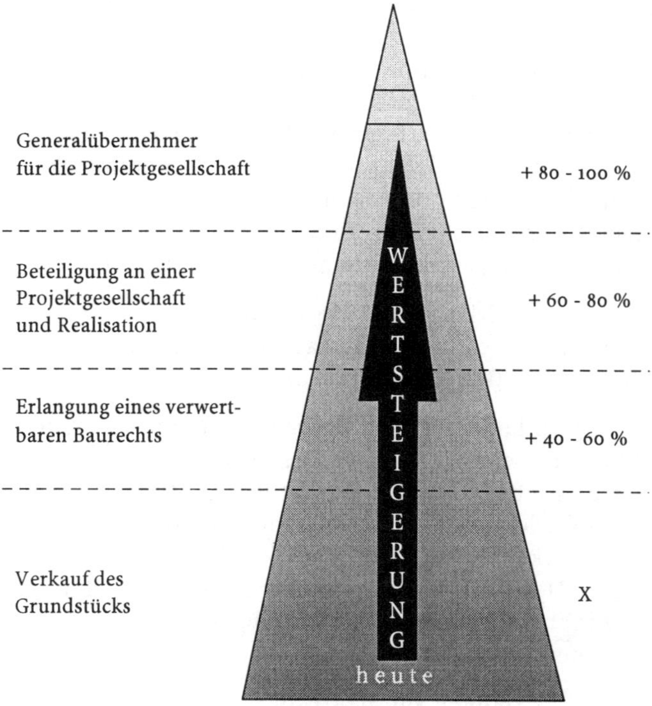

Abb. 9: Wertsteigerungspotentiale für Flächen ohne Baurecht

verwertbaren Grundstücken liegen, aufzuzeigen und zu aktivieren, Chancen und Risiken derselben abzugleichen und letztlich eine Aufwertung des Grundstücks zu erhalten, indem die effizientesten Phasen der einzelnen Entwicklungsstufen, in Abhängigkeit des Verwertungszieles, durchlaufen werden.

Wertsteigerungspotentiale durch PE

Ein „Rohdiamant" (z.B. eine verwertbare Fläche als Industriebrache) erhält durch die Projektentwicklung ihren „Feinschliff", indem z.B. in einem ersten Schritt (bzw. einer ersten Phase der PE) diese Flächen mit einem Baurecht versehen werden. Das Wertsteigerungspotential, welches in dieser Systematik schlummert, soll in Abb. 9 verdeutlicht werden.

2.4 Verwertungsphasen in der Projektentwicklung (im CRE)

Potential der Wertsteigerungsmöglichkeit

Das Potential der Wertsteigerungsmöglichkeit einer entbehrlichen, verwertbaren Fläche steht in bezug zur jeweils gewählten Phase (gemäß Abb. 10) in der Wertschöpfungskette.

Grundsätzlich kann davon ausgegangen werden, daß beim Durchlaufen dieser Kette eine Rendite- und Ertragsmaximierung erfolgt. Im Rahmen der Projektentwicklung können 3 Phasen in der Wertschöpfungskette definiert werden, die auch gleichzeitig als „Meilensteine" zur Entscheidungsfindung für ein entsprechendes Verwertungsziel im Rahmen des CRE stehen:

Phase 1: Erlangen von Baurecht
Phase 2: Schaffung von baureifen Grundstücken
Phase 3: Gebäuderealisierung

Prinzipiell könnte diesen Phasen noch eine zusätzliche „Phase 0" vorangestellt werden, wobei hier eine Verwertungsmöglichkeit angestrebt würde, die bewußt auf eine Entwicklung des entsprechenden Areals verzichtet (z.B. Verkauf eines Grundstücks „wie es steht und liegt"). Der Umfang der entsprechenden Entwicklungsmaßnahmen innerhalb der jeweiligen Phasen sind im einzelnen (gemäß. Abb. 10):

Phase 1 Erlangen von Baurecht

Phase 1
Erlangen von Baurecht

In Abhängigkeit von Parametern, wie z.B. Größe des Grundstücks, Einbindung in das städtebauliche Umfeld, zeit- bzw. terminbezogene Aspekte sowie spezifische Investoren- oder Nutzerbelange, stehen hierzu verschiedene Möglichkeiten zum Erlangen von Baurecht zur Verfügung (z. B. Bebauungsplan), die in einem späteren Kapitel noch detaillierter betrachtet werden.

Nach Abschluß dieser Phase ist das entsprechende Grundstück mit einem Baurecht versehen und hat durch diese Maßnahme einer *„erste“* Wertsteigerung erfahren.

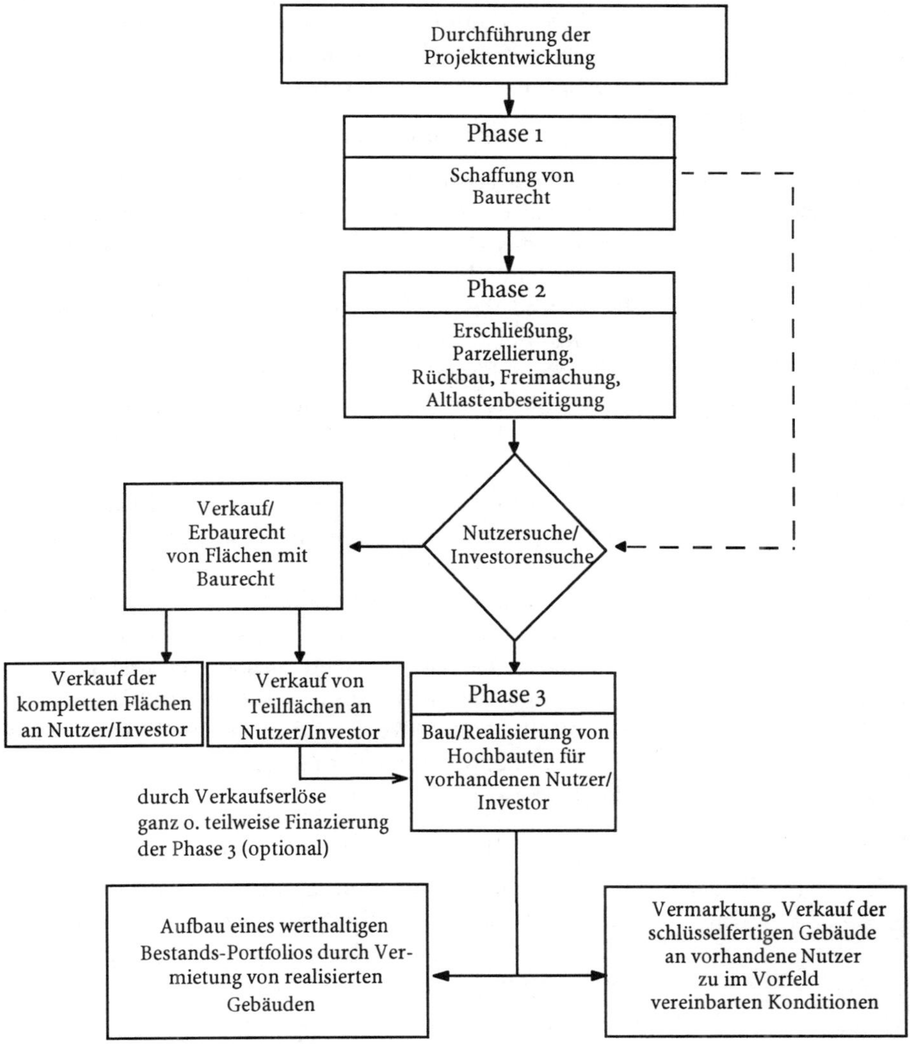

Abb. 10: Phasen der PE nach Wertabschöpfungskette

Phase 2 Schaffung von baureifen Grundstücken

Phase 2
Schaffung von baureifen Grundstücken

Phase 2 schließt sich unmittelbar an Phase 1 an. In dieser Phase sind erste bauliche Maßnahmen (primär Tief- und Straßenbaumaßnahmen) mit dem entsprechenden Areal verbunden. Ziel ist die Vermarktung eines erschlossenen, parzellierten und baureifen Grundstücks. Notwendige Rückbaumaßnahmen (z. B. Abbruch bestehender Gebäude) sowie technische Maßnahmen zur Sanierung (oder Sicherung) eventuell vorhandener Altlasten sind in diesem Umfang ebenfalls enthalten.

Nach Abschluß dieser Phase ist das entsprechende Grundstück baureif und hat durch diese Maßnahmen eine „zweite" Wertsteigerung erfahren.

Phase 3 Gebäuderealisierung

Phase 3
Gebäuderealisierung

Diese Phase schließt sich unmittelbar an Phase 2 an. In dieser Phase erfolgt die Realisierung von Gebäuden. Im Rahmen des CRE sollten grundsätzlich nur nutzerspezifische bauliche Maßnahmen erfolgen, das heißt, der Nutzer und dessen Anforderungsprofil für ein entsprechendes Gebäude stehen im Vorfeld bereits fest. Für spekulative Bautätigkeiten sowie ein „Bauen für den Markt" (= klassische Tätigkeit eines Projektentwicklers) besteht im Rahmen und aus der Sichtweise des CRE keinerlei Notwendigkeit.

Das Grundstück erfährt in Phase 3 keine weitere Wertsteigerung. Die Potentiale zur weiteren Gewinnmaximierung liegen hierbei in erster Linie in der Ertragsabschöpfung bei Gebäuderealisierungen (typische Bauträgerfunktion) sowie in den Leistungen eines eventuellen Planungs- und Realisierungsmanagements.

Wie weit die Wertschöpfungskette durchlaufen werden soll und welche Verwertungsphase bei dem jeweiligen Projekt bzw. Grundstück angestrebt wird, hängt von folgenden zwei Faktoren ab:

1. *Immobilienmarktspezifische Aspekte*

Steht z. B. ein Nutzer oder Investor bereits im Vorfeld einer Entwicklungsmaßnahme fest, kann durch das absente Risikopotential das komplette Durchlaufen der Wertschöpfungskette bis zur Phase 3 erfolgen.

2. *Unternehmenspolitische Aspekte*

CRE hat die Aufgabe, zusätzliche Renditen aus der Immobilienverwertung zu erzielen, ohne daß der Hauptgeschäftszweig des jeweiligen Unternehmens verändert wird. Aus diesem Grund muß ein Abgleich der gesamten Unternehmensinteressen erfolgen. Wird als Priorität ein schneller Verwertungserlös gefordert, kann unter einem solchen Aspekt die Wertabschöpfungskette eventuell nur bis zur Phase 1 durchlaufen werden.

2.5 Verwertungsmodelle

Verwertungsmodelle

In den Verwertungsmodellen werden Maßnahmen und Vorgehensweise definiert, welche in direktem Zusammenhang zur Umsetzung einer entsprechend gewählten Verwertungsphase und deren Zielsetzung stehen.

Im Rahmen des CRE sollen drei verschiedene Modelle aufgezeigt werden, deren Intention in Abb. 11 zusammengefaßt wird.

2.6 Vergütung / Honorierung der Projektentwicklungsleistung

Vergütung von PE - Leistungen

Ein Vergütungs- bzw. Honorarschema, analog der HOAI für Architekten und Ingenieure oder der Leistungs- und Honorarordnung Projektsteuerung der DVP, gibt es für die Leistungen einer Projektentwicklung nicht. Da es hierdurch auch keine direkten Bezugs- und Vergleichsgrößen für die Ermittlung der Höhe des Honorars gibt, wird die Vergütung der Leistungen im allgemeinen zwischen Auftraggeber und Auftragnehmer ausgehandelt.

Grundsätzlich lassen sich Honorarforderungen des Developers in 4 Varianten unterteilen:

1. *Vergütung der Leistungen nach Zeitaufwand*
   Der Developer erhält für bestimmte zu erbringende Leistungen in einem definierten Zeitrahmen (= geschätzter Zeitaufwand) ein entsprechendes Pauschalhonorar z. B. pro Woche oder Monat.
2. *Vergütung der Leistungen nach Leistungsumfang,*
   Der Developer erhält ein Pauschalhonorar für definierte Aufgaben (z. B. Erstellen einer Markt- und Standortanalyse).
3. *Vergütung der Leistungen als erfolgsabhängiges Honorar*
   Der Developer erhält einen prozentualen Anteil aus der Aufwertung des Grundstückes durch seine Lei-

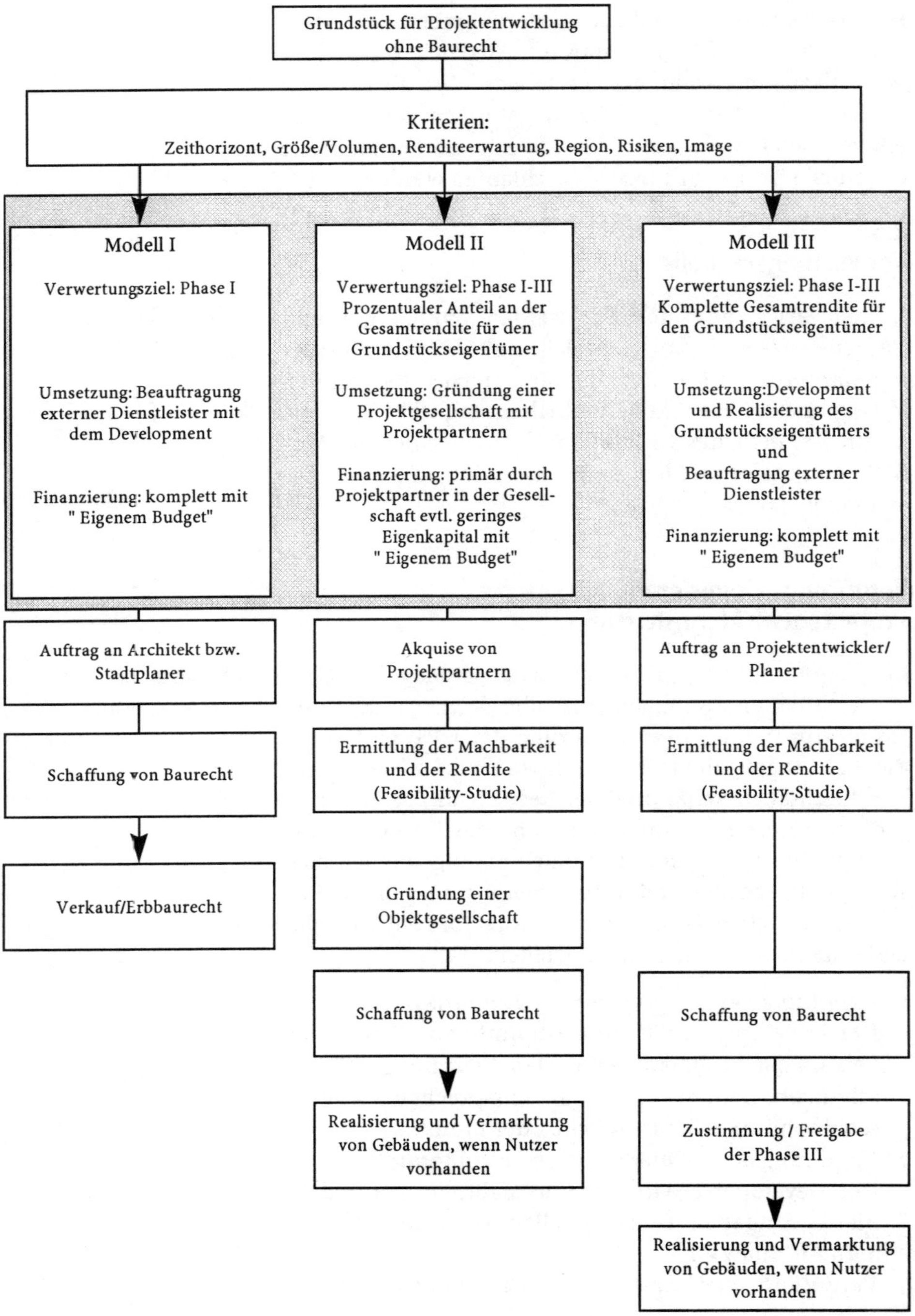

Abb. 11: Verwertungsmodelle

stungen. Die Aufwertung und somit die Höhe des Honorars errechnet sich z. B. aus der Differenz des Grundstückswerts vor und nach der Projektentwicklung (z. B. Erlangen eines Baurechts). Das gleiche Procedere kann für eine anschließende Verwertung angewendet werden.

4. *Vergütung der Leistungen durch Projektpartnerschaft* Der Developer erhält die Möglichkeit, nicht als reiner Dienstleister, sondern als Projektpartner in eine Gesellschaftsform für die Entwicklung und Verwertung eines Grundstücks einzutreten. Als (zusätzliche) Vergütung seiner Leistungen erhält er einen prozentualen Anteil aus dem Gewinn des Verwertungsertrags. Die Höhe dieser Prozentzahl richtet sich nach Aufwand und Umfang seiner Leistungen sowie der Risikoabschätzung des Projekts.

Wertung der Vergütungsvarianten aus Sicht des CRE

Ausgangssituation beim CRE ist die Verwertung unternehmenseigener, entbehrlicher Flächen. Diese Flächen, oft große „Industriebrachen" mit mehreren zehntausend m^2 Größe, müssen in den meisten Fällen zunächst mit einem Baurecht versehen werden.

Wieweit die Wertschöpfungskette letztlich durchlaufen wird, ist projektindividuell.

Aus Sichtweise des Grundstückseigentümers bei der Beauftragung (und damit die Wahl einer Variante) eines Developers kommt es grundsätzlich auf die Intention und die Wahl des entsprechenden Verwertungsmodells des Auftraggebers an.

Lautet beispielsweise das Ziel „Schaffung von Baurecht", wird mit Sicherheit nur eine Beauftragung nach den Varianten 1-3 sinnvoll sein. Ein anderes Projektziel kann die Realisierung und Vermarktung sein.
In diesem Fall ist die Überlegung, den Developer in einer gemeinsamen Verwertungsgesellschaft zu beteiligen, durchaus sinnvoll. Vor- und Nachteile der verschiedenen Varianten:

Zeitaufwand:

+ Termine sind klar definiert
+ Developer (Auftragnehmer AN) hat ensprechen- den Zeitdruck
+ Engagement ist demzufolge sehr hoch
+ „Druck" des (Auftraggeber AG) auf den Developer ist möglich

- Aufwand schwer zu kalkulieren
- Probleme bei Zeitverzug und-überschreitung
- Meist nur „Ziel-“ statt Leistungsdefinition
- AG trägt Risiko der „Ergebnisqualität“ alleine
- Gefahr der „step-by-step-Taktik“ durch den AN
- Gesamtaufwendungen (und -kosten) sind schwer überschaubar

Leistungsumfang:
+ Exakte Leistungsdefinition möglich
+ Vergütung läßt sich leichter in Teilaufgaben gliedern
+ Gesamtaufwand aller Maßnahmen darstellbar
+ Das fertige Produkt ist inhaltlich kritisierbar
- Aufwand schwer zu kalkulieren
- AG trägt Risiko der „Umsetzbarkeit“ alleine

Erfolgsabhängiges Honorar:
+ keine laufenden Honorarzahlungen an den AN
+ Risiko trägt der Developer
+ Leistungs- und Zieldefinition möglich
+ Grobe Höhe der Vergütung des AN abschätzbar
- Laufzeit der Verträge oftmals lange
- Kündigung des Vertrages meist problematisch
- Bezugsgrößen für die Vergütungsanteile schwierig zu ermitteln.

Abschließend soll als Beispiel (nach Variante 2) der inhaltliche Aufbau eines Projektentwicklungsvertrags dargestellt werden. Umfang und Gliederung eines solchen Vertrags sehen eine Unterteilung vor in:

Inhalt eines Projektentwicklungsvertrages

- Präambel: Aufgabenstellung kurz beschrieben
- Beschreibung des Grundstücks: Grundstücks- und Flächendaten
- Leistungsumfang: Verschiedenen Leistungsforderungen
- Pflichten den Auftragnehmers: Definition der Stellung und Vollmachten des AN
- Pflichten des Auftraggebers: Definition Stellung und Vollmachten des AG
- Vergütung: Sie wird gemäß der Aufgabenunterteilung aufgeführt
- Termine: Beauftragten Leistungen festlegen
- Prüfung und Abnahme: In bezug auf die Gesamtleistung und von Teilleistungen

- Gewährleistungsfristen: Hinsichtlich der vom AN zu erbringenden Leistungen
- Haftung des AN
- Haftpflichtversicherung des AN
- Kündigung: Voraussetzung und das Procedere
- Rechtsnachfolge: Zur Übertragung der Rechte des AG auf einen Dritten
- Schlußbestimmungen: Änderungen und Ergänzungen des Vertrages

Aus vorgenannten Punkten soll beispielhaft der Aspekt „Leistungsumfang" dargestellt werden:

- Zusammenstellung aller projektrelevanten Grundstücksdaten und der damit verbundenen Planungsparameter, insbesondere:
  - Untersuchung und Ermittlung der Eigentumsverhältnisse, etwaiger Dienstbarkeiten, Belastungen (Baulasten), usw.
  - Feststellung von bestehenden Mietverträgen, Nachbarrechten
  - Darstellung der derzeitigen Bausubstanz, Bodengüte, Erschließung, Klarstellung, Erläuterung
  - Ermittlung der Rückbau-/Freimachungskosten

- Dezidierte Markt- und Standort-Potentialanalyse insbesondere unter Berücksichtigung von:
  - Makro-Standort
  - Mikro-Standort

- Marktsituation (insbesondere parallele Planungen anderer Investoren, Mieten, Renditen)

- Erbringen aller Leistungen zur Bebauung des Grundstücks, insbesondere in planungsrechtlicher und baurechtlicher Hinsicht wie z. B. :
  - Erstellen eines Bebauungsplankonzepts, das die Realisierung des Projektes mit einer GFZ (Geschoßflächenzahl) von _____ ermöglicht
  - Entwicklung eines abgestimmten Erschließungskonzeptes incl. der Planung für Ver- und Entsorgung

- Erreichen einer konkreten Bebaubarkeit mit folgenden Parametern:

  GRZ mind. _________
  GFZ mind. _________

- Erstellen eines Funktions- und Nutzungskonzepts:
  - Erstellen eines detaillierten Nutzer- und Branchenprofiles
  - Ermittlung eines marktfähigen Branchen- und Mietermix
  - Schätzung der Mieterträge/Verkaufserträge
  - Ermittlung des Stellplatzbedarfes und entsprechende Lösungskonzepte
  - Darstellung eines groben Gestaltungskonzeptes (Fassaden, Freiflächengestaltung, usw.)
  - Ermittlung eines Controllingkonzeptes bei der Realisierung des Gesamtvorhabens (incl. Festlegung von Meilensteinen)

- Erstellen einer Sensitivitätsanalyse. Aufzeigen der Auswirkungen möglicher Parameter-Änderungen auf die beabsichtigte Projektentwicklung zum Zwekke der Absicherung von strategischen Entscheidungen, insbesondere unter nachstehenden Aspekten:
  - Auswirkungen von Zeitplanänderungen
  - Veränderungen der Marktsituation in Bezug auf Angebots- und Nachfrageentwicklung, Entwicklung der Mieten, Renditeveränderungen
  - Die Ergebnisse der Sensitivitätsanalyse dienen neben der strategischen Entscheidungsabsicherung als Basis für das Aufzeigen „kritischer Projektphasen" und der Empfehlung/Festlegung und Umsetzung von Sicherungsinstrumenten.
  - Zusammenfassung der Ergebnisse von in einer Gesamtdokumentation.

3 Facility Management (FM)

3.1 Definition

Herkunft FM

Der Grundgedanke ist in den USA entstanden. Auslöser war der rückläufige Umsatz eines Büromöbelherstellers. Er erkannte, daß es einen Zusammenhang zwischen dem Arbeitsumfeld, der Motivation und der Produktivität der Büromitarbeiter gab und versuchte dies zu beeinflussen. Die erste Konferenz über die Wirkung der Facilities auf die Produktivität wurde in den USA 1978 gehalten. Mitte der 80er Jahre wurde Facility Management in Deutschland eingeführt. Heute gibt es die verschiedensten Verbände, wie z. B. IFMA (Internationale FM Association) oder GEFMA (Deutscher Verband für Facility Management).

In der Literatur sind verschiedene Begriffsbestimmungen und Erläuterungen zum Begriff Facility Management zu finden.

Definition USA

Im United Staates Library of Congress wurde 1988 eine Definition von Facility Management entwickelt:

„Facility Management ist die Praxis, den physischen Arbeitsplatz mit dem Menschen und mit der Arbeit der Organisation zu koordinieren. FM integriert dabei die Grundlagen der wirtschaftlichen Betriebsführung, der Architektur und der Verhaltens- und Ingenieurwissenschaften".

Definition GEFMA

Der deutsche Verband für Facility Management (GEFMA) definiert Facility Management wie folgt:

„Facility Management ist ein unternehmerischer Prozeß, der durch die Integration von Planung, Kontrolle und Bewirtschaftung bei Gebäuden, Anlagen und Einrichtungen (facilities) und unter Berücksichtigung von Arbeitsplatz und -umfeld eine verbesserte Nutzungsflexibilität, Arbeitsproduktivität und Kapitalrentabilität zum Ziel hat. „Facilities“ werden als strategische Ressourcen in den unternehmerischen Gesamtprozeß integriert“.

Hier sind nur die zwei häufigsten Definitionen genannt. Jeder Dienstleister, Verband, Ausschuß oder Nutzer hat seine eigene Vorstellung von den Leistungen des Facility Managements (gemäß Abb. 12), wobei der Begriff hierbei für die zu erbringenden oder erwarteten Leistungen teilweise mißbraucht oder mißverstanden wird.

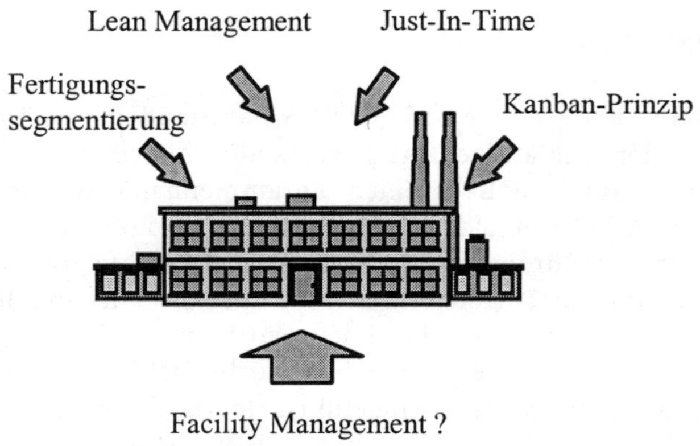

Abb. 12: Markt für Facility Management

So haben z. B. die FM-Softwareanbieter eine lukrative Marktnische erkannt und wollen ihr Leistungsvermögen in diesem Segment plazieren. Ebenso drängen Bauunternehmen jetzt verstärkt in den Dienstleistungsbereich. Sie wollen mit Serviceangeboten einen Umschwung durch ihre defizitären Kerngeschäfte erwirken und einen nötigen Strukturwandel der Branche einläuten. Abbildung 13 zeigt die Bestandteile des Facility Managements:

Abb. 13: Bestandteile Facility Management

3.2 Aspekte des Facility Management

Kostenverteilung im Lebenszyklus

Wie in Abb. 14 dargestellt, haben die Kosten für das Betreiben einer Immobilie bereits nach 5-10 Jahren die Herstellungskosten erreicht.

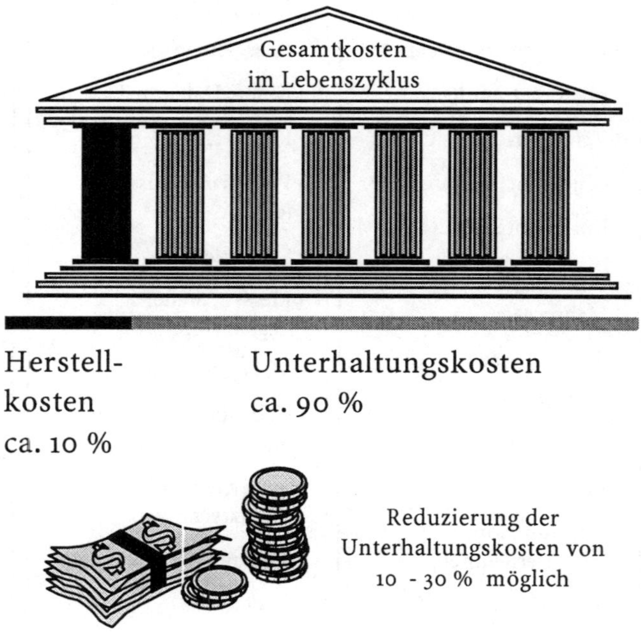

Abb. 14: Kostenreduzierung durch Facility Management

Weitere Aspekte des Facility Managements können sein:

Aspekte des FM

- Viele Immobilien werden unwirtschaftlich und ohne Kostenbewußtsein betrieben.
- Das Betreiben einer Immobilie gehört meist nicht zum Kerngeschäft des Unternehmens.
- Die Nutzer optimieren in aller Regel nur ihr Kerngeschäft, wie z.B. die Produktion, vernachlässigen dabei aber ihre Immobilie.
- Bei entbehrlichen Gebäuden existieren bessere Plazierungschancen, da deutlich geringere Nebenkosten.
- Ohne Auswertung und Vergleich der Kosten werden unwirtschaftliche Betriebskosten nicht erkannt.

- Kosten werden als Fixkosten betrachtet und werden nicht auf Nutzer/Verbraucher zugeordnet.
- Synergieeffekte bleiben ungenutzt, die Folge ist oftmals doppelte und uneffiziente Arbeit.

3.3 Facility Management als Teil der Projektentwicklung

FM als Teil der PE

Prinzipiell umfaßt das Facility Management die technische und kaufmännische sowie infrastrukturelle Verwaltung von Immobilien. Dabei wird das Gebäude keinesfalls mehr als Immobilie, sondern vielmehr als offenes System betrachtet, welches trotz der festen Anbindung an einen Standort mit Weitsicht gestaltet und betrieben werden muß. Dies läßt sich nur realisieren, indem der gesamte Lebenszyklus der Immobilie betrachtet wird - also Facility Management während der Planung, Realisation, Fertigstellung, Nutzung, Instandhaltung, Umnutzung, Umbau und Abbruch eines Gebäudes. Es stellt somit den Rahmen dar, der um die konkrete Unternehmensaufgabe gestaltet werden muß.

FM bereits in der Vorplanung

Bereits in der Planungsstufe beginnt der Aufgabenbereich des Facility Managements, denn schon in diesem Stadium werden die Erfordernisse und notwendigen Maßnahmen berücksichtigt, die zu einer effizienten Bewirtschaftung und Nutzung einer Immobilie notwendig sind. Durch die Reduktion und Einsparungspotentiale an den späteren Gebäudenutzungskosten bzw. Nebenkosten (mittlerweile auch zweite Miete genannt) wird ein wichtiger Faktor geschaffen, um eine Immobilie am Markt erfolgreich zu plazieren. Bleiben solche Determinaten in der Planungsphase unberücksichtigt, steht ein Kosten-Nutzungs-Aufwand für deren Nachrüstung und Anpassung in einem bereits realisierten Gebäude meist in keinem vertretbaren Verhältnis. Da der geforderte Planungsrahmen weit über eine intelligente Gebäudetechnik als Beispiel hinausgeht, sollte der Facility Manager unbedingt bereits in der Vorplanung eines Projektes eingebunden werden, damit sämtliche relevanten FM-Faktoren berücksichtigt werden können.

Gebäudetechnisch effiziente und energiewirtschaftlich optimale Planungen führen in aller Regel zu höheren Investitionskosten bei der Realisierung. Sehr oft wird die Frage gestellt, ob sich Maßnahmen zur Wärmerückgewinnung, die Einbeziehung von Regenerativenergien oder der Einsatz von Kraft-Wärme-Kopplungs-Anlagen bei einem heutigen Energiepreis von ca. 22 Dollar pro Barrel vor dem Hintergrund eines Return on Investment überhaupt lohnen ?

Betrachtung der Nebenkosten

Gerade hier liegt der Ansatz und die Notwendigkeit für ein Umdenken aller Planungsbeteiligten. Ist der Investor nicht gleich auch späterer Nutzer (und hierin liegt sicherlich die Ausnahme) wird leider in den meisten Fällen von den Planenden und Initiatoren des Projektes nur bis zur Übergabe gedacht.

Die Realisierung minimaler Betriebskosten durch entsprechendes Equipment wird jedoch deutlich an Bedeutung gewinnen, um die Wettbewerbsfähigkeit eines Gebäudes auch in Zukunft noch zu gewährleisten. Unter der Voraussetzung, daß die Energiepreise weiter steigen, werden viele Gebäude durch diesen Umstand kaum noch vermietbar. Die Nebenkosten von momentan durchschnittlich 5-10 DM/m^2 werden dann wohl in die Region der Kaltmieten klettern. Bereits heute fragen viele potentielle Mieter zuerst nach der Höhe der Nebenkosten. Bedenkt man, daß die Betriebskosten einer schlecht geplanten Anlage bereits nach 5 Jahren höher als die Investitionskosten sein können, bei gut konzipierten Gebäuden jedoch leicht ein Wert von 8-10 Jahren erreicht wird, liegt auch hier einmal mehr das Einsehen in die Notwendigkeit, einen FM-Manager frühzeitig in den Planungsablauf zu integrieren.

4 Projektsteuerung

Aufgaben der Projektsteuerung

Im Gegensatz zu der Systematik des Facility Managements hat das Leistungsbild der Projektsteuerung keine unmittelbare Konvergenz zu dem Maßnahmenkatalog einer Projektentwicklung. Projektsteuerung umfaßt zwar ebenfalls den Aspekt der Projektvorbereitung (gemäß Abb. 15), jedoch sind hierbei die Koordinierungs-, Kontroll- und Überwachungsfunktionen von Qualität, Kosten und Terminen grundsätzlich in Bezug zu einer realen Baumaßnahme zu sehen.

Da teilweise in der Literatur, aber besonders in der Praxis keine genügende Differenzierung zwischen Projektentwicklung und Projektsteuerung erfolgt und vereinzelt beide Tätigkeiten sogar als identisch angesehen werden, soll in diesem Abschnitt das Leistungsbild der Projektsteuerung zur Differenzierung im einzelnen erklärt werden.

Die Struktur des Leistungsbilds der Projektsteuerung wird (gemäß DVP) durch folgende Merkmale gekennzeichnet:
Differenzierung gemäß HOAI nach Grundleistungen, die zur ordnungsgemäßen Erfüllung eines Auftrages im allgemeinen erforderlich sind, und besonderen Leistungen, die zu den Grundleistungen hinzu oder an deren Stelle treten können;

Einteilung in fünf Projektphasen unter Vorschaltung einer in der HOAI unzulänglich vorhandenen Stufe Projektvorbereitung (Projektentwicklung und Grundlagenermittlung) und unter Zusammenfassung von jeweils drei Leistungsphasen nach HOAI zur Stufe 2-Planung und 3-Ausführungsvorbereitung sowie Unterscheidung innerhalb jeder Projektstufe nach den vier Handlungsbereichen.[7]

---

[7] Vgl. Motzel, E.: Projektmanagement in der Baupraxis, Berlin 1993, S. 8

Handlungsbereiche:

A) Organisation, Information, Koordination und Dokumentation
B) Qualität und Quantität
C) Kosten und Finanzierung
D) Termine und Kapazitäten

Das Leistungsbild des Projektsteuerers gliedert sich in fünf Leistungsphasen (Projektstufen). Natürlich kann die Phaseneinteilung individuell an das Projekt angepaßt werden. Diese Vorgabe ist kein Muß sondern nur eine Orientierungshilfe.

Projektstufen:

1. Projektvorbereitung
2. Projektplanung
3. Ausführungsvorbereitung
4. Ausführung
5. Projektabschluß

Folgende Punkte wurden gemäß DVP als Leistungsbeschreibung der Projektleitung zusammenfassend dargestellt:

Leistungsbeschreibung Projektleitung

1. Rechtzeitiges Herbeiführen bzw. Treffen der erforderlichen Entscheidungen sowohl hinsichtlich Funktion, Konstruktion, Standard und Gestaltung als auch hinsichtlich Qualität, Kosten und Termine
2. Durchsetzen der erforderlichen Maßnahmen und Vollzug der Verträge unter Wahrung der Rechte und Pflichten des Auftraggebers
3. Herbeiführen aller erforderlichen Genehmigungen, Einwilligungen und Erlaubnisse im Hinblick auf die Genehmigungsreife
4. Konfliktmanagement zur Orientierung der unterschiedlichen Interessen der Projektbeteiligten auf einheitliche Projektziele hinsichtlich Qualität, Kosten und Termine, u. a. im Hinblick auf die Pflichten der Projektbeteiligten zur fachlich inhaltlichen Integration der verschiedenen Planungsleistungen und zur Untersuchung von alternativen Lösungsmöglichkeiten
5. Leiten von Projektbesprechungen auf Geschäftsführungs-, Vorstandsebenen zur:
   - Vorbereitung
   - Einleitung
   - Durchsetzung von Entscheidungen

6. Führen aller Verhandlungen mit projektbezogener, vertragsrechtlicher oder öffentlich-rechtlicher Bildungswirkung für den Auftraggeber
7. Wahrnehmung der zentralen Projektanlaufstelle; Sorge für die Abarbeitung des Entscheidungs- und Maßnahmenkatalogs
8. Wahrnehmung von projektbezogenen Repräsentationspflichten gegenüber dem Nutzer, dem Financier, dem Träger öffentlicher Belange und der Öffentlichkeit

Projektstufen	Leistungsphasen	Grundleistungen	Besond.Leistungen
1. Projektvorbereitung	0. Projektentwicklung 1. Grundlagenermittlung	1. Org.,Info.,Koord.,Dok. 2. Qualitäten,Quantitäten 3. Kosten, Finanzierung 4. Termine, Kapazitäten	1. Org.,Info.,Koord.,Dok. 2. Qualitäten,Quantitäten 3. Kosten, Finanzierung 4. Termine, Kapazitäten
2. Planung	2. Vorplanung 3. Entwurfsplanung 4. Genehmigungsplanung	|	|
3. Ausführungs-vorbereitung	5. Ausführungsplanung 6. Vorbereitung der Vergabe 7. Mitwirkung bei Vergabe	|	|
4. Ausführung	8. Projektüberwachung	|	|
5. Projektabschluß	9. Projektbetreuung Dokumentation	1. Org.,Info.,Koord.,Dok. 2. Qualitäten,Quantitäten 3. Kosten, Finanzierung 4. Termine, Kapazitäten	1. Org.,Info.,Koord.,Dok. 2. Qualitäten,Quantitäten 3. Kosten, Finanzierung 4. Termine, Kapazitäten

Abb. 15: Leistungsbild Projektsteuerung[8]

Hierbei ist zu beachten, daß die Aufgaben, die der Projektsteuerer wahrzunehmen hat, immer mit dem Bauherren individuell vereinbart werden müssen. Die aufgezählten Leistungen können dabei nur eine Orientierungshilfe für den Bauherrn und den Projektsteuerer sein.

[8] Vgl. Motzel, E.: Projektmanagement in der Baupraxis, Berlin 1993, S. 7

III PHASEN DER PROJEKTENTWICKLUNG

1 Projektidee

Projektidee als Anstoß für die PE

Anstoß für jede Projektentwicklung ist die Projektidee, die ihre Wurzeln in einer Vielzahl von unterschiedlichsten Interessengruppen haben kann. Beispielhaft seien hier Grundstückseigentümer, Banken, Bauunternehmen, Architekten, Makler, gewerbliche und industrielle Unternehmen oder kommunale Verwaltungen aufgeführt. Eine Umfrage des Lehrstuhles Bauwirtschaft an der Bergischen Universität Wuppertal ergab (gemäß Abb. 16), daß neben den Kontakten mit Auftraggebern, Architekten, Behörden und Maklern, intensive Marktbeobachtungen, intuitive Ideen oder auch Mitarbeiteranregungen als wichtige Quellen für Projektideen in Frage kommen.

Wird eine Projektidee auf einen speziellen Nutzungssektor zugeschnitten, so läßt sich diese nur dann erfolgreich realisieren, wenn aus einer möglichst komplexen Betrachtungsweise der jeweilige Wirtschaftszweig einer positiven wirtschaftlichen Dynamik unterliegt.

Ausgangssituationen zur Projektidee

Folgende Ausgangssituationen sind als Anstoß zu einer Projektidee denkbar:

1. *Grundstück vorhanden*
   Für ein Grundstück wird ein Nutzer/Investor gesucht.
2. *Nutzer / Investor vorhanden*
   Für eine konkrete Nutzungsidee wird ein Grundstück gesucht.
3. *Objektoptimierung*
   Neustrukturierung eines vorhandenen Gebäudes mit dem Ziel einer Flächenoptimierung

Im Rahmen des CRE sollen nicht mehr betriebsnotwendige und somit entbehrliche Flächen und Objekte einer Verwertung zugeführt werden. Da es sich bei dieser Systematik um unternehmenseigene Flächen handelt, wird somit grundsätzlich der Anstoß zu einer Projektidee die erste Möglichkeit, das vorhandene Grundstück sein, für das ein Nutzer/Investor gesucht wird.

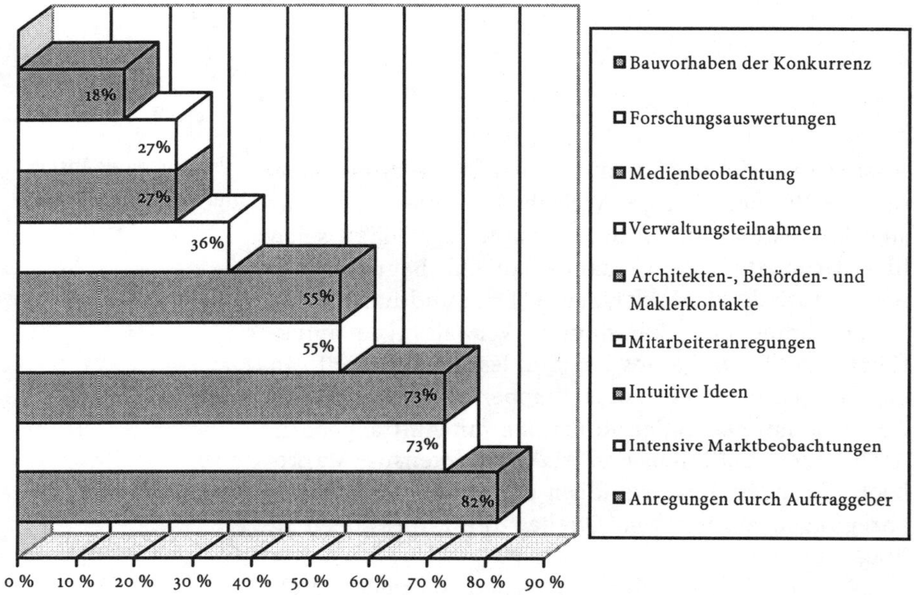

Abb. 16: Ideenquellen für Projektentwicklungen [9]

Je nach Anzahl und Größenordnung der Flächen in einem Verwertungsportfolio können jedoch auch die beiden anderen Ausgangssituationen determinieren.

Unter der Leitidee der Projektentwicklung im CRE steht der Faktor im Vordergrund, nach der zweiten Möglichkeit nur Projekte umzusetzen, bei denen ein Nutzer/Investor im Vorfeld bereits gefunden wurde. In diesem Zusammenhang erhält ein aktives Verwertungsmanagement einen besonderen Stellenwert, indem durch einen systematischen Portfolioaufbau, Verwertungsmöglichkeit für Flächen mit bestimmtem Anforderungsprofil klassifiziert werden.

Schließlich ist auch die dritte Möglichkeit, die Objektoptimierung im CRE, als Projektidee und somit

9 BUGHW Bestandserhebung Projektentwicklung in BU 1989

Handlungsfeld denkbar. Hierunter sind alle Tätigkeiten zu verstehen, die bei einem bestehenden Objekt (Gebäude) im Rahmen von baulichen Maßnahmen (Umbau, Erweiterung, Sanierung, Aufstockung usw.) erbracht werden, um eine anschließende Verwertung zu ermöglichen (z.B. Umbau einer Produktionshalle in Werkstatt- und Büroflächen).

Im Rahmen der CRE ist es, speziell bei großen Flächenarealen, durchaus denkbar, daß sämtliche aufgeführten Möglichkeiten als Ausgangssituation für eine Projektidee auch auf einem Grundstück auftreten können.

1.1 Verfahrensgrundsätze und Instrumente der Wertabschöpfung bei der Ausweisung von Baurecht

Verschlechterte Haushaltslage der Gemeinden

Viele Gemeinden geraten immer öfter wegen ihrer angespannten Haushaltslage an die Grenzen der finanziellen Leistungsfähigkeit. Die Ursache hierfür liegt in den z.T. großen wirtschaftlichen Belastungen, die u.a. durch städtebauliche Planungen und den damit verbundenen Folgekosten für infrastrukturelle Maßnahmen entstehen.

Als Folge dieser finanziellen Engpässe wird oft nur zögerlich neues Bauland ausgewiesen, da dieses Procedere beispielsweise finanzielle Mittel hinsichtlich Planung, Gutachten, Bauleitverfahren oder auch Erschließungsmaßnahmen erfordert.

Die Kommunen haben aber nicht nur Probleme, diese direkten Kosten der Entwicklung von Flächen zu tragen, sondern in einem starken Maß auch die Folgekosten für soziale Infrastruktur wie Kindergärten oder Grundschulen.

Nicht nur für die Gemeinden, sondern auch für Projektentwickler oder Investoren stellt diese Tendenz ein ernsthaftes Planungshindernis dar, mit der Konsequenz, die Planungstätigkeit der Gemeinden weitgehend einzuschränken oder aber im Zusammenwirken mit den „Planungsbegünstigten" die Finanzierung der ausgelösten Kosten sicherzustellen.

Aufgrund dieser Problematik haben die Kommunen ein Instrumentarium entwickelt, welches sie an der Wertschöpfung partizipieren läßt, die ein Grundstück erfährt, wenn es zum Bauland aufgewertet wird.

Systematik der Wertschöpfung

Die Systematik einer solchen Vorgehensweise soll beispielhaft für das Bundesland Bayern und hierbei speziell an der Stadt München durch die sog. „sozialgerechte Bodennutzung“ aufgezeigt werden.

Grundlage dazu ist in rechtlicher Form das Investitionserleichterungsgesetz. Hierdurch und durch das Wohnbaulandgesetz wurde den Kommunen die Möglichkeit gegeben, die Kosten der städtebaulichen Planungen auf den Grundstückseigentümer zu übertragen. Schon im Jahr 1989 hat der Stadtrat von München beschlossen, daß der sog. „planungsbegünstigte Grundstückseigentümer“ anteilig am neu geschaffenen Baurecht, 30% der Flächen des Baurechts für den sozialen Wohnungsbau bereitstellt. Dies war der erste Schritt zu einer umfassenden Beteiligung der Grundstückseigentümer an den originären Kosten, welche die öffentliche Hand zu tragen hat.

Mit den Stadtratsbeschlüssen vom 23.03.1994 und 26.07.1995 hat die Stadt München die formellen Rahmenbedingungen für die „sozialgerechte Bodennutzung“ geschaffen.

Dieses Verfahren wird angewendet bei:

- Bebauungsplänen (§ 8 BauGB)
- Vorhaben- und Erschließungsplänen (§ 7 BauGB-MaßnahmenG)
- erweiterten Abrundungssatzungen (§ 4 Abs. 2a BauGB-MaßnahmenG)

Das Verfahren wird *nicht* angewendet, wenn Baurecht nach § 34 BauGB erteilt werden kann!

Rahmenbedingungen sozialgerechter Bodennutzung

Die Verfahrensgrundsätze zur sozialgerechten Bodennutzung sind inhaltlich unterteilt in:

1. Leistungsverpflichtete
2. Lasten
3. Umfang der Verpflichtungen
4. Vorhaben, die Gegenstand einer Kostenübernahme sind
5. Art der Einbringung der Leistung
6. Verfahren
7. Zeitpunkt der Leistung, Sicherheiten

Im Rahmen dieses Abschnittes sollen die Punkte 2 und 3 näher betrachtet werden, denn hier liegen in erster Linie die Schwerpunkte und Auswirkungen für den Entwickler bzw. den Grundstückseigentümer.

Zu 2. Lasten:

Lasten

Die Planungsbegünstigten sollen, ggf. anteilig, die von den Planungsvorhaben ausgelösten ursächlichen Kosten und Aufwendungen sowie kostenrelevante Bindungen zur Sicherung bestimmter städtebaulicher Ziele übernehmen, wobei es sich um folgende Kostenarten und kostenrelevante Bindungen handeln kann:

- Flächenabtretungen für im Planungsgebiet vorgesehene Erschließungsanlagen, für Gemeindeeinrichtungen und für naturschutzrechtlich gebotene Ausgleichs- und Ersatzmaßnahmen, soweit diese nicht bei den Planungsbegünstigten verbleiben.
- Herstellungskosten der Erschließungsanlagen und der Ausgleichs- und Ersatzmaßnahmen.
- Herstellungskosten der ursächlich sozialen Infrastruktur, Ablösung dieser Verpflichtung durch einen anteiligen Finanzierungsbeitrag von 130 DM/m² Geschoßfläche möglich.
- ggf. Wettbewerbskosten, Honorare nach HOAI bei Vergabe von Leistungen an Dritte, Kosten für Gutachten, Umlegungskosten.
- Verzicht auf Ansprüche, z. B. wegen Eingriffs in den eingereichten und ausgeübten Gewerbebetrieb.
- Bei der Förderung des sozialen Wohnungsbaus wird im 1. Förderweg ein Grundstückswert von 300 DM/m² Geschoßfläche und eine Erschließungspauschale von 150 DM/m² Geschoßfläche, bei Eigentumsmaßnahmen im 2. Förderweg ein Grundstückswert von 900 DM/² und eine Erschließungspauschale von 150 DM/m² Geschoßfläche anerkannt. Der Anteil des sozialen Wohnungsbaus beträgt 30 % des neu geschaffenen Baurechts, soweit es für den Wohnungsbau vorgesehen ist. Die Sozialquote soll sich zu etwa zwei Drittel auf den 1. Förderweg und zu etwa einem Drittel auf den 2. Förderweg verteilen. Der Grundstückswert wird durch diese Systematik somit auf maximal 650 DM/m² Geschoßfläche beschränkt.
- Bei Ausweisung gewerblichen Baurechts gibt es eine Übernahme von Bindungen bzw. eine Zurverfügungstellung von Flächen zur langfristigen Ansiedlung und/oder Sicherung von Arbeitsplätzen insbeson-dere ortsansässiger Gewerbenutzungen des se-

kundären Sektors sowie zur Sicherung und Förderung der gemischten Wirtschaftsstruktur.

Umfang der Verpflichtungen

Zu 3.Umfang der Verpflichtungen:

Die Planungsbegünstigten sollen die unter Berücksichtigung des Grundsatzes der Angemessenheit im Zusammenhang mit der Planung stehenden Lasten übernehmen und sich zu einer Bebauung gemäß den planungsrechtlichen Festsetzungen innerhalb eines angemessenen Zeitraums, ggf. unter Berücksichtigung einer Änderung der allgemeinen wirtschaftlichen Verhältnisse, verpflichten.

Im allgemeinen wird davon ausgegangen, daß dem Grundsatz der Angemessenheit Rechnung getragen wird, wenn den Planungsbegünstigten mindestens ein Drittel des planungsbedingten Wertzuwachses der Grundstücke als Investitionsanreiz und zur Deckung ihrer individuellen Kosten einschließlich eines angemessenen Ansatzes für Wagnis und Gewinn verbleibt. Liegen die Lasten unter dieser Deckelungsgrenze, verbleibt den Planungsbegünstigten demgemäß ein größerer Anteil.

Diese Begrenzung dient dem Schutz des Planungsbegünstigten, weil auch darüber hinausgehende Belastungen noch angemessen sein könnten. Rechtfertigen im Einzelfall die Gesamtumstände die Annahme, daß trotz Verbleibs von mindestens einem Drittel des planungsbedingten Wertzuwachses die wirtschaftliche Gesamtbelastung des Planungsbegünstigten unangemessen ist, so ist dies beim Umfang der geforderten Leistungen zu berücksichtigen. Den Planungsbegünstigten obliegt es, ihre wirtschaftliche Gesamtbelastung darzulegen und ggf. nachzuweisen. In diesem Fall können Leistungen angemessen gemindert werden, sofern die Finanzierung anderweitig gesichert ist.

Bodenwertzuwachs

Der Bodenwertzuwachs (Bruttowertzuwachs) wird aus der Differenz des Bodenwerts der Grundstücke *vor* der Überplanung *(Anfangswert)* und *nach* der Überplanung *(Endwert)* errechnet. Auszugehen ist von objektiven, für jedermann geltenden Werten.

Beim *Anfangswert* wird der Bodenwert der Grundstücke im Bebauungsplanumgriff vor der Überplanung ermittelt. Flächen mit Baurecht werden dabei nach baurechtlichem Status quo (ohne Berücksichtigung von Entwicklungschancen) bewertet. Bei Nichtbaulandflächen wird die Bewertung jeweils aufgrund von Erfahrungswerten für entwicklungsbeeinflußtes Bauerwartungsland vorgenommen.

Dem wird der *Endwert* für den gesamten Bebauungsplanumgriff gegenübergestellt. Dabei wird für Bauland der Bodenwert für erschließungsfreies Nettobauland entsprechend den baurechtlichen Daten nach dem vorgesehenen B-Plan ermittelt. Verkehrs-, Grün- und Gemeinbedarfsflächen werden mit dem Anfangswert angesetzt (gemäß Abb. 17).

Konsequenzen und Auswirkungen der sozialgerechten Bodennutzung

Konsequenzen und Auswirkungen der „sozialgerechten Bodennutzung" auf den „Planungsbegünstigten":

Durch die Systematik der „sozialgerechten Bodennutz-ung" wird der potentielle Entwickler zum einen in der Wahl eines aus seiner Sicht optimalen und marktkonformen Nutzungskonzeptes eingeschränkt, zum anderen wird das Ziel eine maximale Rendite durch das Projekt zu erwirtschaften, durch die Vorgaben der formellen Rahmenbedingungen (z.B. Festlegung des Grundstückswertes) beschnitten.

Für den Projektentwickler bedeuten diese ertragsmindernden Faktoren, das die Marge seiner Gewinneinschätzung an „Spielraum" einbüßt. Dies erfordert eine besonders sorgfältige Recherche im Vorfeld (mit entsprechend höherem monetären Aufwand), um das erhöhte Risikopotential des Entwicklers für eine erfolgreiche Projektrealisierung aufzuzeigen.

Durch die in den Rahmenbedingungen definierten Leistungen für ursächliche soziale Infrastruktur (z. B. Kindergärten), welche durch den „Planungsbegünstigten" erbracht werden müssen, begibt sich der Projektentwickler nicht selten auf ein „Parkett", daß sein Know-how hinsichtlich dieser spezifischen Projektdaten übersteigt. Aus diesem Grund sollte im Zweifel für solche Faktoren ein zusätzlicher Fachmann mit eingebunden werden.

Für das Nutzungskonzept sind die vorgegebenen Parameter zum Teil von projektentscheidendem Einfluß. So kann beispielsweise die Vorgabe des Anteils für sozialen Wohnungsbau in Bezug auf ein Nutzungskonzept für primär freifinanzierten Wohnungsbau in einer entsprechenden Wohnlage, durch das „gezwungene" Schaffen von sozialen Barrieren, zum Scheitern solcher Projekte führen.

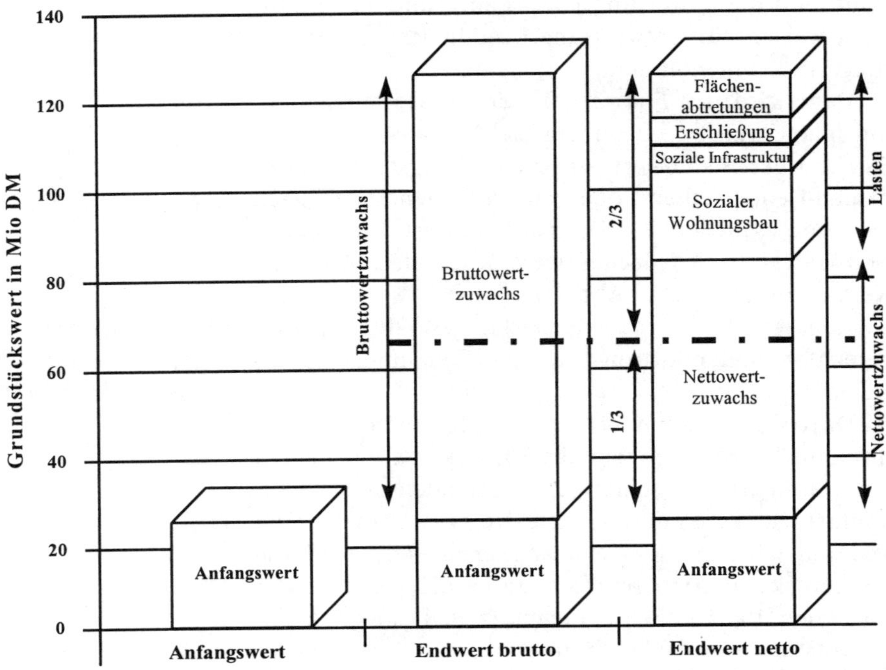

Abb. 17: Graphische Darstellung der Bodenwertsteigerung im Verhältnis zu den Kosten der Planung und zur 2/3-Belastungsgrenze als Beispiel

Nachfolgendes Zahlenbeispiel verdeutlicht die finanziellen Folgen für den „Planungsbegünstigten" durch die „sozialgerechte Bodennutzung".

Die Gesamtfläche des zu überplanenden Gebiets umfaßt 222.000 m².

1. Flächenzusammenstellung

Nettobauland	128.000 m²
(47.000 m² Wohnen, 81.000 m² Kerngebiet)	
Grünfläche	58.000 m²
soziale Infrastruktur	11.000 m²
Haupterschließung	25.000 m²
	222.000 m²

2. Die gesamte Bruttogeschoßfläche (BGF) beträgt

BGF Wohnen	75.000 m²
BGF Kerngebiet	194.000 m²
	269.000 m²

3. Tatsächliche Kosten

3.1 Haupterschließung: 25.000 m² x 280 DM/m
7.000.000 DM

3.2 Grünflächen: 58.000 m² x 50 DM/m²
2.900.000 DM

3.3 Infrastrukturkosten: 75.000 m²
BGF Wohnungsbau
Verpflichtungsablösung 130 DM/m² x BGF
9.750.000 DM

3.4 Sozialer Wohnungsbau von 75.000 m² BGF
30 % Mindestanteil

Fiktiver Verkehrswert:
1.500 DM/m² BGF x 22.500m²
33.750.000 DM

abzügl. Ansatz 1. Förderweg (2/3)
450DM/m² BGF x 15.000 m²
6.750.000 DM

abzügl. Ansatz 2. Förderweg (1/3)
1.050 DM/m² BGF x 7.500 m²
7.875.000 DM

Erlösminderung 19.125.000 DM

3.5 Planungskosten: 222.000 m² x 20 DM/m²
4.440.000 DM

3.6 Summe der Kosten die durch die „sozialgerechte Bodennutzung entstehen

(3.1 + 3.2 + 3.3 + 3.4 + 3.5) 43.179.000 DM

Die Erlösminderung, die dadurch entsteht, daß die Erschließungsflächen kostenfrei der Stadt zur Verfügung gestellt werden, ist nicht berücksichtigt.

4. Differenz Anfangswert/Endwert

4.1 Anfangswert: 222.000 m² x 400 DM/m²
88.800.000 DM

Nach Stadtratbeschluß sind die Qualität bzw. der Anfangswert der Flächen mit 400 DM/m² Bruttobauland bewertet.

4.2 Entwicklungsbedingter Endwert

Unter der Voraussetzung, daß 128.000 m² Nettobauland und eine BGF von 269.000 m² erreicht werden, hat das Areal einen Endwert bezogen auf das Nettobauland von 1.300 DM/m² Nettogrundstücksfläche

128.000 m² x 1.300 DM/m²
166.400.000 DM

4.3 Differenz Anfangswert/Endwert ist die Bruttowertschöpfung

Endwert:	166.400.000 DM
Anfangswert:	88.800.000 DM
Bruttowertschöpfung:	77.600.000 DM

5. Wertschöpfungsverteilung in Bezug zu 3 Fällen

Fall 1:
Sozialgerechte Bodennutzung nach der 2/3-Abschöpfung

Fall 2:
Sozialgerechte Bodennutzung mit der Systematik, daß der Investor die tatsächlichen Kosten selbst trägt und nur teilweise ablöst

Fall 3:
Es gibt keine sozialgerechte Bodennutzung und der Investor trägt 100 % der Erschließungskosten und die Kosten der Bauleitplanung

Fall 1:

Endwert:	166.400.000 DM
Anfangswert:	88.800.000 DM
Bruttowertschöpfung:	77.600.000 DM
2/3 der Wertschöpfung an Stadt	51.733.333 DM
Wertschöpfung des Investors:	25.866.667 DM

Fall 2:

Endwert:	166.400.000 DM
Anfangswert:	88.800.000 DM
Bruttowertschöpfung:	77.600.000 DM
Summe tatsächl. Kosten (3.1-3.5)	43.179.000 DM
Wertschöpfung des Investors:	34.421.000 DM

Fall 3:

Endwert:	166.400.000 DM
Anfangswert:	88.800.000 DM
Bruttowertschöpfung:	77.600.000 DM
Anfallende Kosten (3.1+3.2+3.5):	14.340.000 DM
Wertschöpfung des Investors:	63.260.000 DM

2 Standort- und Marktanalyse

2.1 Aufgaben und Stellenwert der Standort- und Marktanalyse

Zyklische Auf- und Abwärtsbewegungen des Immobilienmarktes und des jeweiligen Nutzersektors sollten schon in der Anfangsphase ihrer Entwicklung erkannt werden. Dies bedeutet für die Analyse von Markt und Standort, daß demzufolge aktuelle Markteinflüsse und Tendenzen möglichst schnell erfaßt werden müssen.

Schweinezyklus

Nicht als direkt verwertbares Instrumentarium, sondern vielmehr als Kriterium einer aufmerksamen Marktverfolgung, dient der sogenannte „Schweinezyklus"; in Form einer fortlaufenden Funktion bzw. Sinuswelle in einer Flächen- und Zeitachse, als eine Darlegung des Konjunkturverlaufes in Abhängigkeit der drei grundsätzlich aufeinander folgenden Phasen (gemäß Abb. 18) mit

Phase 1:
als Zeitabschnitt einer stärkeren Angebotsnachfrage
Phase 2:
als Zeitabschnitt einer (langsamen) Marktsättigung
Phase 3:
als Zeitabschnitt eines Überangebots bzw. Nachfrageüberhangs.

Die Auswirkung der Phase 1 stellt eine rege Bautätigkeit anhand der gestiegenen Nachfrage mit hohen Mietpreisen und einem Vermietermarkt dar.

In Phase 2 nimmt durch die Marktsättigung die Bautätigkeit ab, die Mietpreise sinken und es folgen letztlich hohe Leerstandsraten.

In der anknüpfenden Phase 3 erholt sich der Markt, Leerstände werden abgebaut, Planung und Realisierung von Neubauten zeichnen sich wieder ab.

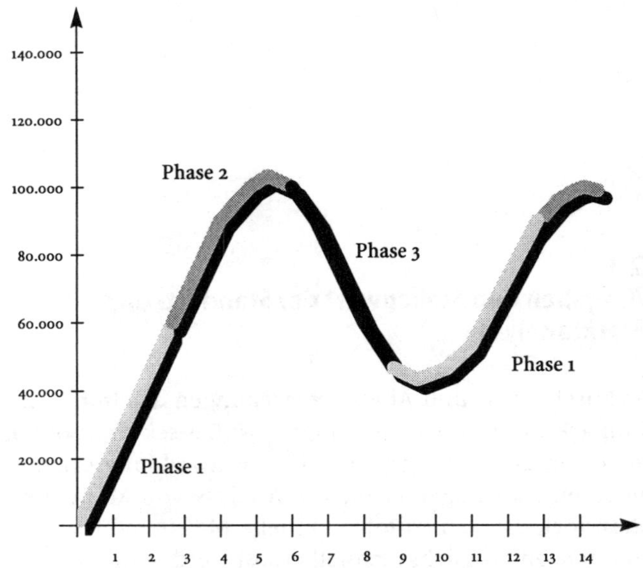

Abb. 18: Schweinezyklus

Flexibilität und Anpassungsfähigkeit und damit die Chance, in der gesamten Entwicklungsphase eines Projektes gegebenenfalls sich ändernde Bedürfnisse von Nutzeransprüchen oder auch Wettbewerbsprojekte zu erkennen, ist als Anforderung an den Developer genauso wichtig, wie dessen Voraussetzung zum systematischen und logischen Vorgehen.

Gültigkeit der Markt- und Standortanalyse

Eine sorglose Einstellung des Developers, teilweise gewachsen durch einen Vermarktungsautomatismus der Vergangenheit, nach dem Motto „mein Projekt wird sich am Markt schon behaupten", wird in den meisten Fällen zum unabdingbaren Scheitern des Vorhabens führen. Das Problem der Markt- und Standortanalyse ist, daß durch den sich ständig verändernden Markt Ergebnisse einer Untersuchung nur eine begrenzte Zeit Gültigkeit haben.

Die Umbrüche auf dem Immobilienmarkt in den letzten Jahren gebieten es heute, durch eine fachlich fundierte Analyse die wesentlichen und entscheidenden Rahmenbedingungen im Vorfeld einer Immobilieninvestition darzulegen.

Art und Inhalt einer Standort- und Marktanalyse sind hierbei abhängig vom Umfang bzw. dem Volumen sowie der Nutzungskonzeption eines Projekts. Die Bandbreite reicht demzufolge von einer ersten „desk research" bis zum akribisch und detailliert ausgearbeiteten Gutachten. Die Scheu des Developers zu dieser kosten- und zeitintensiven Analyse steht letzten Endes in keinem Kostenverhältnis im Vergleich zum Scheitern des Vorhabens durch eine nicht oder schlecht verwertbare Immobilie.

Stufenweise Vertiefung

Zu welchem Zeitpunkt diese Analyse im gesamten Ablaufplan einer Projektentwicklung erfolgen muß, schließt sich, gemäß dem Stufenplan in Abb. 7 (Ablaufschema Projektentwicklung), unmittelbar an die eigentliche Initialzündung, der Projektidee an. Auch aus dieser, rein zeitbezogenen Sichtweise, wird die Gewichtung der Standort- und Marktanalyse deutlich. Sie wird somit auch zum zeitlich ersten Instrumentarium im Ablaufplan der Projektentwicklung mit entscheidender Bedeutung hinsichtlich Fortführung oder Abbruch der geplanten Maßnahme.

Definition Standort- und Marktanalyse

Als Definition ist unter der Standort- und Marktanalyse das systematische Sammeln, Gewichten und Auswerten von direkt und indirekt mit einer Immobilie in Zusammenhang stehenden Informationen zu verstehen. Sämtliche Faktoren für die Entwicklungsmöglichkeiten des Projekts müssen aufgezeigt und dargelegt werden, um dazu beizutragen, oft erst nur gefühlsmäßige Urteile und Bewertungen abzusichern oder auch zu revidieren.

Ziel

Ziel der Analyse im Rahmen der Projektentwicklung muß es sein, die entscheidenden Informationen gezielt und objektiv darzulegen, um darauf aufbauend eine möglichst gesicherte Investitionsentscheidung für das geplante Projekt zu erlangen.

Quellen

Mögliche Quellen für eine Standort- und Marktanalyse sind angesichts der umfassenden Bandbreite der möglichen Faktoren äußerst umfangreich, zugleich aber auch von unterschiedlicher Qualität. Neben amtlichen Statistiken und Marktforschungsberichten liegen gerade in Bezug auf einige Kernbereiche der Immobilienmarktforschung (z.B. Erhebungen in Zusammenhang von Büroflächen) kaum verläßliche Daten vor.

Als potentielle Informationsquellen kommen u.a. in Frage:

- amtliche Statistiken von Bund, Ländern und Gemeinden (z. B. Entwicklung von Bevölkerungs- und Wirtschaftsstruktur)
- Bericht und Untersuchungen von Industrie- und Handelskammer sowie der Wirtschaftsförderung und Stadtentwicklung
- Grundlagenforschungen, Regionalanalysen und Raumordnungsberichte zuständiger Landesministerien
- Markt- und Researchberichte renommierter Makler und Banken
- Veröffentlichungen in Fachliteratur

Nachfolgend sollen nun einige Faktoren der Standort- und Marktanalyse näher betrachtet werden.

2.2 Standortfaktoren

Ohne den Versuch durch definierte Kriterien den Begriff Lage und die Wertigkeit seiner Qualitäten zu erlangen, wird es wohl immer zu einer differenzierten Sichtweise hinsichtlich der Einschätzung von zentraler, dezentraler, verkehrsgünstiger oder integrierter Lage kommen.

Was versteht man etwa unter dem Begriff „zentrale Lage" ?

Lage

Sieht man darin nur den geographischen Aspekt wie z. B. „mitten in Deutschland" oder „mitten in der Frankfurter City" wird dies zur Lösung der eigentlichen Aufgabenstellung nicht ausreichen können. Weitere Faktoren wie z. B. Anbindung des Grundstücks an das regionale Straßenverkehrsnetz oder auch Versorgungseinrichtungen im unmittelbaren Umfeld müssen dazu beitragen, einem Projekt die notwendige Importanz aber auch Transparenz zu verleihen, um eine Wertung zu ermöglichen.

In einer Standortanalyse wird die Lage anhand analytischer[10] und innovativer Standortfaktoren genau differenziert.

---

[10] Analytische Standortfaktoren umfassen sowohl physikalisch meßbare als auch sozioökonomische Größen.

a) Analytische Standortfaktoren

In Folge einer Veränderung des Mikro- bzw. Makroumfeldes kann der Wert einer Immobilie nachhaltig steigen oder sinken (gemäß Abb. 19).

Als Beispiel soll der Bau einer Schnellstraße in unmittelbarer Nachbarschaft angeführt werden: Dies würde eine positive Resonanz bei gewerblicher Bebauung erzeugen. Die Wohnqualität hingegen würde sich erheblich verschlechtern, was nicht selten häufigen Mieterwechsel oder hohe Leerstandsraten zur Folge hat.[11]

b) Innovative Standortfaktoren

Die Schnellebigkeit des Technischen Fortschritts führt zu einer enormen Verkürzung der Produktlebenszyklen in nahezu allen Wirtschaftsbereichen.

Eine Immobilie weist jedoch den Charakter eines langlebigen Wirtschaftsgutes auf. Die Nutzungsdauer beträgt nicht selten 50 und mehr Jahre. Aus diesem Grunde ist es für den Entwickler außerordentlich wichtig, langfristig zu planen und die Immobilie, hinsichtlich alternativer Nutzungsmöglichkeiten, flexibel zu gestalten. Dabei müssen zusätzlich innovative Faktoren sowie Zukunftstrends in die Untersuchung einbezogen werden. Einige Fakten sollen hier beispielhaft, aber keinesfalls abschließend aufgeführt sein:

- Was erwartet der Nutzer von einer Immobilie im Jahre 2020?
- Welche Anforderungen werden zukünftig an den technischen Ausbau gestellt (FM /ZLT/ DDC)?[12]
- Wer sind die Investoren/Nutzer von morgen?
- Wie wird die Bevölkerungsentwicklung verlaufen?
- Welche Branchen werden sich entwickeln?
- Welche Einflüsse hat die Auslandssituation auf den deutschen Mark?
- Welche Flächengrößen und Büroformen werden benötigt?

---

[11] Vgl. Platz, J.: Immobilien Management - Prüfkriterien zu Lage, Substanz, Rendite, Wiesbaden,1994, S. 69

[12] ZLT: Zentrale-Leit-Technik

Makrostandort (regionale und überregionale Strukturen)	Mikrostandort (unmittelbares Umfeld)
• Räumliche Situation • Überregionale Verkehrsstruktur/-netz • Voraussichtliche Entwicklung • Bevölkerung/Sozialstruktur • Wirtschaftsstruktur/Wirtschaftskraft • Arbeitsplatzangebot/Arbeitslosenquote • Beschaffungs- und Absatzmärkte • Bedarfslage/Markt- und Wettbewerbssituation • Landesentwicklungsplan/Flächennutzungsplan • Stadtplanung/Bebauungsplan/Baurecht • Umweltschutzauflagen	• Grundstückslage/-zuschnitt/-beschaffenheit Bestehende Bebauung (Substanz) • Anbindung des Grundstücks im regionalen Straßenverkehrsnetz und künftige Entwicklung • Anbindung an öffentliche Verkehrsmittel • Technische Ver- und Entsorgung • Standortimage • Grundstückserschließung • Grundstücksumfeld/Nachbarschaft • Mietpreis-/Kaufpreissituation • Versorgungseinrichtungen für Haushalt und Gewerbebedarf • Einrichtungen für Bildung, Sport, Freizeit, Erholung • Umweltqualität • Rechtliche, steuerliche Situationen • Bodenrichtwertkarte, Altlasten

Abb. 19: Makro- und Mikrostandort [13]

2.2.1 Größe und Zuschnitt des Grundstücks

Größe und Zuschnitt des Grundstücks

Durch den überproportionalen Anstieg der Bodenpreise in den letzten Jahren ist die Verkäuflichkeit eines flächenmäßig zu großen Grundstücks, zumindest in bevorzugten Lagen, beeinträchtigt.

Prinzipiell wird ein Objekt auf einem ebenen und rechteckigen Grundstück vielseitiger zu vermarkten sein, als ein solches auf einem ungünstig zugeschnittenen Grundstück. Vom reinen Flächenbedarf ist jedoch auch hier eine starke Abhängigkeit zwischen Nutzung und Grundstücksgröße gegeben, da unter Umständen für die Konzeption eines Einkaufs- oder Fachmarktes eine Bedarfsabhängigkeit zwischen Verkaufsfläche und Parkplatzfläche in einem Verhältnis von bis zu 1 besteht.

Ungünstige Abmessungen schränken die Gestaltung des Baukörpers wesentlich ein (z. B. durch Grenzabstän-

[13] Vgl. Platz, J.: Immobilien Management - Prüfkriterien zu Lage, Substanz, Rendite, Wiesbaden 1994, S. 68

de oder Erschließung). Sie sind andererseits unter innovativen und intelligenten Aspekten und Problemlösungen jedoch auch als Anreiz für den Projektentwickler zu verstehen.

2.2.2 Erschließung und Nutzung

Erschließung

Erschließung = alle für die Nutzung eines Grundstücks notwendigen Vorgaben der Ver- und Entsorgung, wie z. B.:

- Energieversorgung (Strom, Wasser, Fernwärme, Gas)
- Abwasserbeseitigung
- Müllbeseitigung
- Verkehrsanbindung

Die rechtlichen und technischen Festlegungen sind zum großen Teil im Baugesetzbuch festgelegt (6. Teil §§123-135).

Die Regelungen über

- Erschließungslast
- Erschließungsbeiträge
- Erschließungsaufwand
- sowie die engen Bezüge zur Bauleitplanung (Flächennutzungsplan, Bebauungsplan) sind hier dargestellt.

Für die Projektentwicklung ist der Aufwand für die Erschließung (primär, Straßen- und Wegeplanung) von wirtschaftlicher und planerischer Bedeutung.

Die Kosten dieser Maßnahmen können in aller Regel komplett auf den Grundstückseigentümer/Investor umgelegt werden und stellen dadurch nicht selten den wirtschaftlichen Erfolg eines Projekts in Frage.

Ziel

Ziel der Entwicklung muß es daher sein, eine planerische Konzeption mit einer minimierten/optimierten Erschließung zu realisieren. Dieser Kostenaufwand stellt eine zumeist nicht unerhebliche Belastung des Gesamtbudgets dar, da dieser (vordergründig betrachtet) nicht unmittelbar in die Qualität des Gesamtprojektes einfließt, sondern nur Kosten verursacht und letztlich dem Erlös der vermarktbaren Flächen selten entscheidender Kostenblock gegenübersteht.

Die Möglichkeit, speziell bei der Erschließung größerer Flächen, öffentliche Fördermittel (z. B. GVFG) in ein Projekt einfließen zu lassen, sind besonders unter dem Aspekt „Rendite-fragwürdiger Projekte“ (hoher Erschließungsaufwand der Flächen in Verbindung mit voraussichtlich geringem Verwertungserlös) durchaus eine Chance, eigene brachliegende Flächen neu zu ordnen und in manchen Fällen die einzige Möglichkeit, ein Projekt überhaupt umsetzen zu können.

Stellenwert im Rahmen des CRE

Diese Systematik erhält einen Stellenwert im Rahmen des CRE insbesondere bei der Kombination größerer unerschlossener Flächenareale in strukturschwachen Gebieten in Verbindung mit einem geringen Nutzungslevel, wie z. B. Gewerbegebiete.

Ziel hierbei ist es, durch die Nutzung solcher Fördermittel, bewußt keine Rendite in den Phasen I und II (Schaffung von Baurecht/Baureife) zu erwarten (minimale Forderung sollte das Erzielen einer „schwarzen Null", d.h. Aufwand = Erlös sein), sondern vielmehr erst hierdurch die Voraussetzung zu schaffen, in einer nachfolgenden Phase III (Realisierung von Hochbauten) eventuell erzielbare Erträge/Renditen abzuschöpfen und eigene Kostenbelastungen des Status quo durch Verkehrssicherungspflicht oder Instandhaltungsaufwand abzubauen.

Erschließungsbeiträge und Kosten der baulichen Maßnahmen sind bei den zuständigen Behörden zu erfragen (z. B. Tiefbauamt), eine weitaus größere Bedeutung kommt hierbei jedoch dem Einfluß von Kostendaten vergleichbarer Projekte und Erfahrungswerte zu, mit denen der Developer primär in den Anfangsphasen der Entwicklung kalkulieren muß.

Bei der Planungskonzeption einer Projektstudie wird in *äußere* und *innere Erschließungen* unterschieden.

Äußere Erschließung

Äußere Erschließung = die Gesamtheit der Maßnahmen, die es ermöglichen, Grundstücke baulich zu nutzen und an das Verkehrs- und Versorgungsnetz anzuschließen. Elemente der äußeren Erschließung sind z. B.:

- Straßenführung /-anbindung
- Zuwegung
- Vorfahrten
- Warenanlieferung
- Ver- und Entsorgung bis an die Grundstücksgrenze

Innere Erschließung

Innere Erschließung = alle horizontalen und vertikalen Verkehrselemente/-flächen eines Gebäudes[14], wie z. B.

[14] Vgl. Ackermann: Manuskript Konstruieren und Entwerfen, Universität Stuttgart 1986

Anordnung von Eingängen, Hallen, Foyers, Flure, Wartezonen, Treppen, Aufzüge und Rolltreppen.

Schon in der Projektstudie sollte berücksichtigt werden, daß die Gestaltung der Immobilie auch alternative und flexible Nutzungsmöglichkeiten vorsieht (besonders bei Büronutzung). Bisher wurden Immobilien nur für eine bestimmte Nutzung angeschafft bzw. errichtet. Ähnlich dem industriellen Prinzip der „lean production" bedeutet dies für die Immobilie, eine Anpassung während der Entwicklung sowie möglichst auch nach Abschluß der Projektrealisierung, mit möglichst geringem Aufwand, an einen neuen Nutzeranspruch zu ermöglichen.

Veränderungen der Nachfrage und differenzierte Raumbedürfnisse potentieller Mieter erfordern alternative Nutzungsmöglichkeiten. Existieren diese nicht, sind entweder teure Umbauten vorzunehmen oder erhebliche Mietabschläge und/oder längere Leerstände zu erwarten.

Diese Flexibilität bezüglich der Nutzung dient der Ertragskraft, von der wiederum die langfristige Werterhaltung der Immobilie abhängt.

Nachfolgende Aspekte können die Nutzungsmöglichkeiten einschränken:

- Baurechtliche Regelungen
- Raumhöhe
- Raumtiefe
- Achsmaße
- Anzahl der Treppenhäuser
- Längen von Erschließungsfluren
- Beleuchtung
- Techn. Ausbau
- Abstandsflächen
- Grenzbebauung
- Anzahl der Parkplätze

Wurde der Begriff „Nutzung" im vorangegangen Abschnitt im Zusammenhang eines Immobilienobjektes ausgeführt, soll dies nun im Kontext mit entbehrlichen, zu entwickelnden Flächen geschehen.

Unter „Nutzung" soll hierbei, unter weit globalerer Sichtweise, in Bezug auf die baurechtliche Ausweisung entsprechender Areale, hinsichtlich der Baunutzungsverordnung (BauNVO) eingegangen werden.

Diese enthält Rechtsvorschriften über Maß und Art der baulichen Nutzung, seine Berechnung, die Bauweise sowie die überbaubaren und die nicht überbaubaren Grundstücksflächen, die in den Baugebieten zulässigen baulichen und sonstigen Anlagen als auch die Zulässigkeit der Festsetzungen nach Maßgabe des § 9 Abs. 3 BauGB in den Baugebieten.

Welchen Stellenwert und welche Aussagekraft haben diese Richtwerte jedoch für die gesamten oder auch parzellierten Grundstücksflächen im Rahmen der Projektentwicklung und eines Verwertungsmodells?

Anhand eines Beispiels wollen wir uns dieser Problematik nähern.

Beispiel

Grundstücksgröße:	8.000 m² Nettobauland
Art und Maß der baulichen Nutzung:	MI mit GRZ 0,6 und GFZ 1,2
Verwertungsziel:	Verbrauchermarkt
Parkplatzflächen:	entsprechend Verkaufsflächen

Für die mathematische Betrachtungsweise ist bei dieser Verwertungskonzeption in aller Regel die Grundflächenzahl (GRZ) maßgeblich, da mehrgeschossige Bauweisen bei Verbrauchermärkten die Ausnahme darstellen.

Problematik

Würden nun die Grundstücksgröße mit der GRZ multiplizieren, um damit auf eine mögliche BGF eines Gebäudes zu schließen (in unserem Beispiel 4.800 m² BGF) und diesen Wert dann in eine Vermarktungsgröße oder erste Wirtschaftlichkeitsbetrachtung einfließen zulassen, wäre das Ergebnis weder aussagefähig noch brauchbar.

Da der entscheidende vermarktungstechnische Ansatz bei der Konzeption von Verbrauchermärkten primär das geforderte Verhältnis von Verkaufsflächen zu Parkplätzen darstellt und letztere wiederum in vollem Umfang auf die GRZ angerechnet werden müssen (Überschreitung in Höhe bis zu 50 vom Hundert zulässig, jedoch max. GRZ 0,8), kann dieses Problem folgendermaßen gelöst werden:

Lösung

Mit Hilfe einer Iteration kann durch die Eingabe verschiedener Einflußparameter (primär unterschiedlicher Verhältnisgrößen von Flächen zu notwendigen Parkplätzen) das optimale Verhältnis für das gewählte Nutzungskonzept aufgezeigt werden. Das bedeutet, daß bei der Wahl eines Baumarktes in unserem Beispiel eine Verkaufsfläche von ca. 3.100 m^2 realisierbar wäre (Annahme Abzug BGF zu NF 8 %).

Sinn und Zweck dieser Maßnahme soll es sein, eine realistische Einschätzung für eine Wirtschaftlichkeitsberechnung zu ermöglichen und zum anderen, unter dem Aspekt des Aufbaus eines Flächenverwertungsportfolios, für eine eventuelle Nutzungsanfrage sofort ein geeignetes Grundstück anbieten zu können.

2.2.3 Topographie und Baugrund

Topographie und Baugrund

Trotz gleicher Lage, gleicher Nutzungsmöglichkeit und gleichen Zuschnitts können Grundstücke aus verschiedenen Aspekten heraus unterschiedlich viel wert sein.

Die Oberfläche von Baugrundstücken kann stark variieren, z. B. kann sie eben, terrassiert oder schräg sein, was bedeutet, daß zur Bauvorbereitung im Einzelfall umfangreiche Bodenbewegungen notwendig werden. Es können unbrauchbare Altgebäude oder Teile von Altgebäuden vorhanden sein, die abgebrochen werden müssen. Weiterhin können Probleme beim Aushub der Baugrube auftreten, oder es sind Wasserhaltungsmaßnahmen erforderlich.

Nicht ausreichend tragfähiger Baugrund kann Bodenverbesserungen oder besondere Gründungen erforderlich machen.

Bei hohem Grundwasserstand müssen Keller oft in kostspieligen Wannen gebaut werden, und liegt der Kellerboden des Neubaus tiefer als der des angrenzenden Nachbarkellers, müssen die Fundamente des Nachbarkellers durch spezielle Bohrverankerungen oder Injektionsmaßnahmen abgefangen werden.

In solchen Fällen ist es ratsam, ein Beweissicherungsverfahren vor Beginn der Arbeiten einzuleiten, welches den Ist-Zustand dokumentiert, um gegen spätere Regreßansprüche (z. B. Setzungsschäden an Nachbargebäuden) vorbereitet zu sein.

Um einige dieser Probleme schon im Vorfeld werten zu können, sollte ein Bodengutachten angefertigt werden, um daraus fundierte Informationen über den Grundwasserstand, Schichtfolgen, Tragfähigkeit des Baugrundes usw. entnehmen zu können.

2.2.4 Lage

Lage

Für den Wert des Grundstücks ist die Lage ein wesentlicher Faktor. Die Lage ist in direktem Zusammenhang mit einer späteren Nutzung zu sehen. Einflußnehmende Kriterien in dieser Wechselbeziehung (Nutzung und Lage) sind u. a.:

- „Adresse"
- Entfernung zur City
- Anbindung an Hauptverkehrsadern, Bundesstraßen, Autobahnen
- Gleisanschluß
- Anschluß an Flugplatz

Beispielsweise stehen bei einem Geschäftshaus mit Einzelhandelsbesatz, Geschäftslage und allgemeine Standortfaktoren wie *Einzugsgebiet*, *Bedarf*, *Kaufkraft*, *Konkurrenz* und *Verkehrsanbindung* im Vordergrund.

2.2.5 Einzugsgebiet

Gehminute

Ein in der Praxis häufig angewandtes Abgrenzungsverfahren ist die Einzugsbestimmung über *Gehminutenzonen*. Für den Lebensmitteleinzelhandel werden für das engere Einzugsgebiet 5 Gehminuten festgelegt (1 Gehminute = 80 m). Verbindet man den Standort mit den Endpunkten dieser 5 Gehminuten auf einer Stadtkarte, so erhält man die Grenzen dieses Einzugsgebietes.

Autominute

Verschiedene Betriebsformen des Einzelhandels grenzen ihr Einzugsgebiet häufig mit der Zeitdistanzmethode (Wegzeit in *Autominuten*) ab. Empirische Untersuchungen haben ergeben, daß die kritische Zeitschwelle bei 30 min. Wegaufwand liegt.

Die so ermittelten Grenzen des Einzugsgebietes können nur als relativ grobe und vorläufige Region betrachtet werden. Die unterschiedlichen Standortgegebenheiten sind noch unberücksichtigt. Beide Methoden müssen, um anwendbar zu sein, mit anderen Methoden (z. B. Kundenbefragung) kombiniert werden.

Kundenbefragung

Die Methode der Kundenbefragung ist relativ aufwendig und geht über das Ziel einer Abgrenzung für ein Einzugsgebiet hinaus. Es werden zusätzliche Informationen über die Struktur der Kunden, über die Einkaufshäufigkeit, die Einkaufswerte und dergleichen gewonnen. Mit Hilfe dieser Ergebnisse kann die Abgrenzung des Einzugsgebietes auf analoge, neue Standorte übertragen werden. Die aufwendige Beschaffung von Informationen für die Standortalternativen kann somit gespart werden.

Selbstverständlich müssen bei der Abgrenzung des Einkaufsgebietes auch topographische Besonderheiten, wie z. B. Geländeabfall, Bahnkörper, Fabrikanlagen und dergleichen berücksichtigt werden.[15]

2.2.6 Bedarf

Bedarf

Der Bedarf wird bestimmt durch die im Einzugsgebiet vorhandene Zahl der Bedarfsträger, deren Bedarfsintensität und Konsumentenverhalten.

Für das Einkaufscenter ist die wichtigste Konsumenteneinheit der Haushalt. Deshalb gilt es, die Anzahl und die Struktur der Haushalte im Einzugsgebiet zu erfassen und zu analysieren.

Dabei interessieren vor allem Strukturmerkmale, wie z. B.:

- Haushaltsgröße
- soziale Stellung
- Altersstruktur
- Gesamteinkommen und Einzeleinkommen
- Anzahl der Kraftfahrzeuge
- Ausstattungsgrad bestimmter Haushaltsgüter

So können aus der Höhe des Ausstattungsgrades Schlußfolgerungen über die Höhe des möglichen zusätzlichen Marktvolumens bzw. Ersatzbedarfs gezogen werden.

Der Standortfaktor Bedarf umfaßt als Unterfaktor die Anzahl, die Art und das Einkaufsverhalten der Kunden, wobei zwischen diesen einzelnen Faktoren natürliche Abhängigkeiten bestehen.

Anzahl

Die Anzahl der Kunden in dem Einzugsgebiet hängt von der Einwohnerdichte, Passantendichte, Bevölkerungsstruktur, den Konsumgewohnheiten und der Konkurrenzintensität ab.

Art

Was die Art der Kunden betrifft, so können diese in Stammkunden und Laufkunden unterteilt werden, je

[15] Vgl. Falk, B.: Einkaufszentren, Landsberg am Lech 1982; Heinen, E.: Industriebetriebslehre, 1978

nachdem, ob der Abnehmer einmal oder wiederholt einkauft.

Einkaufsverhalten

Der Kunde unterliegt in seinem Einkaufsverhalten einem ständigen Konflikt zwischen Bequemlichkeit und der Wahl- bzw. Vergleichsmöglichkeit beim Einkauf. Dabei wird das Einkaufsverhalten der Kunden vor allen Dingen durch die Art der angebotenen Güter geprägt. Die Bequemlichkeit des Einkaufens hängt allerdings auch von der Zugänglichkeit des Zentrums ab, also vom Standortfaktor Verkehr, während die Wahlmöglichkeiten insbesondere durch den Standortfaktor Konkurrenz bestimmt werden.[16]

2.2.7 Kaufkraft

Kaufkraft

Kaufkraft = Geldsumme, die je Einwohner bzw. Haushalt des Einzugsgebietes innerhalb einer Periode zur Verfügung steht.

So werden über wirtschaftliche Gesamtrechnungen, Umsatzstatistiken des Einzelhandels, Wirtschaftlichkeitsrechnungen privater Haushalte, Kaufkraftkennziffern und über Verbraucherstichproben relevante Verbrauchsausgaben dem einzelnen Einwohner oder auch einzelnen Haushalten zugeordnet.

Das Ergebnis multipliziert mit der Einwohner- bzw. Haushaltszahl stellt das theoretisch gesamtmögliche Verbrauchsvolumen des Einzugsgebietes dar. Hiervon werden mutmaßliche Abflüsse des Marktgebietes nach außen abgezogen, so daß sich ein potentielles Verbrauchsvolumen ergibt.

2.2.8 Konkurrenz

Konkurrenz

Positive Effekte auf das Umsatzpotential sind z. B. durch eine Standortagglomeration zu erwarten, die gegeben ist, wenn mehrere Dienstleistungsbetriebe auf engstem Raum konzentriert sind. Dadurch, daß sie sich teilweise ergänzen und miteinander im Wettbewerb stehen, wird eine größere Auswahlbreite und -tiefe erreicht.

Standortverbesserungen

Standortverbesserungen können sowohl durch branchengleiche als auch durch branchenungleiche Agglomeration erreicht werden. Ersteres ist gegeben, wenn

16 Vgl. Falk, B.: Einkaufszentren, Landsberg am Lech 1982; Heinen, E.: Industriebetriebslehre, 1978

mehrere ähnlich strukturierte Einzelhandelsbetriebe, wie z. B. Fachgeschäfte in der nächsten Umgebung konzentriert sind. Branchenungleiche Agglomeration ist vorhanden bei unterschiedlichen Betriebsformen des Einzelhandels. Wenn sich die Sortimente dieser Betriebe miteinander vertragen, resultiert allein aus der räumlichen Konzentration dieser branchenungleichen Betriebe ein kundenanziehender Effekt, der das Gruppenumsatzpotential erhöht. Ohne diese Erhöhung nimmt der betriebsspezifische Umsatz auch mit steigender Konkurrenzintensität ab.

Standortpolitik

Aus diesem Grunde ist die Standortpolitik vieler Einzelhandelsbetriebe darauf ausgerichtet, die Nähe konkurrierender, strukturell gleichartiger Betriebe zu meiden, denn dadurch werden automatisch die betriebsindividuellen Umsatzpotentiale vermindert.

Allzu stringent sollte ein solcher „Konkurrenzschutz" jedoch nicht betrieben werden. Eine Monopolstellung kann u. U. (abhängig von der Sparte des Einzelhandelsbetriebes) durch mangelnde Konkurrenz von Mitbewerbern auch dazu führen, daß durch solche Voraussetzungen das Kundeninteresse sinkt und somit der erhoffte Effekt ins Gegenteil umschwenkt.

Für bestehende und vor allem auch über in Zukunft geplante Einzelhandelsbetriebe in dem Einzugsgebiet sind folgende Informationen relevant:[17]

- Name und Anschrift der Konkurrenten
- Branchen
- Betriebs- und Verkaufsformen
- Betriebsgröße gemessen an der Größe der Verkaufs- und Geschäftsfläche bzw. Größe des jährlichen Umsatzes
- Anzahl der Parkplätze
- Warendarbietung und Sortiment
- Preisstrukturen
- Erscheinungsbild der Betriebe

Die gute Erreichbarkeit ist bei Nutzungen des Groß- und Einzelhandels unerläßlich. So ergaben Untersuchungen für Einkaufszentren, daß die Akzeptanz eines Standorts stark gemindert wird, wenn der Wegaufwand die Grenzen von 30 min. Fahrzeit überschreitet.

[17] Vgl. Falk, B.: Einkaufszentren, Landsberg am Lech 1982; Heinen, E.: Industriebetriebslehre, 1978

Die Zugänglichkeit eines Einzelhandel-Standorts erfordert einerseits so, daß der Individualverkehr möglichst nahe an den Standort herangeführt wird und andererseits, daß ausreichend Parkflächen in einer solchen Entfernung bereitstehen, daß sie von den Kunden auch akzeptiert werden (300-400 m).

Industrieimmobilien

Für Industrieimmobilien muß vor allem eine gute Erreichbarkeit durch eine direkte Anbindung an Transportwege wie Autobahn und Eisenbahn gesichert sein.

Um sich einen gesamten Überblick verschaffen zu können, ist es am sinnvollsten, die Standortbewertung mit Hilfe einer „Checkliste" abzuhandeln. In ihr sind alle relevanten, die Standortentscheidung beeinflussenden Kriterien zusammengestellt und in Tabellenform aufbereitet.

Anschließend wird eine abgestufte Bewertung der einzelnen Kriterien vorgenommen. Es ist nun möglich, einen Vergleich mit anderen Standorten zu ziehen.

Nachteile

Nachteil des Standortwahlschemas = Jedes derartige Gewichtungsschema ist zwangsläufig subjektiv geprägt und hängt von dem jeweiligen Entscheidungsträger ab, der dieses Verfahren anwendet.
Es empfiehlt sich eine Ergänzung des Gutachtens durch weitere Markt- und Standortanalysen eines Fachinstituts, um den Grad der Beurteilung zu erhöhen.

Das Ergebnis dieser Ermittlungen wird sein, das Projekt weiter zu verfolgen, es mit Einschränkungen fortzuführen oder es zu verwerfen.[18]

2.3 Vorhandene Bausubstanz

Vorhandene Bausubstanz

Wichtiger Bestandteil der Standortanalyse ist bei vorhandener Bausubstanz eine umfassende Untersuchung hinsichtlich:

- Gebäude- und Bodentechnischer Situation (z. B. Belastbarkeit der Geschoßdecken)
- Integration einzelner Gebäude oder Gebäudeteile (z. B. durch Denkmalschutz)
- Erweiterungsmöglichkeiten (z. B. Aufstockung)
- Umgestaltung
- Abriß

[18] Vgl. Falk, B.: Gewerbeimmobilien, Stuttgart, 1987 Falk, B.: Einkaufszentren

Die Zielsetzung besteht darin, unter Wahrung der wirtschaftlichen Aspekte, die bestmögliche Nutzungs- und Verwertungsvariante zu entwickeln.

Erforderliche Unterlagen

Für eine grundlegende Substanzermittlung sind folgende Unterlagen erforderlich:

- Lageplan
- Baubeschreibung
- Statik
- Bauzeichnung/Pläne/Flächenberechnung
- Berechnung des umbauten Raumes
- Angaben über die Historie des Gebäudes
- Einheitswertbescheid des Finanzamtes
- Wertgutachten über Boden und Gebäude
- Grundbuch- und Katasterauszüge
- Baulasten-/Altlastenverzeichnis

Als Bestandteil der Projektstudie kann die Substanzanalyse wie folgt gegliedert werden (gemäß Abb. 20):

Allgemeine Merkmale	Spezifische Inhalte
• Lage/Einbindung des Gebäudes in Grundstück und Umfeld • Grundstücks-/Kataster-bezeichnung • Grundstücksgröße • Gebäudeflächen • Stellplätze (Ablöse mit Auswirkungen auf die Wirtschaftlichkeit)	• Nutzungsdarstellung und Einheiten • Flächenaufteilung und -ausmaße • Bauteilanalyse (Statik, Baugrund, Gebäudesubstanz) • Gebäudezustand • Ausstattung • Gebäudenutzer

Abb. 20: Gliederung der Substanzanalyse

2.4 Stellenwert der Standortanalyse für den Projektentwickler

Wertigkeit der Standortanalyse

Grundsätzlich ist die Durchführung einer Standortanalyse für eine erfolgreiche Projektentwicklung unerläßlich. Dieser Aspekt wird jedoch von einer Vielzahl von Projektentwicklungen in seiner Wertigkeit verkannt und nur in den seltensten Fällen tatsächlich als ein Entscheidungskalkül genutzt.

Oftmals gehen Projektentwickler stillschweigend davon aus, daß sich „ihre" Immobilie am Markt behaupten wird. Tritt dieser Fall jedoch nicht ein, bleiben die

Räumlichkeiten ungenutzt. Dies wiederum bedeutet, daß für die Anleger die erhofften Renditen ausbleiben.

Sinn und Nutzen der Standortanalyse

Sinn und Nutzen einer Standortanalyse muß es sein, durch die Einflüsse der genannten Faktoren einen Baustein zur Projektstudie beizutragen und damit aus vermarktungstechnischer Sicht die Produktion von Leerstand zu vermeiden, um statt dessen eine erfolgreiche Immobilie am Markt zu plazieren.

Standortanalysen differieren inhaltlich erheblich voneinander aufgrund der jeweiligen vorgegebenen Grenzsituationen:

a) Nutzer

Nutzer

Steht der Nutzer/Auftraggeber bereits im Vorfeld fest, wird sich mittels noch festzulegender oder bereits festgelegter Nutzungsfaktoren die Standortanalyse weitaus weniger umfangreich gestalten, als wenn einzig die Projektidee Indikator für eine Projektentwicklung ist.

b) Investitionsvolumen

Investitionsvolumen

Bedeutung und Nutzen einer Standortanalyse können zudem von der Höhe des Kapitalbedarfs einer Immobilieninvestition abhängig sein.

Für Projektentwicklungen mit geringem Kapitaleinsatz (bis 20 Mio. DM)[19] sind Markt- und Standortanalysen nicht im vollen Umfang erforderlich. Häufig zieht der Projektentwickler zur Analyse potentieller Standorte im Einzugsgebiet einer Großstadtregion nur die City-Reports etablierter Immobilienberater heran.

c) Nutzungstypus

Nutzungstypus

Als dritter Aspekt spielt die beabsichtigte Nutzung eine wesentliche Rolle, wobei davon ausgegangen werden kann, daß der Aufwand von Analysen für Food- und Non-Food-Shopping-Flächen einen anderen Stellenwert hat als beispielsweise Büroflächen.

Die Auswertung und Diskussion über die in der Markt- und Standortanalyse gewonnenen Daten erfolgt in Meetings, an denen sowohl der Projektentwickler als auch die entsprechenden Analytiker beteiligt sind.

19 Vgl. Reuter, C.: Vertieferarbeit „Immobilienmanagement und -marketing in der Projektentwicklung", eingereicht am 2. August 1994, S. 26

Letztendlich entscheiden über die Durchführung oder Verwerfung eines Projektes das analytische Datenmaterial und das „Marktfeeling" der kompetenten und erfahrenen Spezialisten.

Im Rahmen dieser weitverzweigten Analytik sollen im Anschluß noch einige Anmerkungen und Ansichten der Autoren zu zwei exemplarischen Szenarien auf dem Wohnungs- sowie dem Bürosektor erfolgen:

Wohnungssektor

Momentane Marktsituation

In der momentanen Marktsituation ist die Nachfrage nach preiswerten, bezahlbaren Wohnungen nach wie vor ungebrochen. Allein in Westdeutschland gehen Schätzungen davon aus, das in den nächsten 10 Jahren 500.000 - 600.000 Wohnungen jährlich fertiggestellt werden müssen, um das Versorgungsniveau der 80er Jahre wieder zu erreichen. Anhand von gemeldeten Leerstandszahlen auf eine tendenzielle Umkehrung in der Nachfrage zu schließen, ist bei genauerer Betrachtung der Marktsituation nicht angebracht. Drei wesentliche Faktoren, nämlich Fluktuation sowie, besonders in den neuen Bundesländern, Abriß und Sanierung und letztlich überteuerte Wohnungen, sind die primären Determinanten dieses Szenarios.

Aussichten

Die Nachfrage nach kleineren, den geänderten individuellen Lebensverhältnissen angepaßten Wohnungen wird steigen. Unter der Voraussetzung, daß sich das Wirtschaftswachstum und die damit verbundenen Realeinkommen weiter entwickeln, kann davon ausgegangen werden, daß auch der persönliche Flächen-bedarf von derzeit ca. 35 m^2 weiter ansteigen wird. Des weiteren stellen nachfolgende Punkte entscheidende Faktoren des Marktes für die Entwicklung und Schaffung von Wohnraum dar, wobei eine Untergliederung in wirtschaftliche und Nachfrage-Parameter erfolgen soll.

Die wirtschaftlichen Parameter beeinflussen die Angebotsseite und somit die Wohnbautätigkeit direkt. Die Nachfrageparameter richten sich nach der Allgemeinsituation der nachfragenden Gruppen. In Abb. 21 sind Nachfrageparameter dargestellt.

Abschreibung steuerliche Förderung

Bei genauerer Betrachtung der jeweiligen Parameter lassen sich wiederum auch diese nochmals untergliedern. Der Aspekt „Steuerliche Förderung/Abschreibung" beispielsweise kann somit unter dem Punkt „öffentlich geförderter Wohnungsbau" sowie unter „frei finanziertem Wohnungsbau“ betrachtet werden.

Besonders letztgenannter Aspekt ist unter der Sichtweise des Developers durch die staatlichen Instrumente, welche indirekt über die Steuer- und Wirtschaftspolitik greifen, als äußerst kritisch zu betrachten; sollen doch letztendlich mehr als zwei Drittel des Bedarfs über den frei finanzierten Wohnungsbau gedeckt werden.

Wirtschaftliche Parameter	Nachfrage Parameter
Zinsentwicklung	Haushaltsentwicklung
Nominaleinkommen	Soziale Beziehungen zwischen Wohnen und Wohnumfeld
Lebenshaltungskosten	Aufwertung des Abhängigkeitsverhältnisses Freizeit/Wohnen
Baupreis	Verlagerung der formellen, beruflichen Arbeit in die Wohnung zum „home ofice“
Mietpreise	Flächenbedarf/Bewohner
Reformen und Änderungen des Mietrechts	

Abb. 21: Nachfrageparameter

Wohnungsbau

Da auch das Segment des Wohnungsbaus äußerst sensibel auf geänderte Rahmenbedingungen reagiert, kann es als falsche Maßnahme interpretiert werden, wenn in diesem Bezug die Sätze der degressiven Abschreibung für den Mietwohnungsbau gesenkt werden. Besonders die Möglichkeit, hohe Anfangsverluste nicht mehr ausgleichen zu können, wird postum zu geringeren Investitionsanreizen insbesondere bei „kleineren Investoren“ führen. Des weiteren wird durch die geplante Steuerreform 1999 ein weiterer Schlag für den Immobilienmarkt erfolgen, da zwar Steuersätze sinken, aber gleichzeitig auch Steuervorteile entfallen. Den Vorschlag, Wertsteigerungen beim Verkauf auch über die bislang angesetzten zwei Jahre zu versteuern, würde ein solches Fiasko abschließend beschreiben.

Als worst-case-Szenario könnten bundesweite Einbrüche auf diesem Sektor in einer Größenordnung von 50.000 - 60.000 Wohnungen im Jahr befürchtet werden. Eine um so mehr fragwürdige Tendenz, in Anbetracht der Tatsache, daß die Wohneigentumsquote in der Bundesrepublik deutlich unter der anderer europäischer Länder liegt.

Bürosektor

In den letzten Jahren hat der Büromarkt eine 180-Grad-Wendung hinter sich gebracht, indem er von einem Verkäufer- bzw. Vermietermarkt zu einem Nutzermarkt geworden ist. Büromarkt

In der Projektentwicklung moderner Bürohäuser wird vielfach das gesamte Engagement in die Baukörpergestaltung (primär Fassade) sowie in die Gestaltung repräsentativer Sonderflächen wie z. B. Eingangsbereiche oder Konferenzräume gelegt. Die eigentliche Bürogestaltung und Nutzung beschränkt sich meist auf das Darstellen von Vorschlägen für Standardkonzeptionen (Standard -Zellenbüros).

Die traditionellen Vorstellungen vom Büro als reines Verwaltungsgebäude müssen längst in Frage gestellt werden, da es sich in seiner Zielsetzung bereits grundlegend geändert hat. Nicht mehr nur die Faktoren Lage und Quadratmeter, sondern die Voraussetzung zur Flexibilität und „Intelligenz" von Bürogebäuden ist entscheidend.

Dieser Wandel im Bürobereich vollzieht sich heute schneller als in der Vergangenheit und wird voraussichtlich in Zukunft noch rasanter werden. Aufwendige Ist-Analysen und empirische Untersuchungen sind folglich nur bedingt geeignet, um Zukunftsanforderungen möglichst sicher zu bestimmen, zumal auf diesem Sektor (z. B. Flächenbedarf pro Bürobeschäftigten bzw. dessen Veränderung oder Altersstruktur und Erhaltungszustand von Bürogebäuden) kaum verläßliche Daten und Erhebungen vorliegen.

Für die Entwicklung eines Bürogebäudes ist es aus ersten strategischen Aspekten wichtig, langfristige Unternehmensentwicklungen, soweit absehbar, richtig einzuschätzen.

Derartige Szenarienanalysen lassen sich hinsichtlich zukunftsorientierter Prämissen nachfolgend aufgliedern:

- Personalentwicklung (z. B. Anzahl und Struktur der Arbeitsplätze, Arbeitsplatz-Sharing).

- Veränderungen der Unternehmensstruktur (z. B. Zentralisierung oder Dezentralisierung, neue Sparten)
- Entwicklung der Unternehmenskultur (z. B. Firmenimage)
- Wirtschaftliche Rahmenbedingungen (z. B. Konzepte für Gebäude, Ver- und Entsorgung)
- Entwicklung der Ablauf- und Kommunikationsstruktur (z. B. neue Bürotechnologien)

Besonders letztgenannter Aspekt wird unter dem Gesichtspunkt der Informations- und Kommunikationstechniken einen wesentlichen Einfluß auf die Entwicklung des Büroflächenbedarfs erhalten.

Diese technischen Innovationen bestimmen bereits jetzt wesentlich den Arbeitsplatz sowie die Arbeitsform (z. B. office-hotelling) und werden in den nächsten Jahren zahlenmäßig extrem ansteigen, sobald die noch vorherrschenden Restriktionen, wie z. B. Sicherheitsmängel bei Datenübertragungen oder auch noch fehlende soziale Akzeptanz, überwunden sind.

Neue Büroformen

Welche Büroform wäre aus funktionellen und flexiblen Aspekten das eventuell „zukünftig optimale“ Angebot?

Ist es sinnvoll, bei bestimmten Aufgabengebieten jedem Mitarbeiter einen persönlichen Arbeitsplatz permanent nachzuweisen?

Ein Vorschlag wäre ein nonterritoriales Bürosystem mit folgendem Profil:

- Poolarbeitsplätze:
  Der „eigene“ Arbeitsplatz besteht weiterhin; für bestimmte Aufgaben (CAD, Multimediastationen) werden gemeinsame Arbeitsplätze eingerichtet.
- Desk-sharing:
  Zwei bis drei Mitarbeiter teilen sich einen Arbeitsplatz
- Privatsphäre wird auf persönliche Rollcontainer reduziert.
- Room-sharing:
  Büroraum nach standardisierten Kriterien komplett eingerichtet (fest installierte Arbeitsplätze mit kompletter Technikausstattung) keine Arbeitstische, nur Technikausstattung (Bild-schirme an festen Punkten, Schwenkarmen, Abhängvorrichtungen), integrierte

Arbeitstische (flexibel verwandelbare Einheit aus Container und Arbeitsplatz).

- Building-sharing:
  Absolute Flexibilität innerhalb eines Gebäudes totaler Verzicht auf Privatsphäre.

Voraussetzungen neuer Büroformen

Voraussetzungen hierzu sind nachfolgende Randbedingungen und zu lösende Konflikte:

Organisatorisch notwendige Randbedingungen:

- Flexibilität von Arbeitsplatz und Arbeitsort
- das „papierlose" Büro
- Abschied von konventionellen Führungs- und Organisationsstrukturen
- mehr Eigenverantwortung für die Mitarbeiter

Konflikte bei der Umsetzung:

- Faktor Mensch
- menschliches Territorialverhalten (Teil des Büros „sein Eigen" nennen)
- Statusdenken

So vielschichtig wie die Arbeit in einem Büro sein kann, so vielschichtig sollten auch die Büroformen sein. Aus diesem Grund wird es, speziell aus der Sicht einer „Projektentwicklung für den Markt", eine Büroform, welche immer und überall und jedem das Optimum gewährleistet, nicht geben. Da letztlich der Mieter durch seine Anforderungen entscheidet, kann es als Präventivmaßnahme verstanden werden, durch entsprechende bauliche und technische Konzepte, eine Bandbreite an Möglichkeiten zu gewährleisten.

2.5 Beispiele einer Markt- und Standortanalyse

Die beiden nachfolgenden Beispiele werden nur auszugsweise dargestellt, um einen ersten Eindruck bzw. Überblick zu ermöglichen. Die beiden Untersuchungen sollen den Unterschied einer kurzen und einer ausführlichen Markt- und Standortanalyse aufzeigen.

Beide Grundstücke gehören zum Bestandsportfolio der Deutschen Bahn AG, sind nicht mehr betriebsnot wendig und können somit einer Verwertung zugeführt werden.

STANDORT

Stadt / Kreis / Bundesland	Berlin, Stadtbezirk Lichtenberg, Stadtteil Karlshorst
Einwohnerzahl Stadt / Einzugsbereich	3,5 Mio.
Wirtschaftsschwerpunkt	alle Branchen (in näherer Umgebung Einzelhandel, Kleinbetriebe)
Schulen	alle Bildungsebenen, Universität u.a.m. (Hochsch. in Nachbarschaft)
Kulturelle Einrichtungen	umfassend vorhanden (Bundeshauptstadt)
Verkehrsanbindung DB / BAB	alle Verkehrsmittel, alle Richtungen (DB / BAB / Flugplätze)
Aktuelle Bautätigkeit in der Stadt?	stark, alle Projektrichtungen
Wohnungsbedarf gegeben?	Ja
Arbeitsplatzangebot	mäßig
Arbeitslosenquote	12,7% (Berlin-Ost), 14,3% (Berlin-West), 13,6% Berlin insges.

GRUNDSTÜCK

Lage im Stadtgebiet	östlich, nahe Tierpark, 16 km zur City (Alexanderplatz)
Gebietscharakter	Wohnsiedlung mit Ein-, Zwei- und Dreifamilienwohnhäusern
Verkehrsanbindung / ÖPNV	Bus 100 m, Straßenbahn 150 m, U-Bahn 200 m, S-Bahn 10 Minuten
Versorgung	zufriedenstellend, jedoch nicht in unmittelb. Nachbarschaft vorhanden
Umfeld / störende Einflüsse	keine

ALLGEMEINES

Entbehrlichkeit geprüft?	ja, entbehrlich
Baurecht (B-Plan / §34 BBauGB)?	evtl. Vorhaben- und Erschließungsplan
Vorverhandlungen mit Behörden?	ja, Reihenhäuser genehmigungsfähig
Abbruchmaßnahmen erforderlich?	Nein
Altlasten	z.Z. in Prüfung

BEMERKUNGEN

	guter Freizeitwert und Naherholung, Tierpark, Parkplatzangebot im Umgebungsbereich ausreichend vorhanden, ruhige Lage (nur Anliegerverkehr), zur Spree 8 km.

Abb. 22: Standortanalyse Beispiel 1 (Kurzfassung)

Beispiel 1:
Aufgrund der Flächengröße (ca. 4000 m²) sowie Lage, Umfeld und dem gewähltem Nutzungskonzept wird für dieses Areal eine Kurzfassung der Markt- und Standortanalyse als ausreichend erachtet (gemäß Abb. 22).

Beispiel 2:
In Beispiel 2 muß eine Markt- und Standortanalyse für ein Areal mit einer Grundstücksgröße von ca. 10 ha durchgeführt werden. Von einer kurzen Markt- und Standortanalyse des Grundstücks ist aufgrund der Größe abzuraten. Um aussagefähige Ergebnisse zu erhalten, muß mit den vorgegebenen Rahmendaten und Eckwerten ein ausführliches Gutachten erarbeitet werden.

Beispiel 2 (ausführliche Analyse, auszugsweise)

Beispiel 2: (ausführliche Analyse, auszugsweise!)

Grundstücksanalyse
Grundstücksbeschreibung

Grundstücksbeschreibung

Der untersuchte Grundstücksbereich umfaßt das Gelände des Güterbahnhofes (Landfläche) und den östlichen Bahnhofskanal (Wasserfläche) mit folgenden Begrenzungen: ...

Hinzu kommt eine dreieckförmige Fläche im Bereich der Fußgängerbrücke, begrenzt durch ... .

Auf dem beschriebenen Gelände befinden sich auch unternehmensfremde Grundstücke. Diese sind im südwestlichen Bereich von ... bis ... gelegen sowie im nordwestlichen Bereich von ... bis ... .

Das Gelände erstreckt sich rechteckförmig in nordsüdlicher Richtung. Mit einer mittleren Höhe von 4,5 m über NN und einer Abweichung von max. +/- 1,0 m ist es im wesentlichen eben. Die Nutzung der Flächen wird durch Gleisanlagen, zwei Ladestraßen sowie verschiedene Gebäude (gemäß. Abb.23) determiniert.

Unternehmenseigene Gebäude	**Sonstiges Bauwerk des Unternehmens**	**Mietereigene Gebäude**
ehem. Bürogebäude, Am Breitenstein 12 ...	Fußgängerbrücke über die Springerstraße ...	Kiosk, Kästner-Allee 3 ...

Abb. 23: Nutzungsübersicht

Der östliche Bahnhofskanal (Wasserfläche) schließt am oberen westlichen Rand mit der Kaimauer ab. Im weiteren Kanalverlauf dienen abgeböschte Ufer der Begrenzung. Im Süden mündet der Seeve-Kanal über ein Wehr in den Bahnhofskanal. Infolge starken Sedimenteintrages ist die Wasserfläche zunehmend der Versandung ausgesetzt. Derzeit kann von folgenden Wassertiefen ausgegangen werden:

- Bereich Klappbrücke: 3,40 m
- Bereich Seeve - Wehr: 0,60 m
- Auf mittlerer Kanallänge: 0,90 m

Im nördlichen Bereich (im Verlauf Neuländer Straße) wird der Kanal von einer Klappbrücke (Bauj. 1936) überspannt. Nach Auskunft der Hafenbehörde wird die Einstellung der Klappfunktion in Erwägung gezogen, und damit nur noch flachen Booten die Zufahrt in den östlichen Bahnhofskanal gewährt.

Der nördliche Teil des Güterbahnhofgeländes wird von 110-kW-Freileitung der Hamburgischen Elektrizitätswerke überspannt.

Grundbuch, Rechtsverhältnisse, Grundstücksdaten

a) Grundbucheintragung

Grundbucheintrag

Das Grundstück ist wie folgt im Grundbuch eingetragen:

Amtsgericht Hamburg-Harburg

- Grundbuch von Harburg (030107)
- Band ..., Blatt ...

Es umfaßt folgende Flurstücke:

- Güterbahnhof 3125, 3126, ...
- Dreiecksfläche 2178 (tlw.), 2179, ...
- Kanalfläche 1099, 1234

In Grundbuchabteilung II und III sind für o.g. Grundstücke keine Eintragungen enthalten.

b) Rechtsverhältnisse

Eine besonders ernsthafte Restriktion stellt die Freileitung der HEW dar, da die Entwicklung im nördlichen Geländebereich erheblich behindert wird.

Reg. Nr.	Vertragspartner	Rechtsverhältnisse			
		Grundlage	Gegenstand	Anmerkung	seit
00002	Bruno Berg	Gestattungsvertrag	Nutzung	Mitbenutzg. Stützmauer	Okt. 88
C0273	Hygienic Service KG	Verfügung	Überbau	Duldung Dachüberstand	Aug.92
etc.	...	...	...	...	...

Abb. 24: Rechtsverhältnisse

c) Grundstücksdaten

Flächentyp	Abmessungen		
	Fläche [m²]	Länge [m]	Breite [m]
Güterbahnhof (Landfläche)	75.022	455	175
Dreiecksfläche (Landfläche)	2.100	75	30
Öst. B-Kanal (Wasserfläche)	17.574	493	33 [20]

Abb. 25: Grundstücksdaten

Mikrostandort und Standortqualitäten

a) Lage in der Stadt

Das Güterbahnhofsgelände ist im Harburger Norden nahe der Elbe gelegen. Die Nähe zur City (fußläufig 15 Minuten) birgt für künftige Nutzer sowohl Chancen (erlebnisbetonter Einkauf, breites Spektrum öffentlicher und privater Dienstleistungen) als auch Risiken (Kaufkraftabzug aufgrund konkurrierender Lagen).

Die größeren Wohngebiete sind im Süden Harburgs gelegen. Dieses Kaufkraftpotential wird jedoch durch einen Verkehrskorridor und insbesondere die Harburger City abgeschirmt. Eine Kompensation dieses Nachteils scheint unmöglich. Folglich sind Einzelhandelsprojekte auf dem Güterbahnhof überwiegend auf die endogene Kaufkraft angewiesen sowie auf Spezialangebote, die eine Überwindung der trennenden Barrieren lohnend erscheinen lassen.

[20] Im südlichen Bereich starke Verengung des Kanals auf 13 m bis zum Seeve-Kanal.

b) Erreichbarkeit/Anbindung

Der Güterbahnhof ist von der City mittels ÖPNV, Pkw als auch fußläufig erreichbar.

Die fußläufige Verbindung ist unmittelbar über die Fußgängerbrücke (450 m) gegeben. Der Weg enthält jedoch keine anziehenden Elemente. Alternativ kann die Unterführung (450 m) genutzt werden. Sie ist im westlichen Teil stark frequentiert und führt in einen revitalisierten Einkaufs- und Erlebnisbereich.

Die Anbindung des Güterbahnhofgeländes an den ÖPNV ist im Westen durch die Buslinie 153 (20-Minuten-Takt) gegeben. Sie verbindet das Binnenhafengebiet mit den Arbeitsstätten ... im Norden als auch mit dem Rathaus (S-Bahn) und dem Bahnhof (S-Bahn, Regional-, Fernverkehr) im Süden. Zu Fuß ist der Bahnhof in 10 min erreichbar. Der Harburger Bahnhof bietet Zugang zu RSB-, ... und EC-Netz. Der Zentrale Omnibusbahnhof erschließt Verbindungen im Stadt- und Regionalverkehr. Nach einer Umfrage unter Gewerbetreibenden wird die Erreichbarkeit des Binnenhafenumfeldes mittels Kraftfahrzeugen hoch eingestuft. Im Südosten ist die Zufahrt über die B 73, ... gegeben. Im Norden besteht über die Neuländer Straße sowohl Anschluß an die Europabrükke im Zuge der Harburger Umgehung (B4 / B75) als auch zur A1 in Richtung Uamburg-Ost. Zu diesem A-Anschluß liegt der Konkurrenzstandort Großmoorbogen näher. ...

Das Umfeld des Güterbahnhofs wird aufgrund angrenzender, stark frequentierter Straßen (Tagesbelastung 100 bis 150 Schwerlastzüge) erheblich beeinträchtigt.

c) Parkplatzsituation in der Umgebung

Die Parkmöglichkeiten im westlichen Grundstücksteil sind unzureichend. Geplante Umbauten lassen bereits heute einen Fehlbedarf von ca. 560 Stellplätzen prognostizieren. Stellplatzreserven könnten durch die Aufstokkung des bestehenden Parkhauses geschaffen werden. Eine endgültige Lösung ist jedoch noch nicht in Sicht.

d) Nutzungsstruktur der Umgebung/Nachbarschaftslage

Die gegenwärtige Flächennutzungsstruktur befindet sich in einem Übergangsstadium und erzeugt teilweise ein negatives Image.

Im Norden: Getreidesilo, Lager für Schrotthandel, ...

Die Häuserreihe auf der Westseite wird in höherwertige Nutzungen überführt. Lever Sunlicht (Seifen- u. Waschmittelherstellung), der letzte industrielle Nutzer, verließ 1988 das Grundstück. Das ehemalige Kaufmannshaus (Am Damm 12), welches als Baudenkmal eingestuft wird, ist für eine Büro- und Gaststättennutzung vorgesehen. Die Nachbargebäude (Am Damm 2) beherbergten ursprünglich eine Mineralwasserfabrik. Sie wurden ebenfalls zu Baudenkmälern deklariert und sollen als „Fleethaus Harburg" zu einem Büro- und Gewerbehaus mit Wohnnutzung in den Obergeschossen umgestaltet werden. Die mittleren Grundstücke sind gegenwärtig unbebaut bzw. mit Silos besetzt. Nutzungskonzeptionen sehen für die Silos Studentenappartments sowie gastronomische Einrichtungen vor.

e) Einzelhandel/Dienstleistung

Die Versorgungsqualität für geplante Wohnnutzungen auf dem Güterbahnhofsgelände gilt als angemessen (Distanzbereich für Grundbedarf 8 Gehminuten, für periodischen Bedarf 30 Gehminuten). Die unmittelbare Nachbarschaft von Fußgängerlagen der City ist nicht durch den Charakter einer interessanten Einkaufsstraße geprägt. Es dominieren Misch-, Büro- und Dienstleistungsnutzungen. Handeleinrichtungen (Waren des tägl. Bedarfs, Lebensmittel) können sich aufgrund geringer Wohnbevölkerung nicht tragen. Positive Entwicklungseffekte sind auf dem Gebiet der Gastronomie zu beobachten. Die gute Qualität des Angebots kompensiert die Standortnachteile und zieht Gäste aus Harburg und Hamburg an.

Zu den Forschungseinrichtungen am Mikrostandort gehören Arbeitsbereiche der TU Hamburg, Abfallwirtschaft, ...

Zu den Anbietern von Dienstleistungen und Einzelhandelswaren gehören u. a. Kfz-Service, Korrosions- und Bautenschutz sowie Yachtsegelherstellung, ergänzt durch Büronutzungen (Telekom, Reederei). Diese Nischennutzung bietet Ansatz für das gewerbliche Nutzungsprofil auf dem Güterbahnhofsgelände.

f) Erlebnis- und Umweltqualität

Alle Bemühungen, um eine städtebauliche Aufwertung führten bisher nicht zu einer Herausbildung eines Nebenzentrums. Die Konzentration von Kultur- und Freizeitangebot bleiben auf die Harburger City und die Hamburger Innenstadt beschränkt.

Das negative Image des Mikrostandortes, geprägt durch das äußere Erscheinungsbild, wird zusätzlich durch Gas-, Staub-, und Lärmemissionen verstärkt. Als Emissionsquellen kommen in Betracht: ...

Auf dem Gelände der o. g. Betriebe befinden sich zugleich die wesentlichen Altlastverdachtsflächen.

Die spärliche Vegetation (Solitäre, Randpflanzungen, Wildwuchs) beruht auf den Aufschüttungen zur hochflutfreien Gestaltung des Binnenhafens. Das nächstgelegene Erholungsgebiet liegt in südlicher Richtung (1.500 m). In einer Entfernung von 5 km befinden sich zusammenhängende Waldflächen. In westlicher Richtung erstrecken sich entlang der Unterelbe ausgedehnte Obstanbaugebiete.

Charakterisierung der Verdachtsflächen

Der Güterbahnhof ist bei der Hamburger Umweltbehörde unter Vorbehalt als „potentieller Altstandort“ registriert. Die Verdachtsflächen sind auf drei Nutzungsbereiche und Kriegseinwirkungen eingegrenzt:

Bahnbetriebliche Nutzung: Nach 150jähriger bahnbetrieblicher Nutzung muß mit Einträgen von Kraftstoffen, Schmier- und Hydraulikölen ... gerechnet werden.

1. *Schiffstransport:* Infolge des 100jährigen Schiffbetriebes besteht der Verdacht auf Eintrag von Schadstoffen (Schmiermittel- und Treibstoffverluste) innerhalb des östlichen Bahnhofkanals. Die Nutzung als Schiffsliegeplatz hat den lateralen Zufluß kontaminierten Grundwassers gefördert. Zudem sind Einträge aus den Sedimenten des Seeve-Kanals zu verzeichnen, deren Räumung von der Umweltbehörde zwar als zweckmäßig aber dennoch problematisch angesehen wird.
2. *Gewerbliche Nutzung:* Der Altlastenverdacht ist auf Lagerplätze und den Kfz-Gewerbe-Standort einzugrenzen. Vorrangig betroffen sind die Autolackierung „Billig“ sowie die Tankstelle „Günstig“.
3. *Kriegseinwirkungen:* Ein Luftbild aus dem Jahre 1946 ermöglicht die Rekonstruktion einiger Zerstörungen. Vermutet werden Bombeneinschläge in folgenden Gebieten ... Aufgrund von Bombenblindgänger-

verdacht sind vor Baubeginn Sondierungen unerläßlich.

Flächenbilanzierung

	Anteil an Gesamtfläche	Handlungsbedarf
Altlastfreie Flächen	20%	keiner
Primäre Verdachtsflächen	68%	keiner
Kontaminierte Flächen	12%	fallabhängig

Abb. 26: Flächenbilanzierung

Alle bekannten Belastungen liegen im oberflächennahen Bereich (Tiefe ca. 1 m) und stellen demnach keine unmittelbare Gefahr für das Grundwasser dar.

a) Erschließung/Verkehr

Erschließung

Die verkehrsmäßige Erschließung ist über drei angrenzende öffentliche Straßen ... gegeben. Mit dem östlichen Bahnhofskanal besteht zudem eine Wasseranbindung, deren Bedeutung jedoch vom Weiterbetrieb der Klappbrücke abhängt.

b) Wasserver- und -entsorgung, Strom, Gas

Derzeit auf dem Gelände befindliche Leitungen sind auf spezifische Belange jetziger Nutzung abgestellt und schließen eine künftige Bebauung auf diesem Gebiet aus. In angrenzenden Straßen sind Hauptleitungen verlegt und stehen den Anwohnern zur Verfügung. Im Inneren des Grundstücks ist eine gesonderte Erschließung mit Ver- und Entsorgungsleitungen erforderlich.

Baurecht

a) Flächennutzungsplan

Baurecht

Im rechtskräftigen Flächennutzungsplan der Freien Hansestadt Hamburg ist der überwiegende Teil des Geländes als Fläche für Bahnanlagen ausgewiesen. Lediglich ein kleines südöstlich gelegenes Teilstück ist als gewerbliche Baufläche vorgesehen. Diese Ausweisung ist jedoch fehlerhaft, da es sich um planfestgestelltes, nicht entwidmetes Bahngelände handelt.

b) Bebauungsplan

Ein Bebauungsplan existiert nicht. Gemäß dem Baustufenplan ist das Gelände als Bahnanlage ausgewiesen.

c) Sonstige baurechtliche Aspekte

Erhaltungssatzung

Erhaltungssatzung

Östlich des Geländes unterliegt ein 25 m breiter Streifen der Verordnung über die Erhaltung baulicher Anlagen in Harburg. Demnach sind Abbruch, Änderung, Nutzungsänderung usw. genehmigungsbedürftig. Folgende Bauwerke sind von dieser Verordnung betroffen: ...

Die Erhaltungssatzung verhindert eine Neu- und Umgestaltung der Straßenfront, welche sich in einem maroden Zustand befindet und kostenträchtige Instandsetzungen erforderlich macht. Für das Unternehmen gilt es festzustellen, ob die Erhaltungssatzung auf planfestgestelltem Gelände hingenommen werden muß bzw. ob und in welchem Umfang Erhaltung betrieben werden soll.

Abstände zu emittierenden Betrieben

Aufgrund angrenzender emittierender Betriebe ist die Einhaltung evtl. Abstandsvorgaben (NRW-Abstandserlaß) zu geplanten „empfindlichen" Nutzungen (Wohnungen, Büros) erforderlich.

Errichtung von Wohnungen

Errichtung von Wohnungen

Die Anzahl der Wohnungen auf dem Güterbahnhof hat einen entscheidenden Einfluß auf den Projekterfolg, da sich mit einem unzureichenden Wohnungsangebot der zur Belebung des Geländes notwendige Nutzermix nicht verwirklichen läßt.

Das Fehlen wohnungsnaher Einrichtungen (Schule, Kindergarten) scheint zunächst unbedenklich, da vorhandene Schulen problemlos erreichbar sind. Dennoch ist mit Restriktionen seitens der Hamburger Schulbehörde zu rechnen.

d) Begründung des Baurechts

Fehlendes Baurecht nach BauGB (Bauleitplanung, Bebauungsplan) verhindert eine sofortige Verwertung des Grundstücks. Bis zum Beschluß des B-Planes können durchaus noch einige Jahre vergehen. Zeitliche Verkürzungen bei der Projektrealisation kommen für einzelne Maßnahmen nur dann in Betracht, wenn die Voraussetzungen des §34 BauGB erfüllt sind (Vorhaben bei erfolgter Auslegung des B-Planes, abgeschlossene Beteiligung der Träger öffentlicher Belange). Im Falle bestehender Bebauung gemäß §34 BauGB steht einer Fortsetzung dieser Ortsteile nichts im Wege.

Entwicklungspotential

Entwicklungspotential

Das Entwicklungspotential des Geländes Güterbahnhof läßt sich aus folgenden Kriterien bestimmen:

- Entwicklungstendenzen des Mikrostandortes:
  Gegenüber Hamburg ist die Attraktivität des Standortes Harburg zwar äußerst gering, jedoch machen neuere Entwicklungen den Standort auch für höherwertige Nutzungen zugänglich (Entstehung von Bürogebäuden, Wohnungen, Institutsgebäude der TU usw.).
- Zielvorstellungen der Stadtentwicklungsplanung für das Gelände:
  Auch die Bemühungen der Stadt zielen auf eine Umgestaltung des Binnenhafens zu einem „Mischgebiet neuen Typs“ ab. Dies bedeutet hochwertige Nutzungsarten und hohe bauliche Ausnutzungsgrade. Es handelt sich um eine große, zusammenhängende Fläche in unmittelbarer City-Nähe.
- Komplementäreffekte zwischen beiden benachbarten Entwicklungsgeländen (Bahnhofsinsel, Güterbahnhof):
  Beide Gelände können zusammen erschlossen und gestaltet werden. Sie erscheinen als eine Einheit, welche Wohnen und Arbeiten ermöglicht. Bauliche Ausnutzungen des Kerngebietes sollen dem Güterbahnhof den Charakter eines Stadtquartiers verleihen. Die Konzeptionen für die Bahnhofsinsel zeigen einen Gewerbepark, gelegen in parkähnlicher Atmosphäre.
- Attraktion der Lage am Wasser:
  Die Schaffung eines spezifischen Hafenambiente (Freizeit und Erholung) am östlichen Bahnhofskanal kann als wesentliches Element der Aufwertung für das gesamte Gelände gesehen werden. Eine ansprechende Gestaltung, öffentliche Zugänglichkeit der Uferzonen sowie die Inbetriebhaltung der Klappbrücke sind unabdingbare Voraussetzungen.

- Möglichkeit, ausreichend Parkraum zu schaffen: Geplante Parkplätze sollen sowohl Anwohnern als auch Besuchern zur Verfügung stehen. Um ausreichend Parkplätze zu schaffen und den durch Behörden geforderten Grünflächenanteil von 20% einzuhalten, bedarf es einer optimalen Flächenausnutzung (Hoch- und Tiefgaragen).

Marktanalyse

Harburg, ein Stadtteil Hamburgs, ist südlich der Elbe gelegen und aufgrund seines Images als Hafengebiet sowie Arbeiter- und Industriestandort für Investoren weniger interessant. Demzufolge vollzieht sich die Entwicklung des Immobilienmarkts in Harburg relativ unabhängig vom Hamburger Markt. Profitieren kann Harburg von der Hamburger Gesamtentwicklung nur insofern, als daß die Flächen nördlich der Elbe zu knapp oder zu teuer sind und somit auf Ausweichgrundstücke in Harburg zurückgegriffen wird („Harburg als zweite Wahl").

Bevölkerungsentwicklung

Harburg gehört zur Freien Hansestadt Hamburg, der mit 1,7 Mio. Einwohnern nach Berlin zweitgrößten Stadt Deutschlands. In den Jahren 1990 - 1994 betrug das Bevölkerungswachstum in Harburg 1 % und lag damit über dem Hamburger Durchschnitt (0,8 %). Im September 1994 lebten im Kerngebiet Harburgs 96.093 Personen. Das entspricht einem Anteil von 5,6 % der Hamburger Bevölkerung (auf 6,5 % der Hamburger Fläche).

Die wachsende Einwohnerzahl wirkt sich positiv auf die Wohnungsnachfrage („Single"-Haushalte) und Kaufkraft aus.

Prognosen über die Bevölkerungsentwicklung:

Es wird ein Bevölkerungswachstum bis zum Jahre 2000 von durchschnittlich 0,3-0,4 % p.a. erwartet; danach folgt bis 2010 ein Bevölkerungsrückgang von -0,3 % p.a.; ab 2010 wird die Entwicklung stagnieren. Die Zahl der über 65jährigen wird bis 2010 um 10 % steigen; der Anteil der 25-35jährigen hingegen prozentual sinken.

In Abhängigkeit von den neuen Wohnstandorten wird Harburg an der Bevölkerungsentwicklung teilhaben.

Wirtschaftsentwicklung

Wirtschaftsentwicklung

Im Vergleich zu anderen Städten der alten Bundesländer hat Hamburg einen überdurchschnittlich hohen Wachstumsschub erfahren. Besonders läßt sich diese Entwicklung im Bau- und Dienstleistungssektor beobachten. Der Anteil Bürobeschäftigter ist noch immer relativ gering, jedoch von überdurchschnittlich hohen Zuwachsraten geprägt.

In Harburg ist hingegen der Anteil der im Dienstleistungssektor Beschäftigten auffallend gering. Durch die Ansiedlung von Forschungs- und Technologieeinrichtungen konnte die regionale Wirtschaftsstruktur verbessert werden; das Image des ehemaligen Industrie- und Produktionsstandortes haftet jedoch noch immer am Stadtgebiet und wirkt sich negativ auf die Büronachfrage aus.

Beschäftigungsstruktur

	Hamburg	Harburg
Einkünfte eines Steuerpflichtigen	ca. 56.000 DM	ca. 45.000 DM
Arbeiteranteil	31 %	42 %
Arbeitslosenquote	o. A.	12 %

Abb. 27: Beschäftigungsstruktur

Wirtschaftsprognosen

Wirtschaftsprognosen

Für Hamburg wurde ein Anstieg der Bürobeschäftigtenzahl für den Zeitraum von 1993 bis 1998 von +17.000 (bzw. 5,5 %) errechnet.

Aufgrund des geringeren Wirtschaftsniveaus wird Harburg nur im begrenzten Umfang von dieser Entwicklung profitieren können.

Immobilienmarkt: Gewerbegrundstücke

a) Bestand

Im Kerngebiet Harburgs sind nur vereinzelt Gewerbe- und Industrieflächen vorzufinden. Sie sind vorwiegend nördlich und östlich der Schienen gelegen. Ihr Nutzungscharakter wird durch Büros (Telekom) und Gastronomie (Marinas) determiniert.

b) Indikatoren

Die Bodenrichtwerte liegen in Harburg erwartungsgemäß leicht unter den Werten Hamburgs.

Der Verkehrswert bewegt sich z. Zt. leicht unterhalb der Bodenrichtwerte. Es wird jedoch mit einem konjunkturbedingten Anstieg des Preisniveaus gerechnet.

In angrenzenden Ortsamtsgebieten liegen einige Werte leicht darüber.

c) Zukünftiges Flächenangebot

Innerhalb Hamburgs weist Harburg das größte Flächenpotential auf, welches den Eigenbedarf der Harburger Gewerbetreibenden übersteigt. In absehbarer Zeit werden ca. 45 ha Gewerbegrundstücksflächen zum Verkauf angeboten: ...

Die Flächenvergabe erfolgt dennoch unter Einhaltung restriktiver Vorgaben:

- Auf GE-Flächen muß pro 100 m^2 ein Arbeitsplatz geschaffen werden.
- Um die Innenstadt zu schützen, werden keine Grundstücke an großflächigen Einzelhandel vergeben.

d) Zukünftige Flächennachfrage

Die Nachfrage weist eine sinkende Tendenz auf, ist jedoch vergleichsweise auf hohem Niveau. Gesucht werden insbesondere GE-Flächen, weniger MK-Flächen. Wichtige Interessenten sind:

Betriebe mit bisherigem Standort nördlich der Elbe; Grund: mangelnde Expansionsmöglichkeiten; typische Flächengrößen 2.000 bis 6.000 m^2;

Handwerksbetriebe (bereits angesiedelt Tischlerei, Elekrobetrieb, ...).

Wenn sich die Flächenknappheit nördlich der Elbe weiter verstärkt, wird die Nachfrage nach gewerblichen Flächen in Harburg langfristig zunehmen.

e) Perspektiven

Unter der Prämisse, daß keine weiteren Flächen in Bebauungsplanverfahren aufgenommen werden, haben Überschlagsrechnungen Prognosen gemäß Abb. 28 ergeben.

	Hamburg	Nördl. Umland	Südl. Umland
Flächenpotential	254 ha	613 ha	1.171 ha
Jährlicher Bedarf	30 ha	60 ha	30 ha
Flächenreserve	8 Jahre	10 Jahre	40 Jahre

Abb. 28: Perspektiven

Immobilienmarkt: Büroflächen

a) Büroflächenbestand

Die Konzentration von Büroflächen ist in Harburg nur sehr gering und bleibt auf das Zentrum beschränkt. Neue Büroräume größeren Umfangs sind im Bereich des südlichen Binnenhafens entstanden (Telekom).

b) Indikatoren

	1993 / 1994	1995
Vermarktungszeitraum	Vermietung bereits vor Fertigstellung	0,5 Jahre
Mieten für Neubau	20-23 DM/m²	18-20 DM/m²[21]
Tiefgaragenstellplatz	o.A.	80-120 DM (i.d.R. 85 DM)
Leerstand		5.000 m²

Abb. 29: Indikatoren

Die Nachfrage nach Büroflächen wurde auch in Harburg stark überschätzt.

c) Zukünftiges Flächenangebot

Südlich des Binnenhafens sind in Harburg zahlreiche Bürogroßobjekte in Bau oder Planung. Im Falle einer vollständigen Realisierung würde Harburg einen Zuwachs an Bürofläche von 109.000 m² aufweisen. Dazu gehören: ...

d) Zukünftige Flächennachfrage

Kurzfristig richtet sich die Nachfrage in Harburg auf kleine, flexibel teilbare Büroeinheiten in einer Größe von 80-400 m².

21 Die Miethöhe entspricht dem Niveau der nördlichen Randlagen.

Mittelfristig läßt die Harburger Wirtschaftsstruktur auch keine drastische Beschäftigungsausweitung innerhalb des Dienstleistungssektors erwarten. Denkbar wäre jedoch eine zunehmende Nachfrage nach Büroflächen aufgrund der Expansion des Gewerbebereiches. Auch wenn sich Harburg als Entlastungsstandort zum Norden entwickeln sollte, wird dieser auch in Zukunft gegenüber Harburg dominant sein.

c) Perspektiven

Derzeit besteht ein Überangebot an Büroflächen. Es gibt auch keine Anzeichen, die einen sprunghaften Nachfrageanstieg erwarten lassen würden, so daß neue Büroprojekte schon besondere Merkmale aufweisen müssen, um auf dem Markt konkurrieren zu können.

Immobilienmarkt: Wohnflächen

a) Wohnungsbestand

Sowohl in der Innenstadt als auch im westlichen Gürtel um die erweiterte Innenstadt Harburgs, am Rande eines Waldgebietes gelegen, befinden sich die bevorzugten Wohngegenden der Stadt (Einwohnerdichte ca. 208 Personen je 100 Wohnungen). 1993 hat sich der Wohnungsbestand um 0,93 % bzw. 1994 um 0,75 % auf insgesamt 46.291 Wohnungen erhöht. Lediglich 8 % aller fertiggestellten Wohnungen sind 1- oder 2-Zimmer-Wohnungen.

b) Indikatoren des Wohnungsmarktes

Aufgrund starker Wohnbautätigkeit und rezessionsbedingter Zurückhaltung seitens der Mieter sind die Vermarktungszeiträume länger geworden. Damit verbunden ist ein starker Preisverfall; während die Mieten für Neubauwohnungen 1993 20-22 DM/m² betrugen, sind sie bis 1995 auf 17-19 DM/m² gefallen. Lediglich Appartments sind zu höheren Preisen absetzbar. Damit liegen die Mietpreise für Wohnraum unter den Mieten Hamburgs. Nennenswerter Leerstand ist in Harburg nicht zu verzeichnen.

c) Zukünftiges Flächenangebot

Kurz- und mittelfristig werden 1.000 Wohnungen und zusätzlicher Wohnraum für Studenten geschaffen.

Langfristig wird Harburg auch bzgl. Wohnraum die größten Flächenpotentiale aufweisen.

d) Zukünftige Flächennachfrage

Kurzfristig läßt sich ein deutlicher Nachfrageanstieg nach Single-Haushalten beobachten:

- Insbesondere werden kleinere Wohnungen (50 m², 2 Zi.) gesucht.
- Die Nachfrage nach 1-Zimmer-Appart. (30-40 m²) ist gering.
- Es werden auch Familienwohnungen (100 m², 4 Zi.) nachgefragt.

Langfristig, abgeleitet aus den Bevölkerungsprognosen, läßt sich bis zum Jahr 2000 ein Bedarf von zusätzlich 19.000-25.000 Wohnungen errechnen.

Die Wohnungen müssen so gestaltet sein, daß sie den Bedarf der im Durchschnitt älter werdenden, in kleineren Haushalten lebenden und mit wachsenden Ansprüchen versehenen Gesellschaft decken.

e) Perspektiven

Eine quantitative Bedarfsdeckung an Wohnraum ist nur durch eine vollständige Ausschöpfung der Wohnbauflächenpotentiale in und um Hamburg möglich. Bei hoher Zahl von Zuwanderern aus dem Ausland würde, selbst bei Ausschöpfung aller Flächenreserven, bis zum Jahre 2010 ein Flächendefizit von 19.300 Wohnungen entstehen.

Immobilienmarkt: Verkaufsfläche

a) Verkaufsflächenbestand

Trotz starker Investitionstätigkeit im Bereich des Einzelhandels bleibt Harburg hinter seinen Möglichkeiten der Kaufkraftabschöpfung zurück. Die Einkaufsatmosphäre wird hauptsächlich von Filialisten und Billiganbietern bestimmt. Bevorzugte und gut frequentierte Einkaufsstätten sind die Fußgängerzone und das frühere Suba Center (inkl. Parkmöglichkeit). Einzelhandel auf der grünen Wiese gibt es nur in Form von Baumärkten. Subzentren weist das Kerngebiet Harburgs nicht auf. Ebenfalls läßt der Bestand an spezieller Gastronomie stark zu wünschen übrig.

b) Indikatoren des Verkaufsflächenmarkts

Nennenswerter Leerstand ist nicht zu verzeichnen. Die Mieten liegen deutlich über den Büromieten.

Beste Lage:	120-130 DM/m²
Gute Lage:	50-90 DM/m²
Mittlere Lage:	35-50 DM/m²

c) Zukünftiges Flächenangebot

Bei Realisierung aller größeren Projekte können kurzfristig im Kerngebiet Harburgs zusätzlich 21.000 m² Verkaufsfläche angeboten werden. Zum Schutze des innerstädtischen Einzelhandels ist die Einzelhandelsnutzung in Gewerbegebieten von vornherein ausgeschlossen.

d) Zukünftige Flächennachfrage

Aufgrund der restriktiven Flächenvergabe werden der großflächige Einzelhandel (Media Markt) und Zentralläger (Versandhandel, Tchibo) auch zukünftig potentielle Nachfrager bleiben.

Kurzfristig kann die Ausweitung von Ladenflächen im Bezirk Harburg als vertretbar angesehen werden. Langfristig wird die Nachfrage nach Verkaufsflächen in Abhängigkeit von Bevölkerung und Wirtschaft wachsen.

e) Perspektiven

Kurzfristig sind Flächenerweiterungen geplant, denn hohe Mieten und fehlende Leerstandsraten lassen eine hohe Nachfrage erkennen und mindern die Gefahr eines Überangebotes oder fallender Mieten. Ein neues und qualitativ besseres Angebot an Verkaufsflächen könnte dazu beitragen, in Harburg mehr Kaufkraft aus dem Umland abzuschöpfen.

Immobilienmarkt: Lagerflächen

a) Lagerflächenbestand

Ein eigenständiger Markt für Lagerflächen existiert in Harburg nicht. Lagerflächen sind eng an die GE-Nutzung gekoppelt, so daß die Aussagen über den Markt für Gewerbegrundstücke größtenteils auf Lagerflächen übertragen werden können. Zum Teil werden alte ungenutzte Fabrikgebäude vorübergehend als Lagerflächen vermietet.

b) Indikatoren des Lagerflächenmarktes

Für einfache, unbeheizte Lagerflächen werden 6-8 DM/m² verlangt. Gut ausgestattete Lagerräume (Heizung) mit evtl. Nutzung als Werkstatt usw. werden für 8-12 DM/m² vermietet.

Fazit aus der Marktanalyse für Harburg

- Langfristig werden die Absatzmöglichkeiten von *Gewerbegrundstücken* steigen.
- Das großflächige Angebot an *Büroraum* scheint im allgemeinen in Harburg fehl am Platz. Lediglich eine Mischnutzung mit angemessenem Büroanteil wäre sinnvoll.
- Auf dem *Wohnungsmarkt* werden insbesondere kleine Wohnungen und Quartiere mit einfacher Ausstattung gesucht. Die Flächenknappheit im Hamburger Norden wird sich langfristig positiv auf den Harburger Wohnungsmarkt auswirken.
- Langfristig sind auch die Vermarktungschancen für Einzelhandelsflächen (insbesondere großflächigen Einzelhandel) gut.

Im Rahmen des CRE gehört es zu einer unternehmensinternen Aufgabe, ein systematisches Portfolio-Management zu betreiben.

Im Einleitungskapitel wurde bereits dargelegt wie eine solche Strukturierung bzw. Aufgabensplittung erfolgen kann. Eine erste Klassifizierung und inhaltliche Gliederung einzelner Faktoren bei der Analyse von nicht mehr betriebsnotwendigen und somit entbehrlichen Flächen soll nun in Form einer „Checkliste" als Beispiel (aber keinesfalls vollständig) aufgezeigt werden:

Flächenanalyse

1. Postalische Anschrift
   ____
2. Gemarkung ______ Nr. ______Flur ____ Flst. ____
   Größe ______m²
3. Grundbuchangaben
   Grundbuchamt____________ Grundbuchband/
   -blatt __________

Belastungen Abt. II

Abt. III

Baulastenverzeichnis

2.6 Grundstückssicherung

Grundstückssicherung

Als Grundstücksanbieter kommen praktisch alle Grundstückseigentümer und alle mit der Verwaltung von Grundbesitz beauftragten Stellen in Frage. Hierzu zählen z. B.:

- Landesentwicklungs- und Wirtschaftsförderungsgesellschaften;
- Liegenschaftsämter und Verwaltungen der Gemeinden, Städte, Kreise, Länder und des Bundes;
- gemeinnützige und private Wohnungsbaugesellschaften;
- Bauträgergesellschaften;
- Bauunternehmungen;
- Großunternehmen der Wirtschaft, vorzugsweise aus Branchen mit Strukturproblemen wie Bergbau, Stahl, Textil;
- Banken und Versicherungen;
- Immobilienfonds;
- Leasingunternehmen;
- Hausverwalter;
- Grundstücksmakler.

Für den Projektentwickler, der i. d. R. überregional arbeitet, ist es von Vorteil, den Kontakt und die Zusammenarbeit mit den ortsansässigen Maklern, Vermittlern, Verbänden oder Immobilienbörsen zu suchen. Dadurch ergeben sich für ihn eine größere Transparenz sowie Alternativen auf dem Grundstücksmarkt.

Sucht der Projektentwickler aufgrund von konkreten Bedarfsnachfragen entsprechende Grundstücke, kann er sich beispielsweise auch Planungs- und Wirtschaftsämter, Wirtschaftsförderungsgesellschaften oder regionaler Planungsverbände bedienen.

Auch Anzeigen in der Tages- und Fachpresse sowie öffentliche Ankündigungen von Zwangsversteigerungen können Anbieter und Projektentwickler zusammenbringen.

Der Konzeptionär achtet bei der Grundstücksbeschaffung stets darauf, daß die Projektentwicklung diskret erfolgt. Dies ist Voraussetzung, um gegenüber den Mitbewerbern einen Wettbewerbsvorsprung zu erlangen.

Ablaufschema der Grundstückssicherung

Eine Grundstückssicherung sollte nach folgendem Ablaufschema vorgenommen werden (gemäß Abb. 30):

- Prüfung der Bebauungsmöglichkeit beim Planungsamt der zuständigen Gemeinde oder Stadtverwaltung; Feststellung der Ausnutzungsdaten (GRZ, GFZ)
- Einsichtnahme in das Baulastenverzeichnis zur Feststellung von etwaigen Baulast-Beschränkungen, wie Grenzabstandsvereinbarungen, Nichtbebaubarkeit von Flurstücken usw.
- Ermittlung beim zuständigen Liegenschaftsamt/Planungsamt wegen etwaiger Straßenerweiterungen/Straßenlandabtretungen, Umlegungsverfahren, Erschließungsmaßnahmen
- Einsichtnahme in die gemeindliche Richtwerttabelle zur Feststellung des durchschnittlichen Grundstückswertes
- Ermittlung des Grundstückseigentümers beim zuständigen Katasteramt und Beschaffung von Katasterunterlagen (Lageplanauszug mit Flurstücksbezeichnung)
- Verhandlungsaufnahme mit dem Grundstückseigentümer zur Feststellung der grundsätzlichen Verkaufsbereitschaft, seiner Kaufpreisvorstellung sowie der Möglichkeit der lastenfreien Bereitstellung des Grundstücks

Sicherungsmaßnahmen

Diese Verhandlungen erfordern einen gewissen Zeitraum, wie auch die Abklärung der gesetzlichen Vorschriften, Baugrunduntersuchungen oder Bauauflagen.

Unter der Voraussetzung der Veräußerungsbereitschaft des Grundstückseigentümers kann der Developer folgende Sicherungsmaßnahmen anwenden:

- Kaufvertrag bzw. Option auf Abschluß eines Kaufvertrages
- Leibrentenvertrag bzw. Option auf Abschluß eines Leibrentenvertrags

- Erbbaurechtsvertrag bzw. Option auf Abschluß eines Erbbaurechtsvertrags
- Grundstückspacht/Mietvertrag

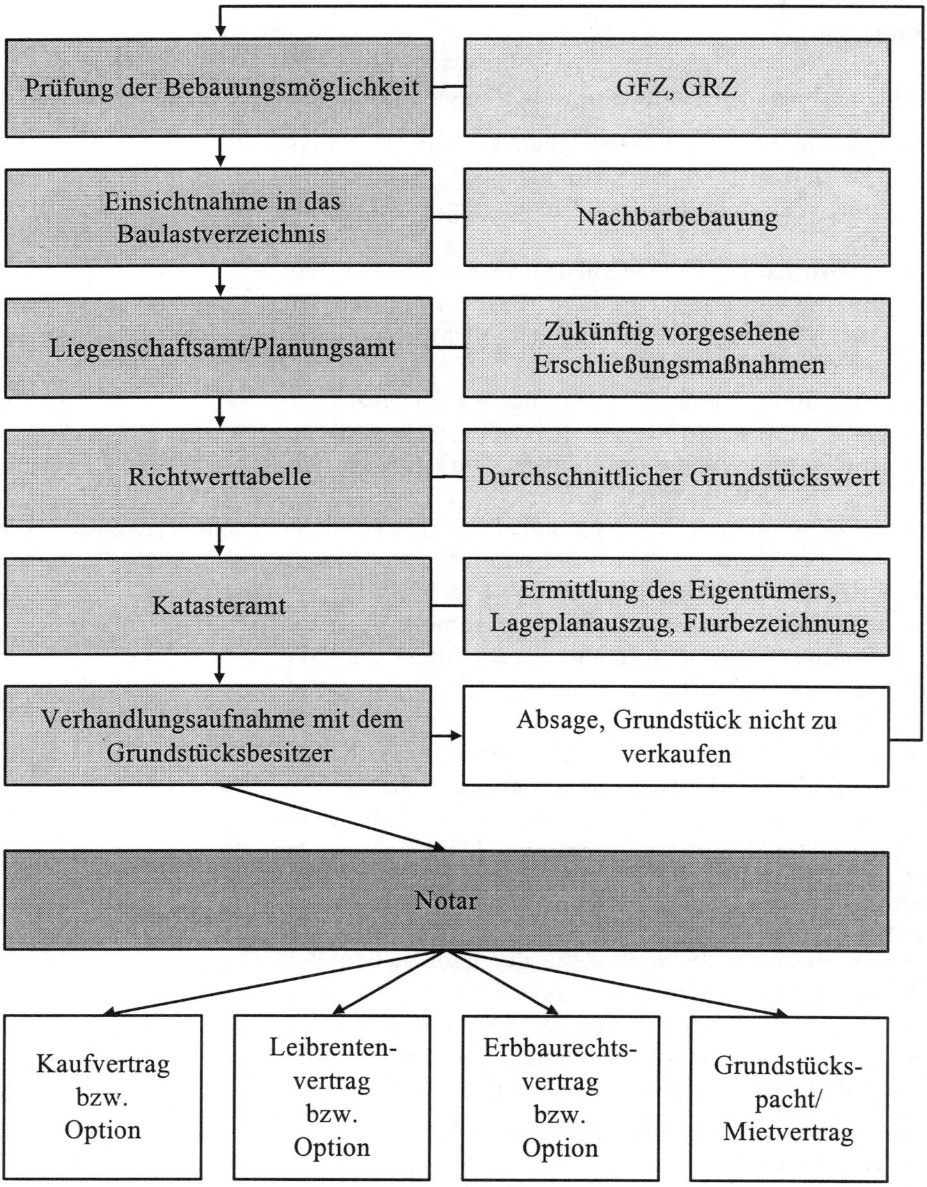

Abb. 30: Grundstückssicherung

Verträge über Grundstücke und grundstücksgleiche Rechte bedürfen grundsätzlich der notariellen Form. Der Notar sollte den Grundbuchinhalt vor der Beurkundung einsehen, sofern man hierzu nicht selbst in der Lage ist.

Um Grundstücke zu sichern, ohne gleichzeitig die Verpflichtung zum Erwerb oder der Annahme zu übernehmen, eignen sich insbesondere die Angebotsmöglichkeiten (Optionen).

3 Nutzungskonzept

Beispiel eines Nutzungskonzeptes

In folgendem Beispiel befindet sich das Areal im südöstlichen Randgebiet der Stadt Magdeburg.

Genutzt wurden die Flächen durch ein ehemaliges Reichsbahnausbesserungswerk. Nachdem die Anlage aus betriebstechnischen Gründen weitgehend geschlossen wurde, gelangte das Areal in das Portfolio der entbehrlichen und somit verwertbaren Flächen.

Die Gesamtgröße dieses Areals beträgt ca. 19 ha, wobei ca. 2 ha weiterhin als Betriebsflächen durch den Eigentümer genutzt werden.

Abb. 31: Modell des Nutzungskonzeptes

Nach umfangreichen standort- und marktrelevanten Untersuchungen zielte die Nutzungskonzeption in eine Mischnutzung mit Wohnflächen im südlichen und Gewerbeflächen im nördlichen Teil des Grundstücks. Neben der bei diesem Projekt nicht unerheblichen Altlastenproblematik, mußten auch denkmalschutzrechtliche Belange (primär Produktionsgebäude aus der Jahrhundertwende) in der Konzeption berücksichtigt werden.

Ziel der Maßnahme war es, einen Gewerbestandort mit Identität und Charme, belebender Spannung zwischen alter Hallenstruktur und moderner, zukunftsorientierter Gewerbenutzung zu schaffen.

3.1 Stadtkartenauszug mit Lagedarstellung des Areals

Erkennbar ist die gute infrastrukturelle Anbindung an die S-Bahn, des weiteren sind ÖPNV- und Straßenbahnanschluß an das Gebiet vorhanden (gemäß Abb. 32).

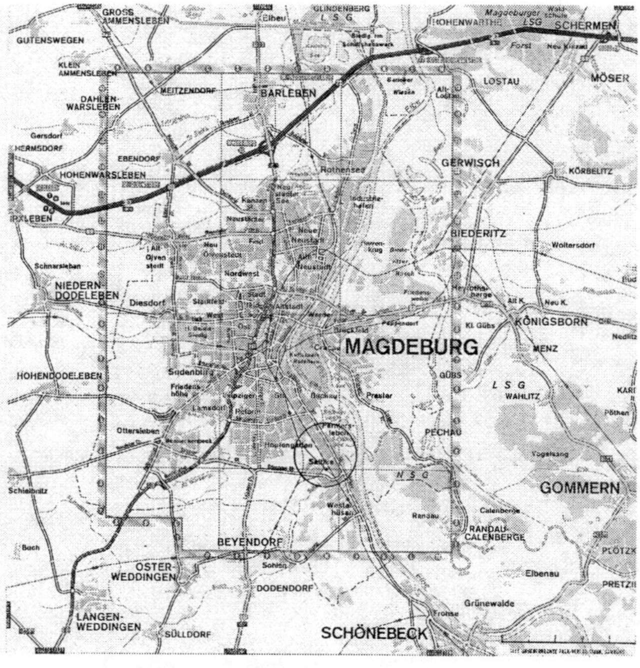

Abb. 32: Stadtkartenauszug

3.2
Lage in der Stadt Magdeburg

Das Gebäude befindet sich im Südosten der Stadt Magdeburg als ehemaliges Reichsbahnausbesserungswerk mit historischem Baubestand (gemäß Abb. 33).

Es handelt sich um eine Stadtrandlage im städtebaulich heterogenen Übergang von der Innenstadt Magdeburgs nach Salbke.

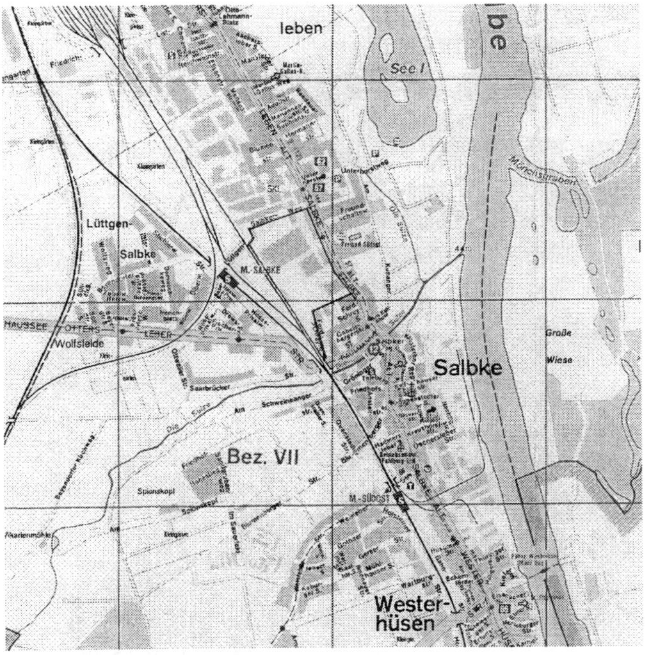

Abb. 33: Lage in der Stadt Magdeburg

Industriestandorte sowie Industriebrachen wechseln mit Stadtrandsiedlungen in Geschoßbauweise und Kleinsiedlungsbau ab.

Als Vorteil ist die gute infrastrukturelle Anbindung sowohl durch den ÖPNV-S-Bahn - Individualverkehr zu sehen.

Ein weiterer Lagevorteil ist die Nähe zur Elbe, der Sülze, den Salbker Seen sowie dem Naturschutzgebiet Kreuzhorst.

3.3
Städtebauliche Gebietsstruktur

Der Stadtteil Fermersleben schließt im Norden mit einem Gewerbeareal an das Planungsgebiet an.

Die Stadtteile Lüttgen-Salbke im Westen und Salbke im Süden sind überwiegend von einer kleinteiligen Wohnbebauung geprägt und sind in Nutzung und Struktur heterogen. Die vorhandene Infrastruktur kann als unterentwickelt bezeichnet werden.

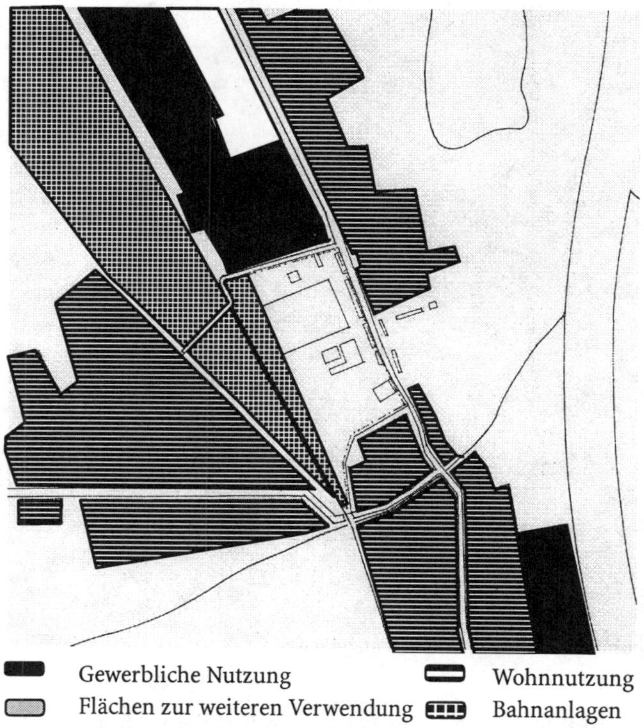

Abb. 34: Nutzung und Struktur

3.4
Grün- und Freiflächenstruktur

Östlich des Gebietes befindet sich ein ausgedehnter Grünbereich. Sowohl die Elbe als auch der Salbker See sind fußläufig bequem zu erreichen. Jenseits der Elbe schließt das Naturschutzgebiet Kreuzhorst an (gemäß Abb. 35).

Im Südwesten befinden sich landwirtschaftlich genutzte Flächen, durchzogen von der Sülze. Im Nordwesten schließen mit den Bahnanlagen Kleingärten an.

Das Freibad Magdeburg-Südost mit dem historischen Wasserturm liegt dem Planungsgebiet im Osten direkt gegenüber.

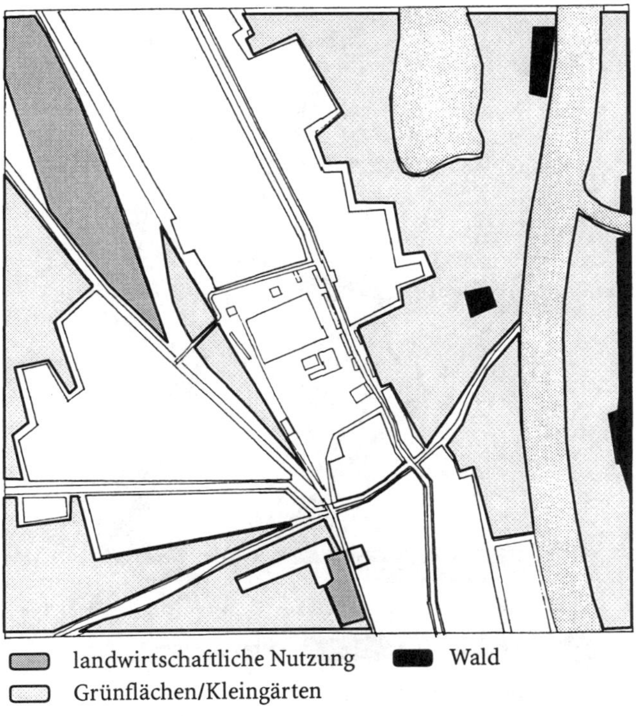

Abb. 35: Grün- und Freiflächen

3.5 Verkehrs- und Erschließungsstruktur

Das Gebiet wird im Westen durch die Bahnlinie vom Stadtteil Lüttgen-Salbke und dem S-Bahnhof getrennt. Im Norden führt der Lüttgen-Salbker-Weg als Brücke über die Bahnanlage, im Süden die Faulmannstraße als Unterführung. Ihre Verlängerung, die Otterslebenstraße, führt in Richtung Magdeburger Ring und zum Flughafen Magdeburg-Süd. Im Osten wird das Planungsgebiet von der Straße Alt-Salbke flankiert. Als eine der Haupteinfallstraßen Magdeburgs in Nord-Süd-Richtung führt sie in die Innenstadt. Parallel dazu verläuft die Straßenbahn, eine Haltestelle befindet sich direkt am Planungsgebiet (Fahrzeit zur Innenstadt ca. 10 min); (gemäß Abb. 36).

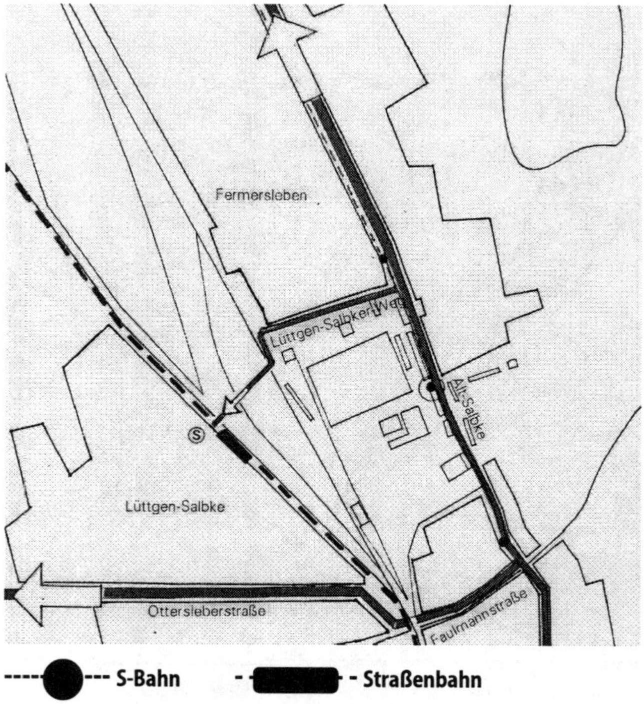

Abb. 36: Verkehr und Erschließung

3.6 Bestandsstruktur

Die denkmalpflegerische Konzeption soll gewährleisten, daß sich die entsprechenden Bauten/Strukturen in ihrer Grundkonzeption sinnvoll integrieren lassen.

Der vorhandene historische Baubestand hat das Potential zum Identitätsträger, weshalb ein integrativer Konzeptionsansatz verfolgt wird.

In diesem Zusammenhang sind besonders zu erwähnen (gemäß Abb. 37):

Die große Ausbesserungshalle mit Kopfbau (Wagenhalle um 1896).

Die große Werkhalle prägt mit Richtung, Größe und Geometrie das gesamte Gelände. Die Halle ist typisch für die Produktionsprozesse am Standort. Sie ist heute unter den Aspekten Flächennutzung und baurechtlicher Genehmigungsfähigkeit nicht mehr nutzbar

(Größe, sinnvolle Unterteilbarkeit, Brandabschnitte, Fluchtwege usw.).

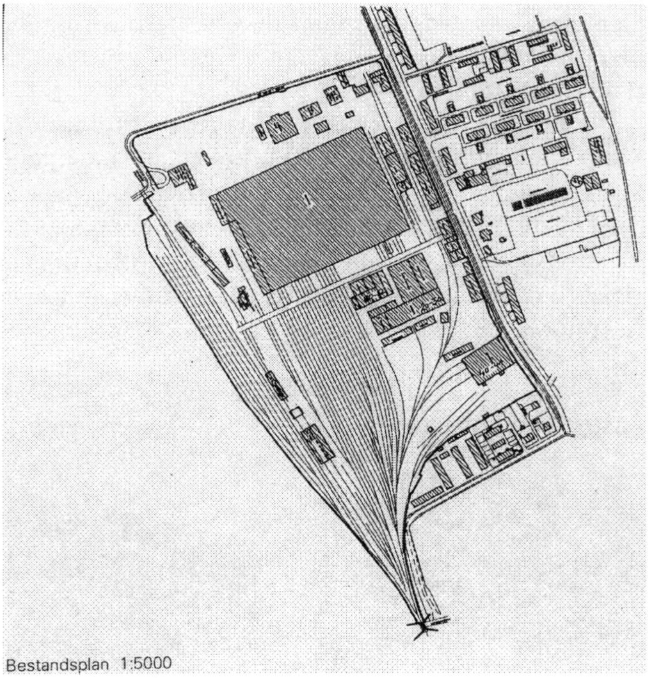

Abb. 37: Bestandsstruktur

Der Kopfbau sollte im Sinne von Identität unbedingt rekonstruiert werden, wobei zum jetzigen Zeitpunkt nicht geklärt ist, ob nur der strukturelle Gedanke oder auch die Tragstruktur erhalten werden können.

Die Ordnungsstruktur der Werkhalle wird, da prinzipiell erhaltenswert, in dem vorliegenden Konzept berücksichtigt. Sie wird heutigen Erfordernissen durch Segmentierung des modular aufgebauten Baukörpers angepaßt.

Die Bausubstanz der bestehenden Gebäude wird zum größten Teil nicht den Anforderungen gerecht, wie sie heute von modernen Industrie- bzw. Gewerbegebieten gefordert werden (technische Ausstattung, Wärmeschutz, Raumgrößen und Zuschnitt, allgemeiner Zustand der Bausubstanz).

Grundsätzlich erscheint unter dem Aspekt der Wirtschaftlichkeit bei den meisten Bestandsgebäuden der sukzessive Abbruch bis zu den UK Fundamente als die richtige Lösung. Wie vorab dargestellt, wird auch unter dem Aspekt des Denkmalschutzes, (Gründerzeit des Standortes 1895 - 1910), eine sinnvolle Rekonstruktion den Charakter und das Image des Gesamtgebietes wesentlich bestimmen.

In diesem Zusammenhang sollte sich allerdings die Konzeption auf die für das Werk typischen Bauten und Strukturen beschränken, die entsprechend saniert, wieder sinnvoll genutzt werden können. Im Sinne von Identitätsbildung, ergeben diese Rekonstruktionen einen entsprechenden Wert in der städtebaulichen Gesamtkonzeption.

3.7 Ansichten Baubestand

Abb. 38: Ansichten Baubestand

Darstellung und Ansichten des Areals hinsichtlich der äußeren infrastrukturellen Anbindung an Straßen und Schiene.

Für die beiden Gebäudekomplexe Kesselhaus mit Schornstein (1899) sowie die Fertigungshalle der Großteileaufbereitung (1899) erscheint eine Restrukturierung sinnvoll und möglich.

Eine Restrukturierung der Schmiede und Zentraldreherei (1913) erscheint durch den hohen Gesamtaufwand nicht sinnvoll (gemäß Abb. 38).

3.8 Städtebauliches Entwurfskonzept

Als Ziele wurden die Aktivierung der vorhandenen Potentiale sowie die möglichst weitgehende Verbindung mit den angrenzenden Stadtteilen formuliert. Diese erfolgt einerseits durch eine genaue Reaktion auf die vorhandenen Ränder, andererseits auf die Gegebenheiten des Planungsgebietes mit seinem zuvor analysierten historischen Baubestand (gemäß Abb. 39).

Aus der Überlagerung ergeben sich die dargestellten Baufelder. Sie reagieren auf:

1. Stadtteil Salbke ⇒ Wohnnutzung
2. Fermersleben ⇒ Gewerbenutzung
3. Bahnanlagen mit weiterer Eigennutzung
4. Naherholungsgebiet, Elbe

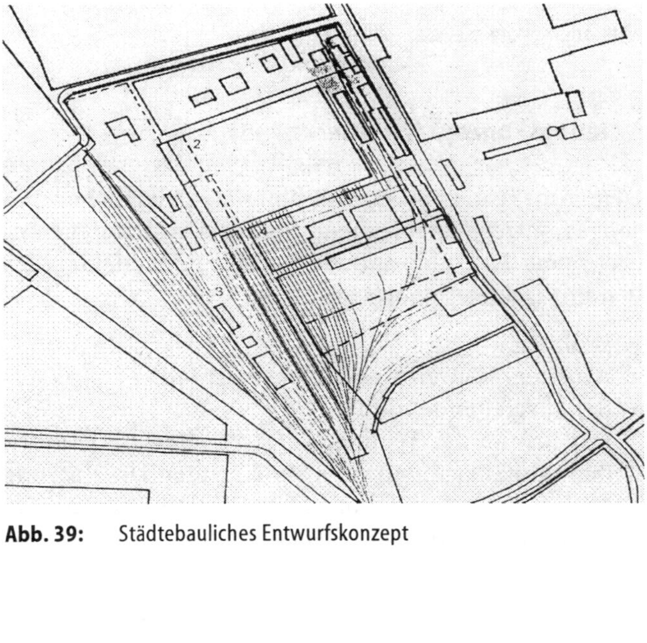

Abb. 39: Städtebauliches Entwurfskonzept

3.9
Nutzungskonzept

Darstellung der verschiedenen Nutzungskonzepte im Kontext mit der angrenzenden städtebaulichen Situation sowie den Aspekten des Denkmalschutzes (gemäß Abb. 40).

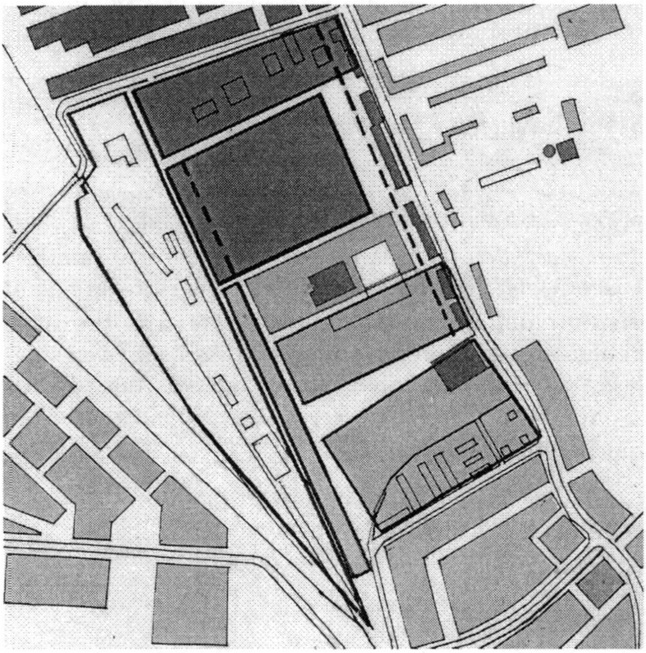

Abb. 40: Nutzungskonzept

3.10
Nutzungskonzept (Erläuterungen)

Dem Aspekt der Integration eines städtebaulichen Lösungsansatzes entsprechend wird die vorhandene angrenzende Nutzung auf die jeweiligen Baufelder des Planungsgebietes übertragen:

- Wohnen
- Arbeiten - Gewerbe und Dienstleistung
- Bahnbegleitende Infrastruktur
  Der Schutz des Wohngebietes vor den Emissionen der Bahnanlage und der verbleibenden DB-Nutzung erfordert die Ausbildung eines „harten Rückens“ im Sinne einer Lärmschutzbebauung.

- Die Qualitäten des angrenzenden Naherholungsgebietes werden in einem großzügigen Grünbereich im Gebiet repräsentiert, der auch als Puffer zwischen Wohnen und Arbeiten dient.

Die dort integrierten historischen Gebäude nehmen die Infrastruktur des neuen Stadtteils auf.

Die 2 Hälften mit ihrer jeweiligen Nutzung - Wohnen und Arbeiten - erhalten so ein gemeinsames Bezugsfeld, dasauch zum neuen Zentrum der umliegenden Bereiche wird.

3.11 Nutzungskonzept (Struktur)

Die Belegung der Baufelder mit den aus dem Bestand generierten Nutzungen führt zu entsprechenden Strukturen.

Die ergänzende Neubebauung nähert sich der Struktur und Dichte der jeweils angrenzenden Gebiete im Rahmen ihrer Eigengesetzmäßigkeiten an (gemäß Abb. 41).

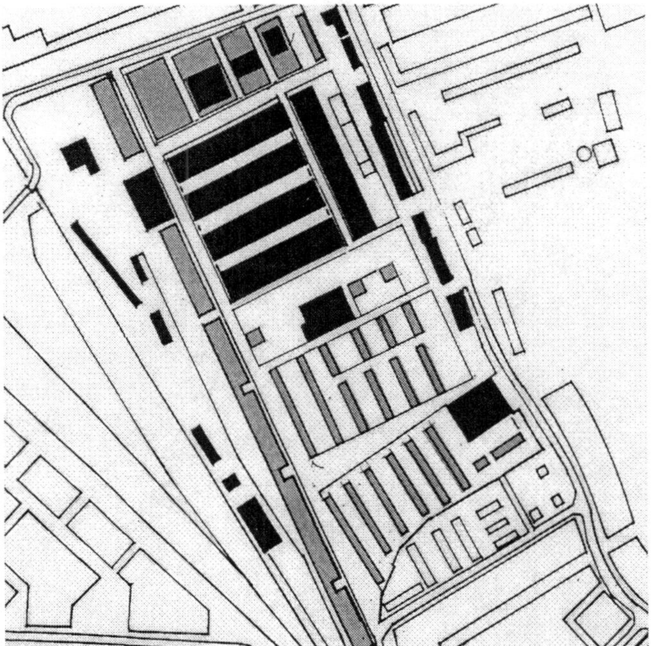

Abb. 41: Nutzungskonzept (Struktur)

Durch die Bezugnahme paßt sie sich selbstverständlich in den städtebaulichen Kontext ein, durch ihre eigene Ordnung weist sie sich dennoch als selbständigen, neuen „Stadtbaustein“ aus.

3.12 Nutzungskonzept (Integration Bestand)

Die einzelnen historischen Gebäude werden immer wieder durch Blick- und Wegbeziehungen sowohl innerhalb des Stadtteil als auch nach außen inszeniert. Auf diese Weise wird die Geschichte des Ortes als „Ort der Arbeit“ thematisiert.

Der neue Stadtteil bezieht seine spannungsvolle Identität aus dem vorhandenen inhaltlichen und strukturellen Instrumentarium: „Alt und Neu - Wohnen und Arbeiten“ (gemäß Abb. 42).

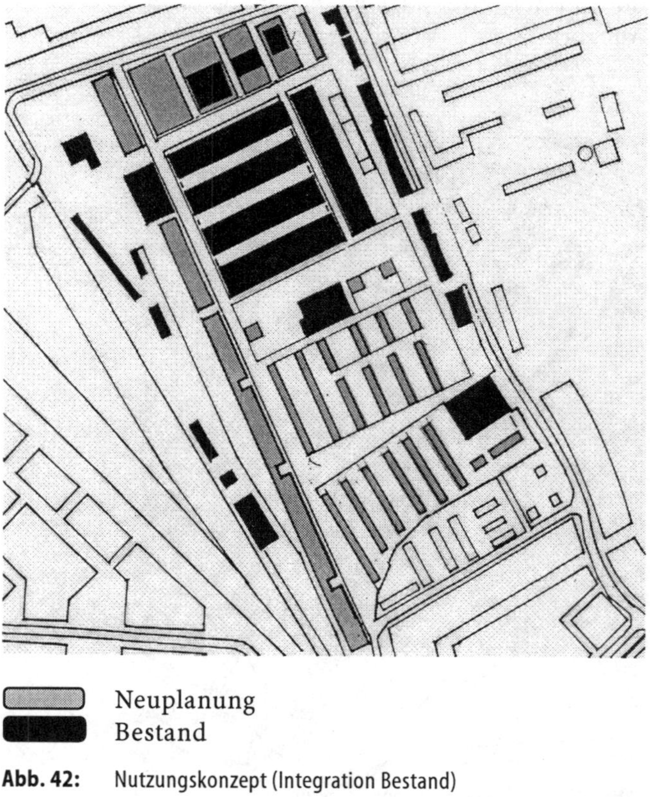

Abb. 42: Nutzungskonzept (Integration Bestand)

3.13 Nutzungskonzept (Freiräume und Grünkonzept)

Im Sinne des zuvor für Nutzung und Struktur entwickelten integrativen Entwurfsgedankens werden in der Umgebung vorhandene Formen von Grün übertragen. Daraus ergeben sich folgende Elemente:

- die „Grüne Mitte“ als großzügiger, zusammenhängender Bereich mit dem Charakter eines urbanen Parks
- der „Anger“ als zusätzlicher interner Bezugspunkt des Wohngebietes
- Gartenparzellen und Mietergärten als private Außenräume
- die Allee als Ergänzung und Fortführung des Baumbestandes der alten Werkstraße parallel zur Straße Alt-Salbke und die „Neue Allee“ am westlichen Rand als Pendant und zweite Nord-Süd-Achse im Gebiet (gemäß Abb. 43)

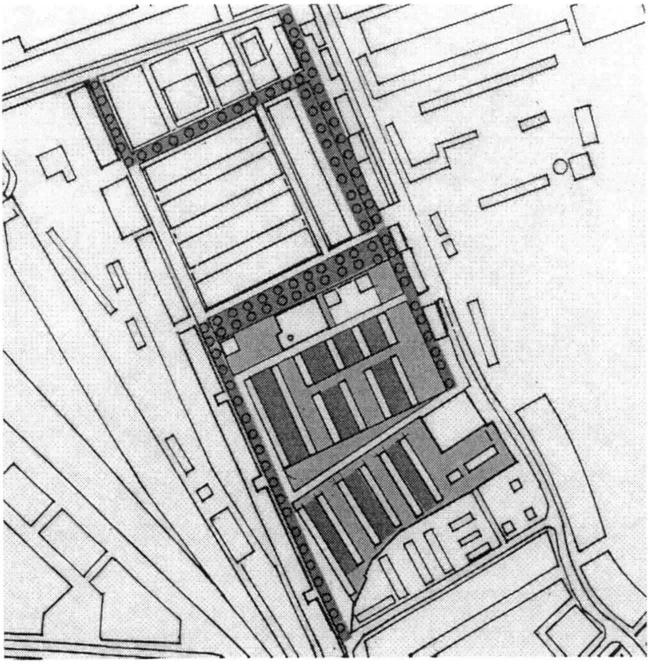

Abb. 43: Nutzungskonzept (Freiräume und Grünkonzept)

3.14 Nutzungskonzept (Verkehr und Erschließung)

Der Standort verfügt bereits über eine sehr gute Einbindung in das ÖPNV-Netz mit S-Bahn- und Straßenbahn-Haltestelle, womit die Innenstadt in ca. 10 min. erreichbar ist.

Die bestehenden Hauptverkehrsachsen lassen sich ebenfalls gut anbinden. Als Nord-Süd-Verbindung in Richtung Hannover und Berlin durch die Alt-Salbkestraße im Osten des Areals. Als Ost-West-Verbindung dienen die Ottersleber-Chaussee, mit Anschluß an die B71 im Süden des Geländes, sowie der Salbker Weg im Norden.

Das Erschließungssystem des Nutzungskonzeptes ist auf diese bereits vorhandenen Anschlußmöglichkeiten an das Straßennetz abgestimmt.

Innerhalb des Gebietes wird zwischen einer Haupt- und einer internen Erschließung unterschieden; (gemäß Abb. 44).

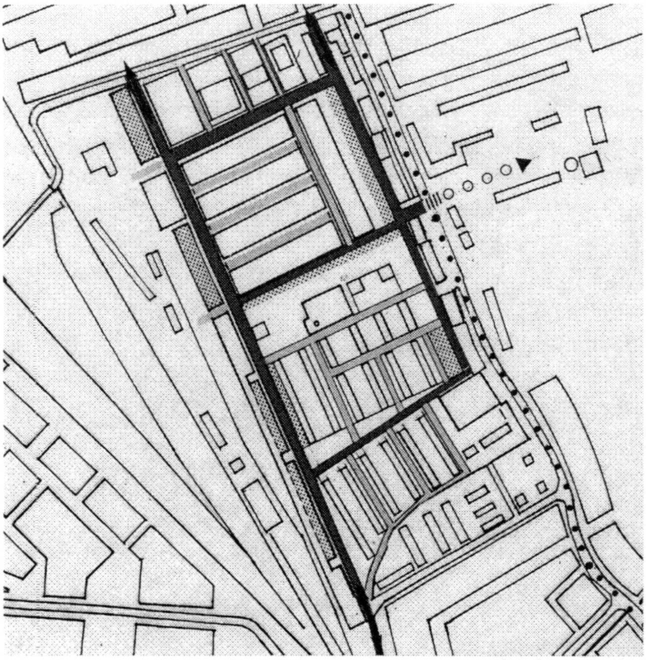

Abb. 44: Nutzungskonzept (Verkehr und Erschließung)

3.15 Haupterschließung

In Nord-Süd Richtung - Alte Werkstraße und „Neue Allee" mit Anschluß im Norden an den Lüttgen-Salbker-Weg (Brücke zur S-Bahn-Station), im Osten an Alt-Salbke bzw. im Süden an die Faulmannstraße (Unterführung in Richtung Lüttgen-Salbke und Magdeburger Ring).

3.16 Interne Erschließung

Im Wohngebiet Anlegerverkehr, für Gewerbe und Dienstleistung Anlieferungsverkehr.

3.17 Ruhender Verkehr

Parkdecks für Gewerbe und Dienstleistung, Stellplätze Wohnen direkt ebenerdig den Wohneinheiten zugeordnet.

3.18 Nutzungskonzept (Arbeiten in Salbke)

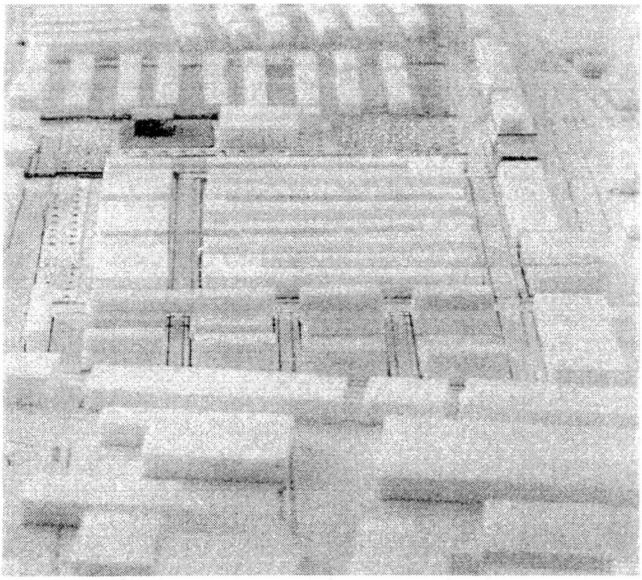

Abb. 45: Nutzungskonzept (Arbeiten in Salbke)

Es wird eine Mischung aus Dienstleistung und Gewerbe vorgeschlagen. Der Schwerpunkt liegt auf dem produzierenden Gewerbe.

Die Flexibilität der Einheitsgrößen, die Lage und das Erschließungssystem ermöglichen eine breite Nutzungsvielfalt an einem optimal angebundenen Standort mit eigener Identität (s. Abb. 45).

Ein Gründerzentrum könnte Initial für weitere Ansiedlungen sein.

3.19 Nutzungskonzept (Wohnen in Salbke)

Die Stadtrandlage des Gebietes erfordert Wohnformen mit starkem Außenbezug. Jede Wohneinheit, auch im Geschoßwohnungsbau, sollte als das „eigene Haus" identifizierbar sein.

Abb. 46: Nutzungskonzept (Wohnen in Salbke)

Die Ost-West orientierten Strukturen sehen einen verdichteten Flachbau (2,5-geschossige Reihenhäuser), als auch einen moderaten Geschoßwohnungsbau, mit EG und drei Obergeschossen vor (vgl. Abb. 46).

Der gemeinsame „Anger“ ist Treff- und Bezugspunkt des Quartiers.

3.20 Nutzungskonzept (Wohnbeispiele)

Beispiel 1: Einfamilien-Reihenhaus, 2 Geschosse, 4 Zimmer, 90 m², mit Gartenhof, Vorgarten und Carport, Dachausbau als Option

Beispiel 2: Geschoßwohnungen, 3 Zimmer, 70 m², mit Gartenanteil, Stellplatz vor dem Haus (gemäß Abb. 47).

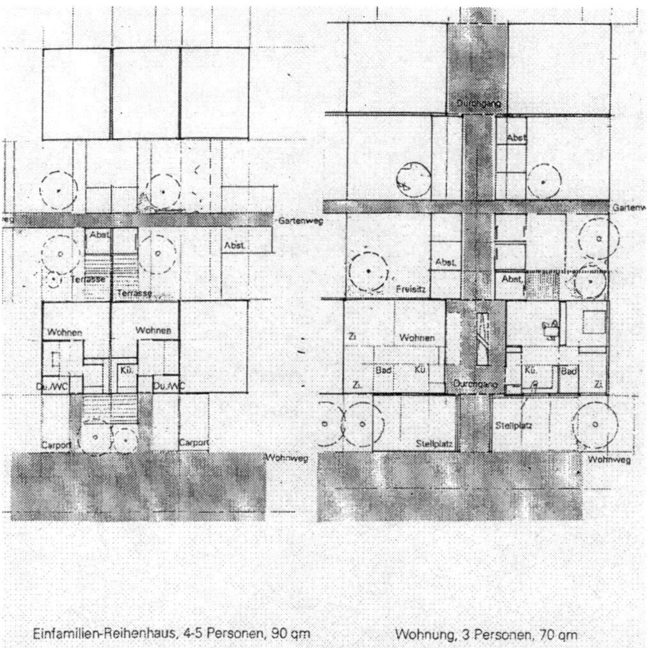

Abb. 47: Nutzungskonzept (Wohnen in Salbke)

3.21 Nutzungskonzept („Gewerbegebiet“)

Darstellung der gewerblichen Nutzungssegmente mit Erschließung und Anlieferungsmöglichkeiten, Stellplatzanordnung und Parkdecks.

3.22 Flächenzusammenstellung (auszugsweise)

Die Zusammenstellung der jeweiligen Nutzungsszenarien erfolgte detailliert in den jeweiligen Gebäudeeinheiten, unterteilt in geplante Geschosse, erfaßt nach BGF und NF, sowie in Bezug auf entsprechende Baufelder.

Zusammengefaßt ergibt sich folgende Aufstellung in BGF:

Wohnflächen

Geschoßwohnungsbau:

Neu	32.700 m^2
Bestand (Umbau)	2.800 m^2

Reihenhäuser:

Neu	9.500 m^2

Büroflächen

Neu:	11.100 m^2
Bestand:	17.000 m

Gewerbeflächen

Neu:	22.000 m^2
Bestand:	16.100 m^2

Parken

Tiefgarage/Parkdeck	1.140 Stck.
Stellplätze	660 Stck.

4 Wirtschaftlichkeitsbetrachtung

Rendite

Die Wirtschaftlichkeit (Rendite) eines Projekts ist von zentraler Bedeutung für die Umsetzung und Realisierung eines Vorhabens. Eine Projektidee wird niemals weiterverfolgt werden, wenn sich die Aussicht auf den wirtschaftlichen Erfolg nicht darstellen läßt. Aus diesem Grund erhält die Wirtschaftlichkeitsberechnung für das angestrebte Projekt einen zentralen Stellenwert im Projektablauf. Dieser ist deshalb so hoch, weil die Wirtschaftlichkeitsberechnung letztlich bestimmt, ob ein Projekt weiterverfolgt wird oder abgebrochen werden muß. In der Darstellung und im Ergebnis der Wirtschaftlichkeitsbetrachtung fließen kosten- und erlösmäßig die Maßnahmen aller Phasen der Projektentwicklung (Baurecht, Finanzierung, Baukosten usw.) ein.

Ähnlich der verschiedenen Phasen einer Kostenermittlung gemäß HOAI §15 wird auch eine Wirtschaftlichkeitsberechnung je nach Projektstand aktualisiert und detailliert, was bedeutet, daß auch steuerliche Aspekte, Abschreibungsmodalitäten usw., Einfluß auf die Berechnung erhalten werden. Für den Projektentwickler sind solche Detailfaktoren allerdings von sekundärer Bedeutung, zumal zum Zeitpunkt dieser Einflußfaktoren schon längst über die Umsetzung des Projektes entschieden worden ist. Solche Faktoren werden demzufolge in einer ersten Phase nicht maßgeblich für die Umsetzung eines Projektes sein, sondern letztlich nur als weitere (positive) Faktoren in die Rendite einfließen.

Steuerliche Aspekte

Die steuerlichen Aspekte bilden als primärer Bestandteil auch den Unterschied zwischen einer „Developer-Rechnung“ und einem „vollständigen Finanzplan“. Unterstellt man eine gewisse Komplexität des deutschen Steuersystems und die Vielzahl zu berücksichtigender Steuerarten, bedeutet dies, daß der

Developer sich fiktiv in die Position potentieller Käufer bzw. Käufergruppen versetzen müßte. Sinn und Inhalt einer Wirtschaftlichkeitsberechnung lassen aus Sicht des Developers eine solche Vorgehensweise als „überzogen" erachten. Andererseits profitiert meist nur der eigentliche Investor von solchen steuerlichen Optimierungsaspekten, und es darf durchaus als legitimer Ansatz verstanden werden, wenn der Developer sich diese Informationen und Potentiale zunutze macht, indem er ebenfalls an diesen Faktoren partizipiert (z. B. durch einen höheren Kaufpreis).

Da in einem vollständigen Finanzplan eine Vielzahl steuerlicher und betriebswirtschaftlicher Daten Einfluß nehmen und eine umfangreiche und äußerst (fachbezogene) Betrachtungsweise vollzogen werden muß, soll in diesem Kapitel nicht auf die einzelnen Details eingegangen werden.

Erstellen einer Wirtschaftlichkeitsanalyse

Das Erstellen einer ersten Wirtschaftlichkeitsberechnung basiert auf der Grundlage eines möglichst detaillierten Nutzungskonzeptes. Bei einem geplanten Bürogebäude sind natürlich konkretere Werte darstellbar als bei einer städtebaulichen Studie für die Überplanung mehrerer 10.000 qm Grundstücksfläche.

Folgende Faktoren sind für die Wirtschaftlichkeitsberechnung maßgeblich:

- Grundstücksgröße / Erwerbskosten
- Kosten für Freimachen und Herrichten
- Art und Maß der baulichen Nutzung (BGF-Werte) zur Bestimmung der Baukosten
- Baunebenkosten
- Finanzierungskosten
- Vermarktungskosten
- Mieteinnahmen / Verkaufspreise

Bei der Entwicklung größerer Flächenareale erhalten folgende beide Faktoren oftmals eine entscheidende Einflußgröße und sind somit ebenfalls maßgeblich:

- Erschließungskosten
- Kosten für eventl. Altlastensanierung

Die Mehrzahl der Daten, welche bei diesem Projektstand in die Wirtschaftlichkeitsberechnung einfließen, sind Erfahrungswerte. Diese werden hauptsächlich durch die Realisierung und Abrechnung vergleichbarer Projekte gewonnen.

Eine Wirtschaftlichkeitsberechnung ist eine Gegenüberstellung von Investitionen (z.B. Baukosten, Nebenkosten) und kalkulierten Einnahmen (z.B. Mieten, Verkaufserlöse). Durch eine unrealistische Markteinschätzung der Mietsituation und der zu erzielenden Verkaufspreise läßt sich eine Wirtschaftlichkeitsberechnung sehr schnell „schön rechnen". Eine Folge solcher Fehleinschätzung sind erhebliche Leerstandsraten insbesondere auf dem gewerblichen Immobiliensektor. Der Projektentwickler sollte aus diesem Grund die Marktsituation für sein Projekt eher zurückhaltend und konservativ von der Erlösseite einschätzen, in einem ersten Schritt eine „worst-case-Betrachtung" anstellen und sich somit die Grenzen für die Umsetzungsmöglichkeit seines Projektes vor Augen halten.

„worst-case-Betrachtung"

In der Wirtschaftlichkeitsberechnung erhält der Entwickler anhand der von ihm kalkulierten Werte einen ersten Überblick über die Gewinnerwartung (Trading Profit), welche aus dem Projekt zu erzielen ist. Weiterhin wird der maximale vertretbare Wert bzw. Kaufpreis des Grundstücks aus Sicht des Projektentwicklers (bzw. des Käufers) ermittelt, was bedeutet, daß bei festgelegter baulicher Ausnutzung des Grundstücks und der Vorgabe der Gewinnerwartung (im nachfolgenden Beispiel 10 %) als Ergebnis der Preis für das Grundstück aufgezeigt wird.

Trading Profit

Für den Erwerb des Grundstücks hat der Projektentwickler somit aus seiner Kalkulation und diesen Vorgaben den höchstmöglichen Kaufpreis ermittelt, den er nicht überschreiten darf.

Einen nicht unerheblichen Einfluß auf die Wirtschaftlichkeit eines Projektes haben Kostenfaktoren von evtl. Rückbau- und Abbruchkosten oder Sanierungsmaßnahmen von Altlasten.

Speziell bei Altlastenverdachtsflächen sollte der Projektentwickler sicherstellen, daß fundierte fachliche Aussagen hinsichtlich der Art der Kontamination, der Sanierungsmaßnahmen, des Zeitaufwandes sowie der veranschlagten Kosten vorliegen, welche dann in seine Wirtschaftlichkeitsberechnung einfließen.

Anhand eines Beispiels sollen die einzelnen Schritte genannt und verdeutlicht werden.

Im CRE erfolgt die Systematik einer Wirtschaftlichkeitsberechnung grundsätzlich aus der Sichtweise eines potentiellen Investors bzw. Käufers. Das bedeutet, daß bei dieser Vorgehensweise sämtliche einfließende Faktoren und Daten auf das Ziel zur Berechnung eines vertretbaren Grundstückspreises, mit entsprechend gewählten Trading Profit, gerichtet sind. Dieses Procedere enthält den entscheidenden Ansatz, daß der Eigentümer einen „Marktpreis" für sein zu verwertendes Grundstück erhält.

Da die im Vorfeld bestimmte Rendite als vorgegebener Wert in Ansatz gebracht wird, kann durch diese Systematik auch ein Rückschluß auf die Vorgehensweise der Projektentwicklung gezogen werden.

Taxieren des Projektergebnisses

Das Projektergebnis einer Wirtschaftlichkeitsberechnung wird taxiert, indem durch meist mehrere Rechnungs- bzw. Datendurchläufe eine Optimierung der jeweiligen Eingabewerte erfolgt (z.B. Korrektur der angenommenen Baupreise). Diese Eingabewerte dürfen selbstverständlich trotz Optimierung nur in einem realistischen und marktadäquaten Ansatz erfolgen.

Unterschreitet das Projektergebnis trotzdem den in Ansatz gebrachten Wert, wirkt sich dies sofort auf den vertretbaren Grundstückspreis aus, indem dieser sich äquivalent zur geforderten Rendite verringert.

Das Ergebnis kann eventuell auch einen „negativen" Grundstückswert ausweisen, indem der Kostenaufwand einen erzielbaren Projekterlös übersteigt. Da in einem solchen Fall ein reiner Verkauf des Grundstücks nicht möglich ist (außer eventuelles Verschenken!), besteht für den Eigentümer nur die Chance, durch die Verwertungsmodelle II und III (gemäß Abb. 11) eine Egalisierung durch die „Teilrendite" aus der Vermarktung von zu erstellenden Gebäuden auf diesem Grundstück zu erzielen.

Eine solche Systematik stellt ein allerdings höheres Risikopotential dar, denn in diesem Fall muß die Wertschöpfungskette bis zum Schluß durchlaufen werden.

Haben die Einflußparameter für die unzureichende Rendite eine primär konjunkturelle Ursache, (z.B. niedriger Mietertrag) sollten die Maßnahmen für die Projektentwicklung besser gestoppt werden, um eine Phase des Aufschwungs am Immobilienmarkt abzuwarten.

Beispiel

Erläuterungen zum Beispiel der Wirtschaftlichkeitsberechnung:

Beispiel Wirtschaftlickeitsberechnung

I. Kosten

1. *Grundstückskosten*

Grundstückskosten

a) Kostenansatz für Planungsrecht durch z. B. B-Plan oder VEP; abhängig vom planerischen (primär von Fachingenieuren wie, z. B. Verkehrsplaner) Umfang der Maßnahme.
b) Abbruchkosten (hier 50,- DM/m³) abhängig von Umfang, Material und Region.
c) Altlasten und die damit verbundenen Sanierungskosten sind seriös nur nach entsprechender Untersuchung zu ermitteln. Eventuell erste Erfahrungswerte als Ansatz in Abhängigkeit der vorhandenen Nutzung (z. B. bestehende Tankanlage).
d) Aufwand der Erschließungskosten in Abhängigkeit des Nutzungskonzeptes und des Erschließungsaufwandes. Spannbreite der Erfahrungswerte liegen zwischen 40,- DM/m² und 180,- DM/m² Grundstücksfläche.

2. *Baukosten*

Baukosten

Die aufgeführten Baukosten sind Werte pro m² BGF ohne Mehrwertsteuer. Da im Wohnungsbau eine Kalkulation in Bezug auf effektive Wohnfläche inkl. Mehrwertsteuer erfolgt, muß dies in Ansatz gebracht werden (entspricht somit 2.210,- DM/m² WF incl. Mwst.).

Die Zahl der erforderlichen Stellplätze wird unter folgender Annahme ermittelt: Büro (1 Stpl./45 m² NGF), Einzelhandel (1 Stpl./35 m² NGF), Wohnen (1 Stpl./60 m² WF).

Die Werte sind abhängig von der Stellplatzverordnung sowie kommunalen Satzungen.

Sämtliche Daten sind abhängig von konjunktureller Lage, Umfang der Maßnahmen, Ausbaustandards, Ausstattung sowie der bautechnischen Konzeption. Das bedeutet, daß die im Beispiel aufgenommenen Werte projektspezifische Kalkulationen sind und nicht automatisch für alle anderen Projekte gelten.

Hieraus läßt sich schließen, daß beispielsweise bei hochwertigem Wohnungsbau die angenommenen Kosten in Höhe von 2.210,- DM/m² Wfl. nicht ausreichen werden. Hier könnten die Kosten durchaus 2.800,- DM/m^2 Wfl. betragen.

Als weiteres Beispiel hierzu können sich auch die Flächenabzüge von Brutto- zu Nettogeschoßfläche bzw. Wohnfläche bei einem zwei oder drei geschossigen Gebäude mit geneigtem Dach von 22 % auf 28 % erhöhen.

Auch das Verhältnis von umbautem Raum zur Wohnfläche (m^3/m^2 Wfl.) kann erheblich abweichen. Bei einer Reihen- oder Doppelhausbebauung sowie einem hochwertigen 2-3geschossigen Wohnungsbau beträgt das Verhältnis ca. 5,5 m^3/m^2 Wfl.. In einem kostengünstigen Geschoßwohnungsbau mit optimiertem Gebäudeschnitt beträgt das Verhältnis 4,8 m^3/m^2 Wfl..

Diese erheblichen Unterschiede in einem Nutzungssegment zeigen, daß die vorgenannten Werte im Beispiel Richtwerte sind, die für das betreffende Grundstück angesetzt werden und erfordern somit, daß bei der Berechnung der Wirtschaftlichkeit eine genaue Vorstellung des Projektes bestehen sollte.

3. Baunebenkosten

Kostenaufwand für Honorare sämtliche Planer, Architekten, Ingenieure, Bauleitung, Gebühren usw. abhängig vom Bauvolumen, Standard und Verhandlung.

4. Projektmanagement

Kostenaufwand für Projektsteuerung, Projektentwicklung usw..

5. Finanzierungskosten

Abhängig von konjunktureller Lage und Kapitalmarkt. Die Finanzierungskosten der Baukosten, Baunebenkosten und Projektmanagement während der Bauzeit werden mit den Faktor 0,5 multipliziert, da diese Gelder in aller Regel gemäß eines Zahlungsplans sukzessive abgerufen werden.

6. Vermarktungskosten

Das Vermietungsmarketing für Gewerbe enthält drei Monatsmieten Maklercourtage und zwei Monatsmieten für Marketingmaßnahmen wie Vermietungsschild, Mailing Aktionen usw.. Die Kosten für den Verkauf der Gewerbeflächen sind Provisionen für externe Vermittler. Die Kosten für den Verkauf der Wohnungen sind Maklergebühren inkl. Mwst..

Der Aufwand der Vermarktungskosten ist primär abhängig vom gewählten Vertrieb (Eigenvertrieb, Strukturvertrieb) und der Objektgröße mit eklatanten Einsparpotentialen.

7. Geschäftskosten

Kosten des Eigenaufwandes wie z.B. Büromieten, Arbeitslöhne usw. des Unternehmens. Prozentuale Spannbreite zwischen 1 und 3 % der Gesamtkosten.

8. Mietausfallwagnis

Dieser Kostenfaktor ist eine interne Rückstellung für die Anlaufzeit des Projektes und dient zum Ausgleich der Verluste zwischen Baufertigstellung und Vollvermietung.

9. Anteilige Erstellungskosten

Die ausgewiesenen Faktoren ergeben einen ersten Überblick der einzelnen Nutzungssegmente in Bezug auf Kosten und Erlös. In unserem Beispiel besteht ein Verhältnis bei den Büroflächen vom 12,55fachen zu einem angenommenen Multiplikator von 14,0. Diese Ansätze können natürlich stark schwanken.

II. Mieterträge

Die Kalkulation der Mieterträge wird durch den Multiplikator 12 auf ein Jahr berechnet. Der zu erzielende Mietzins beruht auf Erfahrungswerten sowie Research- und Marktberichten renommierter Makler.
Bei den ausgewiesenen Flächen wird ein BGF-Abzug (Brutto-/Nettoflächen-Vergleich) bei den Wohnungen von 22%, bei den Büroflächen von 12% und bei den Einzelhandelsflächen von 8% in Ansatz gebracht.

Verkaufserlös/Multiplikator

Der Multiplikator ist ein Faktor, der zur (groben) Berechnung des Objektwertes einer Immobilie eingesetzt wird und spiegelt im Grunde das Verhältnis von Kaufpreis und Nettomiete des ersten Jahres wider, ist somit also der Kehrwert der Brutto-Rendite.

Einfluß auf den Multiplikator haben Objektart, Region (Stadt), Lage und Ausstattung der Immobilie.

I. Kosten

1. Grundstückskosten

a) Erwerbskosten			
	28.500 qm X	16,00 DM/qm =	4.560.000 DM
b) Erwerbsnebenkosten aus a.)			
	4.560.000 DM X	3,50% =	159.600 DM
c) Schaffung Planungsrecht			
	28.500 qm X	12,00 DM/qm =	342.000 DM
d) Abbruchkosten		=	600.000 DM
e) Gleisrückbau		=	420.000 DM
f) Altlastenbeseitigung		=	500.000 DM
g) Abmarkung u. Grenzregulierung			
	4.560.000 DM X	1,00% =	45.600 DM
h) Erschließungskosten			
	28.500 qm X	80 DM/qm =	2.280.000 DM
i) Abfindungen Mietverträge/Pachtverträge		=	250.000 DM
j) Ablöse/Verlegung Wege- u. Leitungsrechte		=	150.000 DM
g) sonstige Kosten		=	1.200.000 DM
			10.507.200 DM

2. Baukosten Bruttoflächen

Wohnungen			
	16.100 qm X	1.500 DM/qm =	24.150.000 DM
Büro			
	12.000 qm X	1.900 DM/qm =	22.800.000 DM
Einzelhandel			
	1.000 qm X	1.700 DM/qm =	1.700.000 DM
Lager UG			
	500 qm X	1.300 DM/qm =	650.000 DM
Mieterkeller/Technikräume			
	2.000 qm X	1.300 DM/qm =	2.600.000 DM
Tiefgarage Gewerbe			
	105 Stellplätze X	25.000 DM/St. =	2.625.000 DM
Tiefgarage Wohnen			
	200 Stellplätze X	25.000 DM/St. =	5.000.000 DM
Außenstellplätze Gewerbe			
	70 Stellplätze X	5.000 DM/St. =	350.000 DM
Außenstellplätze Wohnen			
	50 Stellplätze X	5.000 DM/St. =	250.000 DM
Außenanlage Gewerbe			
	5.552 qm X	120 DM/qm =	666.240 DM
Außenanlage Wohnen			
	6.875 qm X	120 DM/qm =	825.000 DM
Lärmschutz zum Gleiskörper Gewerbe			
	200 m X	2.000 DM/m =	400.000 DM

Abb.48: Beispiel Wirtschaftlichkeitsbetrachtung Teil a

Lärmschutz zum Gleiskörper Wohnen			
	300 m X	2.500 DM/m =	750.000 DM
Baukosten netto			62.766.240 DM
	33.575.053 DM Mwst. Wohnen X	15,00% =	5.036.258 DM
Baukosten gesamt			67.802.498 DM
3. Baunebenkosten			
Gewerbeteil			
	29.191.192 DM X	13,00% =	3.794.855 DM
Wohnteil			
	33.575.053 DM X	13,00% =	4.364.757 DM
Mwst.auf Baunebenkosten Wohnen			
	4.364.757 DM X	15,00% =	654.714 DM
BNK gesamt			8.814.326 DM
4. Projektmanagement aus BK + BNK brutto			
Gewerbeteil			
	32.986.047 DM X	3,00% =	989.581 DM
Wohnteil			
	43.630.782 DM X	3,00% =	1.308.923 DM
			2.298.504 DM
5. Finanzierungskosten			
a) Grundstückskosten vor Baubeginn			
	10.507.200 DM X 7,5% X	6 Monate =	394.020 DM
b) Grundstückskosten während der Bauzeit			
	10.507.200 DM X 7,5% X	18 Monate =	1.182.060 DM
c) Baukosten bis Bauende			
	67.802.504 DM X 7,5% X	18 Monate X 0,5 =	3.813.891 DM
d) BNK, PMK u. Stellplatzablöse bis Bauende			
	12.244.140 DM X 7,5% X	18 Monate X 0,5 =	688.733 DM
			6.078.704 DM
6. Vermarktungkosten			
a) Vermietungsmarketing Gewerbe			
	4.439.100 DM X	5 Monate =	1.849.625 DM
b) Kosten des Verkaufs Gewerbe			
	62.147.400 DM X	1,00% =	621.474 DM
c) Kosten des Verkaufs der Wohnungen			
	62.611.000 DM X	5,75% =	3.600.133 DM
			6.071.232 DM
7. Geschäftskosten			
allgemeine Geschäftskosten			
	124.758.400 DM X	1,50% =	1.871.376 DM

Abb. 49: Beispiel Wirtschaftlichkeitsbetrachtung Teil b

8. Mietausfallwagnis 6 Monate (nur Gewerbe)			
	4.439.100 DM X	0,5 =	2.219.550 DM
9. Stellplatzablöse			
	45 Stellplätze X	25.000 DM/St =	1.125.000 DM
10. Gesamtkosten		=	106.788.390 DM
11. anteilige Erstellungskosten/qm Mietfläche			
Büro inkl. Stellplätze			
	44.170.972 DM =	4.183 DM/qm =	12,55-fach
Einzelhandel inkl. Stellplätze			
	3.557.642 DM =	3.867 DM/qm =	3,87-fach
Wohnen inkl.Stellplätze			
	59.763.193 DM =	4.759 DM/qm =	95,45%
II. Mieterträge			
Büros			
	10.560 qm X	25,00 DM/qm X 12 =	3.168.000 DM
Einzelhandel			
	920 qm X	80,00 DM/qm X 12 =	883.200 DM
Lager Untergeschoß			
	475 qm X	15,00 DM/qm X 12 =	85.500 DM
Tiefgarage			
	105 Stellplätze X	180,00 DM/qm X 12 =	226.800 DM
Außenstellplätze			
	70 Stellplätze X	90,00 DM/qm X 12 =	75.600 DM
Gesamtmieterträge p.a.			4.439.100 DM
III. Verkauf Wohnungen			
Wohnungen			
	12.558 qm X	4.500 DM/qm =	56.511.000 DM
Tiefgaragenstellplätze			
	200 Stellplätze X	28.000 DM/St =	5.600.000 DM
Außenstellplätze			
	50 Stellplätze X	10.000 DM/St =	500.000 DM
Verkaufserlös Wohnungen			62.611.000 DM
1.) Verkaufserlös Gewerbe 4.439.100,- DM	x	14 =	62.147.400 DM
2.) Verkaufserlös Wohnungen		=	62.611.000 DM
3.) Projektergebnis		124.758.400 DM	
	./.	106.788.390 DM	
		17.970.010 DM =	14,40%

Abb. 50: Beispiel Wirtschaftlichkeitsbetrachtung Teil c

IV. Berechnung des vertretbaren Kaufpreises		
Verkaufspreis	=	124.758.400 DM
abzgl. Projektgewinn	./.	12.475.840 DM
abzgl. Stellplatzablöse	./.	1.131.310 DM
abzgl. Mietausfallwagnis	./.	2.219.550 DM
abzgl. Geschäftskosten	./.	1.871.376 DM
abzgl. Finanzierungskosten BK u. BNK	./.	4.502.624 DM
abzgl. Vermarktungskosten	./.	6.071.232 DM
abzgl. Projektmanagement	./.	2.298.505 DM
abzgl. Baunebenkosten	./.	8.814.325 DM
abzgl. Baukosten	./.	67.802.498 DM
abzgl. fixe Grundstückskosten	./.	5.742.000 DM
abzgl. Finanzierung fixe Grundstückskosten	./.	861.300 DM
Grundstück inkl. Finanzierung, Erwerbsnk., Grenzreg.		10.967.840 DM
abzgl. Finanzierung Grundstück	./.	1.430.587 DM
abzgl. Erwerbsnebenkosten	./.	322.516 DM
abzgl. Abmarkung u. Grenzregulierung	./.	91.235 DM
Vertretbarer Grundstückspreis		9.133.502 DM

Abb. 51: Beispiel Wirtschaftlichkeitsbetrachtung Teil c

5 Wertermittlung

Im Rahmen des CRE erfüllt die Wertermittlung ein unterschiedliches Spektrum an Zweckbestimmungen hinsichtlich der Intention ihrer Anwendung.

So erhält diese Ermittlung zur Wertbestimmung eines Bestandportfolios sowie als Grundbestandteil eines gewählten Verwertungsmodells (z. B. Verkauf oder Vermietung) einen erheblichen Stellenwert.

Aufgabe der Wertermittlung ist es, einen plausiblen und nachvollziehbaren Verkehrswert für ein Objekt zu ermitteln. Eine Vielzahl von Faktoren sind heranzuziehen, um einen exakten Immobilienwert zu erhalten.

Man bedient sich bei der Wertermittlung Verfahren mit unterschiedlichen Ermittlungsgrundlagen. In der Wertermittlungsverordnung (WertV) vom 06.12.88 ist das Procedere der einzelnen Verfahren vom Gesetzgeber festgelegt, die jedoch nur für Gutachterausschüsse gelten. Für private Sachverständige ist die WertV rechtlich nicht bindend.

5.1 Verfahren zur Bestimmung des Verkehrswerts von Grundstücken

Definition Verkehrswert (nach § 194 BauGB):

Definition Verkehrswert

Der Verkehrswert wird durch den Preis bestimmt, der in dem Zeitpunkt, auf den sich die Ermittlung bezieht, im gewöhnlichen Geschäftsverkehr nach

- den rechtlichen Gegebenheiten und
- tatsächlichen Eigenschaften,
- der sonstigen Beschaffenheit und
- der Lage des Grundstückes oder
- des sonstigen Gegenstandes der Wertermittlung

Beeinflussende Faktoren

ohne Rücksicht auf ungewöhnliche oder persönliche Verhältnisse zu erzielen wäre.

Beeinflussende Faktoren des Verkehrswertes sind:

Rechtliche Umstände und Gegebenheiten wie

1. *Beschränkungen des Grundeigentums*

Hierzu zählen öffentlich-rechtliche Beschränkungen, wie

- planungsrechtliche Festsetzungen
- die Bestimmungen des Bauordnungsrechts
- Einschränkungen aus den Bereichen des Landschafts- und Naturschutzes, des Deichrechts, des Wasserrechts, des Straßenrechts, des Luftverkehrsrechts (Bauschutz), des Denkmalschutzes und des Immisionsschutzes

Ebenfalls öffentlich-rechtliche Gegebenheiten wie

- Erschließungsbeiträge
- Ausgleichsleistungen

2. *Privatrechtliche Beschränkungen*

- Nachbarrecht des BGB;
- Landesrecht

3. *Grundstücksgleiche Rechte*

- Erbbaurecht
- Schiffseigentum
- Eigentum an Luftfahrzeugen
- Jagd- und Fischereirecht
- Bergrecht

4. *Beschränkt dingliche Rechte*

Nutzungsrechte; wie Grunddienstbarkeiten z.B.

- Wegerecht
- Fahrrecht
- Leitungsrechte

Beschränkt persönliche Dienstbarkeiten

- Wohnungsrechte
- Benutzungsrechte
- Nießbrauch

5. Verfügungs- und Erwerbsrechte

- Verkaufsrecht
- Ankaufsrecht
- Wiederkaufsrecht
- Aneignungsrecht

6. Sicherungs- und Verwertungsrechte

- Hypotheken
- Grundschulden
- Rentenschulden
- Reallasten (z.B. Erbbauzins)

Allgemein beeinflussende Faktoren sind

- die gegenwärtige und erwartete Höhe der steuerlichen Belastung des Grundeigentums
- die erwartete Preisentwicklung
- die erwartete Entwicklung der Baukosten, der Mieten, des Zinsniveaus und der Inflation
- die staatliche Wohnungspolitik

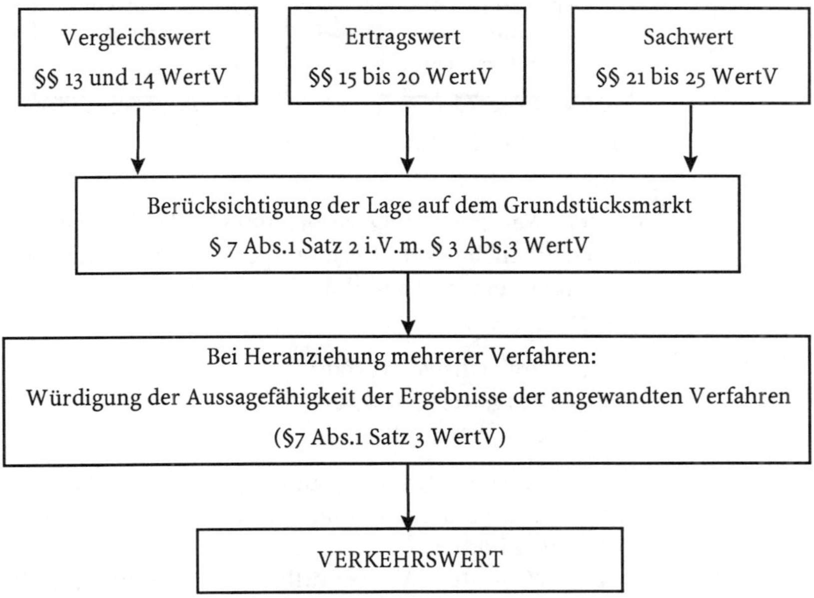

Abb. 52: Wertermittlungsverfahren[22]

[22] Kleiber, W.: Verkehrswertermittlung von Grundstücken, Bundesanzeiger,1994, S. 266

Wertbeeinflussende Faktoren

Zu den individuellen wertbeeinflussenden Faktoren eines Grundstücks gehören z.B.:

- der Entwicklungsstand
- Art und Maß der baulichen Nutzung
- die Wartezeit bis zur baulichen Nutzung
- der Zuschnitt
- die Bodenbeschaffenheit
- Alter, Zustand und Verwendungsmöglichkeit des baulichen Bestandes.

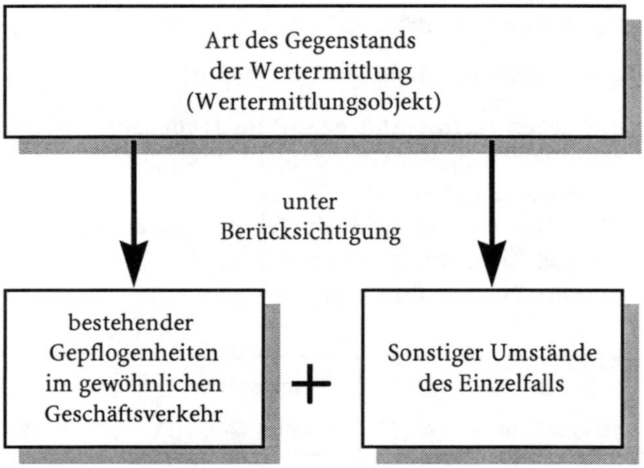

Abb. 53: Wahl des Wertermittlungsverfahrens[23]

In der Wertermittlungsverordnung (WertV) werden unterschiedliche Verfahren aufgezeigt, um den Verkehrswert einer Immobilie zu ermitteln (gemäß Abb. 52). Diese sind:

- das Vergleichswertverfahren
- das Ertragswertverfahren
- das Sachwertverfahren

Die drei Wertermittlungsmethoden sollen jeweils allein goder zusammen die Grundlage für die Verkehrswertermittlung bilden.[24]

Wahl des Wertermittlungsverfahrens

Die Wahl des Wertermittlungsverfahrens (gemäß Abb. 53) stellt eine entscheidende Weichenstellung für

[23] Kleiber, W.: Verkehrswertermittlung von Grundstücken, Bundesanzeiger,1994, S. 262

[24] Simon, J.: Wertermittlungsrichtlinien, 1.Aufl., München, 1992, S. 12

die Verkehrswertermittlung dar. Generell ergibt sich unter Berücksichtigung der bestehenden Gepflogenheiten des Geschäftsverkehrs folgende dargestellte Verfahrenswahl (gemäß Abb. 54):

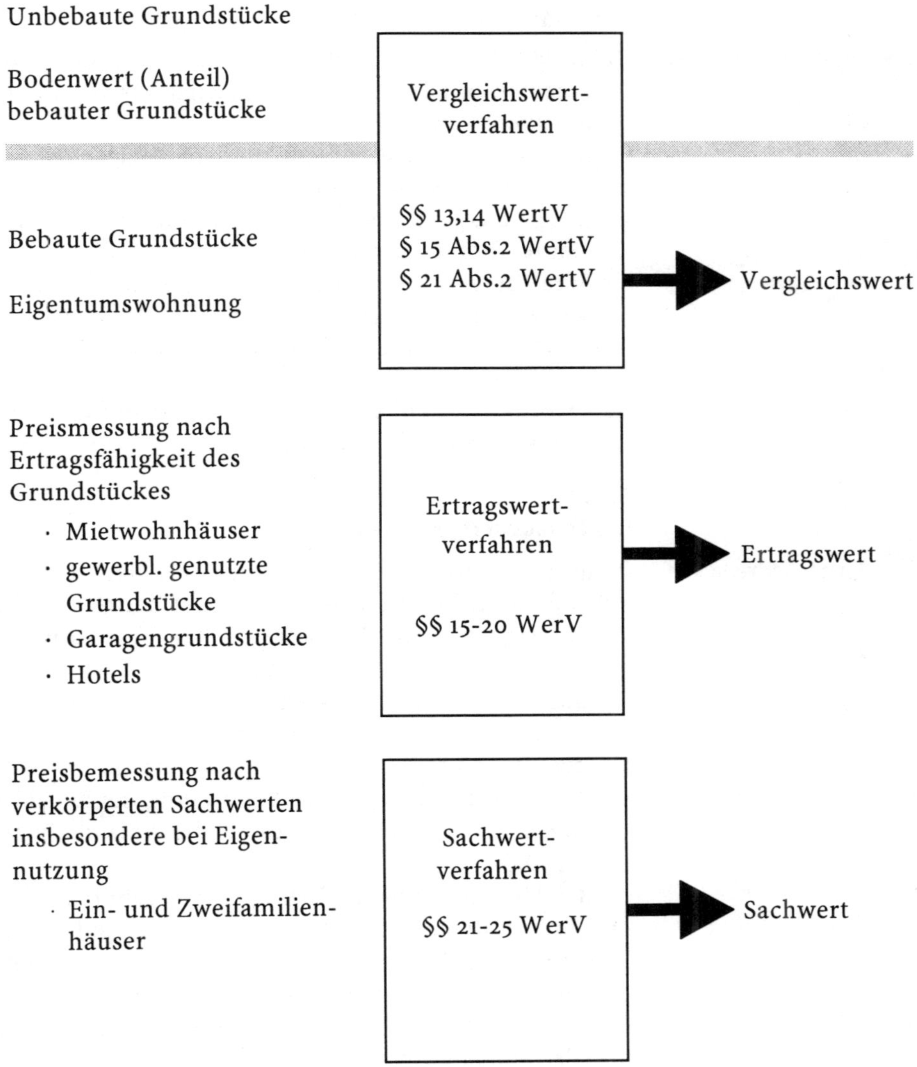

Abb. 54: Verfahrenswahl in der Wertermittlung[25]

[25] Kleiber, W.: Verkehrswertermittlung von Grundstücken, Bundesanzeiger, 1994, S. 264

Wahl des Wertermittlungsverfahrens

Es soll in diesem Rahmen auch ein viertes Wertermittlungsverfahren, das Residualverfahren erläutert werden, das allerdings nicht in die Wertermittlungsverordnung aufgenommen wurde.

5.1.1 Das Vergleichswertverfahren

Vergleichswertverfahren

Beim Vergleichswertverfahren wird das zu bewertende Grundstück mit Hilfe von Kaufpreisen vergleichbarer Grundstücke bewertet.

Insbesondere unbebaute Grundstücke eignen sich hierfür. Es müssen jedoch ausreichend viele Vergleichsgrundstücke bekannt sein, um eine Wertermittlung durchführen zu können.

Eine Verkehrswertermittlung bebauter Grundstücke ist mit diesem Verfahren als problematisch anzusehen. Wohl kann man eine Vielzahl von Grundstücken finden, die Gemeinsamkeiten aufweisen, jedoch sind bei den wertrelevanten Merkmalen der Bebauung selten Übereinstimmungen gegeben.

5.1.2 Das Ertragswertverfahren

Ertragswertverfahren

Beim Ertragswertverfahren werden auf dem Grundstück befindliche bauliche Anlagen, auf der Grundlage des Ertrags (durch Vermietung oder Verpachtung), getrennt vom Bodenwert ermittelt.

Die Ermittlung des Bodenwertes wird i. d. R. nach dem Vergleichswertverfahren durchgeführt. Das Ertragswertverfahren eignet sich besonders für Investoren oder Käufer, die an einer Vermietung der auf dem Grundstück befindlichen Gebäude oder Anlagen interessiert sind.

Bei der Ermittlung des Ertragswertes geht man vom erzielbaren Reinertrag eines Grundstücks und seiner Bebauung aus. Dieser errechnet sich aus dem Rohertrag abzüglich der Bewirtschaftungskosten, wie Kosten für die Verwaltung, die Instandhaltung, den Betrieb und das Mietausfallwagnis.

5.1.3 Das Sachwertverfahren

Sachwertverfahren

Dieses Verfahren der Wertermittlung wird dann angewandt, wenn eine Eigennutzung angestrebt wird (z.B. bei Eigenheimen). Immer dann wenn die zinsabwerfende Kapitalanlage nicht im Vordergrund steht, sollte die Wertermittlung nach dem Sachwertverfahren erfolgen.

Als Ermittlungsgrundlage dient der Bodenwert, der getrennt von den Herstellungswerten der baulichen Anlagen, den Außenanlagen und besonderen Betriebseinrichtungen im Vergleichswertverfahren ermittelt werden sollte.

5.1.4
Das Residualverfahren

Residualverfahren

Das Residualverfahren kann zur Bodenwertermittlung von unbebauten Grundstücken herangezogen werden und basiert vom Grundsatz her auf dem Ertragswertverfahren.

Ausgangsbasis bei diesem Verfahren ist die Annahme einer fiktiven Bebauung. Hierfür benötigt man Eckdaten wie die zulässige Art und das Maß der baulichen Nutzung. Am sinnvollsten ist es, ein Nutzungskonzept für das Grundstück zu entwickeln, worin die bauliche Nutzung, die Zahl der Geschosse und die höchst erzielbare BGF definiert sind. Daraus ermittelt man zunächst die Bau-, Vermarktungs- und Erwerbskosten einschließlich des Unternehmergewinns. Im nächsten Schritt werden die voraussichtlichen Erträge nach der Ertragswertermittlung bestimmt.

Die Differenz zwischen dem Erlös und den Gesamtprojektkosten stellt das Residuum dar. Daraus kann der Bodenwert pro qm Grundstücksfläche oder pro qm BGF abgeleitet werden. Da es sich bei den Annahmewerten für die Berechnung i.d.R. um fiktiv ermittelte Größen handelt, weist dieses Verfahren erhebliche Unsicherheiten auf. Ein Kritikpunkt bei dieser Vorgehensweise ist die ungünstige Fehlerfortpflanzung, da bei nur geringen Änderungen der Annahmewerte, deren Auswirkungen auf das Ergebnis bereits unverhältnismäßig groß sind.

Vergleicht man das Residualverfahren mit unserem Beispiel der Wirtschaftlichkeitsberechnung so lassen sich einige analoge Vorgehens- und Betrachtungsweisen in beiden Systemen aufzeigen.

Wie vorab beschrieben geht dieses Verfahren von einer fiktiven Bebauung aus, was letztlich bedeutet, daß für die angestrebte Betrachtungsweise ebenfalls ein fiktives Nutzungskonzept erstellt werden muß.

In dieser geforderten Systematik lassen sich aber auch die Grenzen und Werthaltigkeit dieses Verfahrens aufzeigen.

So lange, wie in unserem Beispiel, eine Bebauung nach § 34 BauGB auf einem Grundstück zulässig ist, läßt sich Art und Maß der baulichen Nutzung relativ einfach an der Umgebungsbebauung ableiten.

Nach welchen Kriterien aber läßt sich eine mögliche Nutzungskonzeption auf einem beispielsweise 10 ha großen Areal darstellen?

Nachfolgend sollen in diesem Zusammenhang einige Punkte aufgezeigt werden, die als bestimmende Kenngrößen einen erheblichen Einfluß auf den Wert nehmen können:

1. Beispiel Ertragswertverfahren

Mieteinnahmen			
Sozialgebäude (Geb.Nr.2)	700 m²	7,00 DM/m²	58.800 DM
Werkstatt (Geb.Nr.3)	2.700 m²	6,50 DM/m²	210.600 DM
Bahngebäude (Geb.Nr.6)	420 m²	4,50 DM/m²	22.680 DM
Lager (Geb.Nr.7)	230 m²	4,50 DM/m²	12.420 DM
Garage/Lager (Geb.Nr.8)	330 m²	5,00 DM/m²	19.800 DM
Garagen	54 m²	4,00 DM/m²	2.592 DM
Stellplätze	60 Stck.	60,00 DM/Stck.	43.200 DM
Jahresmiete (netto/kalt)			370.092 DM
Nebenkosten			
Instandhaltung	8,00 %		
Betriebs-/Verwaltungskosten	3,00 %		
Mietausfallwagnis	4,00 %		
zusammen	15,00 %		55.514 DM
Jahresreinertrag			314.578 DM

Abb.55: Beispiel Ertragswertverfahren Teil a

Verzinsung des Bodenwertes			
Bodenwert	9.225 m²	350 DM/m²	
Bodenwertverzinsung	5,50 %p.a.	3.228.750 DM	177.581 DM
Ertragsanteil der baulichen Anlagen			136.997 DM
Liegenschaftszinssatz	5,50 %		
Restnutzungsdauer	30 Jahre		
Vervielfältiger	14,53		
Gebäude-Ertragswert			1.991.079 DM
Bodenwert			3.228.750 DM
Ertragswert			5.219.829 DM
abzgl. der zu erbringenden Sanierungsmaßnahmen, um einen vermietbaren Zustand zu erreichen			
Sanierungskosten	4.434 m²	300 DM/m²	1.330.200 DM
Restwert			3.889.629 DM

Abb.55.1: Beispiel Ertragswertverfahren Teil b

2. Beispiel Residualverfahren

1. Grunddaten

Das zu bewertende Grundstück ist derzeit bebaut, ein kompletter Abbruch ist vorgesehen. Die geplante Bebauung orientiert sich an der umliegenden Bebauung gem. § 34 BauGB.

2. Grundstücks- und Neubaudaten				
Grundstück	9.225 m²			
GFZ	0,91			
	Bruttogeschoßfläche		Nettogeschoßfläche	
Wohnen	8.400 m²	(100,0 %)	7.224 m²	86 % der BGF
Büro	0 m²	(0,0 %)	0 m²	0 % der BGF
Handel/Gewerbe	0 m²	(0,0 %)	0 m²	0 % der BGF
Produktion/Lager	0 m²	(0,0 %)	0 m²	0 % der BGF
Gesamt	8.400 m²		7.224 m²	86 % der BGF

Abb. 56: Beispiel Residualverfahren Teil a

3. Investitionskosten			
Freimachen/Erschließung			
Altlasten			0 DM
Abbruchkosten	21.950 m	50 DM/m³	1.097.500 DM
Erschließungskosten	9.225 m²	120 DM/m²	1.107.000 DM
Ablösungen	(Mietvertrag)		10.000 DM
			2.214.500 DM
Baukosten			
Wohnen	8.400 m²	1.800 DM/m²	15.120.000 DM
Büro	0 m²	0 DM/m²	0 DM
Handel	0 m²	0 DM/m²	0 DM
Produktion/Lager	0 m²	0 DM/m²	0 DM
Stellplätze	70 Stck	5.000 DM/Stck.	350.000 DM
Zwischensumme			15.470.000 DM
Baunebenkosten		14,00 %	2.165.800 DM
Außenanlagen inkl. Lärmschutz		6,00 %	928.200 DM
			18.564.000 DM
Finanzierungskosten			
Zinssatz	7,50%		
Zeitraum	18 Monate		2.088.450 DM
Projektsteuerung	5,00%		1.032.623 DM
Sonstiges/ Vertriebskosten			500.000 DM
Summe			24.899.573 DM
Unternehmergewinn	6,00%		1.493.974 DM
Gesamtprojektkosten			26.393.547 DM

4. Voraussichtliche Erträge			
Ermittlung des Verkaufserlöses für den Wohnungsanteil			
Wohnen	7.224 m²	4.500 DM/m²	32.508.000 DM
Stellplätze	70 Stck	8.000 DM/Stck	560.000 DM
Verkaufserlös Wohnungen/Stellplätze			33.068.000 DM
Gesamterlös			33.068.000 DM

Abb. 57 : Beispiel Residualverfahren Teil b

5. Residuum

(Ermittlung des Bodenwertes aus der Differenz von Erlös und Gesamtprojektkosten)

Gesamterlös		33.068.000 DM
abzgl. Gesamtprojektkosten inkl. Entwicklungsgewinn		-26.393.547 DM
Bodenwert brutto		6.674.453 DM
Grunderwerbskosten (Notar, Grunderwerbst. etc.)	5,00%	
Zwischenfinanzierung Grundstück		
Zinssatz	7,50%	
Zeitraum	24 Monate	
Bodenwert netto		5.527.497 DM
dies entspricht	599 DM/m² Grundstücksfläche	
	658 DM/m² Bruttogeschoßfläche	

Abb 58: Beispiel Residualverfahren Teil c

„Wahl" des Baurechts (z. B. B-Plan oder VEP) mit der damit nicht abschließend determinierten baulichen Nutzung der Flächen wie z. B. GE, MI oder eventuell sogar verschiede Nutzungstypen:

- Kommunale Auflagen oder Sonderwünsche wie z.B. Sonderabgaben für Kindertagesstätten bei der Ausweisung der Flächen als WA
- Unzureichende Werthaltigkeit des Maßes der baulichen Nutzung hinsichtlich der Baumassen und Geschossigkeit
- Umfang der Erschließungssystematik auf dem Areal sowie zu dem Grundstück
- zusätzlich geforderte Maßnahmen für entsprechende Bauflächen auf dem Grundstück wie z. B. Lärmschutzmaßnahmen
- Art und Umfang eventueller Altlasten mit dem damit verbundenen Sanierungsaufwand > Sanierungsbezogenes Nutzungskonzept!

Die vorgenannten Aspekte zeigen somit einige Restriktionen, welche allgemein bei der Wertermittlung großer Grundstücksflächen anfallen und nicht nur das Residualverfahren betreffen. Gleichzeitig soll aber auch im Ansatz der Auffassung entgegnet werden, die das Residualverfahren mit der eigentlichen Projektentwicklung (mit dem Teilergebnis Nutzungskonzept) gleichstellt.

5.2 Der Stellenwert der Wertermittlung im CRE

Der Anteil der Immobilien am Gesamtvermögen der Unternehmen beträgt je nach Wertansatz in vielen Fällen mehr als 50%.

Um das gesamte Grundstücksvermögen zu erfassen, stellen die verschiedenen Arten der Wertermittlung die Voraussetzung dar, diese Ressource finanz- und bilanztechnisch in das Unternehmensvermögen einzustellen.

Aus operativer Sicht stellt die Wertermittlung bei entbehrlichen Grundstücken die entscheidende Weiche in Richtung des gewählten Verwertungszieles.

In Anlehnung an Abb. 11 *(Verwertungsmodell)* sollen diese nochmals in zwei Möglichkeiten untergliedert werden:

1. *Verwertung* (Verkauf oder Erbbaurecht) des Areals „wie es steht und liegt"
2. *Aufwertung* der Flächen durch eine Projektentwicklung *und anschließende Verwertung* in der jeweils gewählten Phase (Modell I - III)

Aufgaben der Wertermittlung

Ziel der Möglichkeit 1 ist es, das Grundstück einer schnellen Vermarktung zuzuführen, um einen schnellen cash flow zu erreichen. Grundlage und Instrumentarium hierfür ist die Wertermittlung, deren Aufgabe es ist, den maximalen Grundstückspreis zu ermitteln, der für einen Investor gerade noch tragbar erscheint. Ohne daß dem Käufer/Investor die Chance bleibt, durch einen vertretbaren Kaufpreis, infolge seiner weiteren geplanten Maßnahmen eine für ihn akzeptable Rendite zu erwirtschaften, wird sich das betreffende Areal nicht verkaufen lassen.

Die Intention dieser Vorgehensweise kann unterschiedlich begründet sein Es wird bewußt auf eine Projektentwicklung und die damit verbundenen Möglichkeit, die komplette Wertabschöpfungskette zu durchlaufen (mit dem Ziel einer optimalen Rendite), verzichtet. Somit muß das Ziel sein, ein gutes Ergebnis durch einen möglichst hohen Preis aus dem Grundstücksverkauf zu erzielen. Diese Vorgabe wird somit auch die Wertermittlung verfolgen indem, durch das jeweils gewählte Verfahren, ein maximal möglicher (Verkaufs-)Wert ermittelt wird.

Ziel der Möglichkeit 2 ist es, durch eine Projektentwicklung die Wertabschöpfungskette zu durchlaufen, um somit eine nochmals gesteigerte Rendite zu erzielen (z. B. durch den Verkauf des Grundstücks incl. eines neu erstellten und vermieteten Gebäudes an einen Fond). Soll z. B. mit Projektpartnern eine gemeinsame Gesellschaftsform zur Verwertung des Areals gegründet werden, so liegt mit Sicherheit die Intention (und Akquisition) der jeweiligen Partner darin, eine gemeinsame Projektentwicklung ab dem ersten Schritt durchzuführen. Primärer Gedankengang des Grundstückseigentümers wird hierbei sein, das Grundstück in die Gesellschaft „einzubringen", möglichst wenig Eigenkapital zu binden und die Risiken, die jede Entwicklung trägt, auf die Partner zu übertragen. Deren Maxime wird es selbstverständlich sein, die Faktoren Kosten, Aufwand und Risiko mit dem ihnen zugesprochenen Ertragsanteil zu vergleichen. Dieser wiederum wird auf jeden Fall vom Ansatz des Grundstückswertes *vor* der Entwicklung beeinflußt, indem sich die Rendite der Projektpartner zwangsläufig durch den entsprechend festgelegten Grundstückswert verringert.

Gemeinsame Projektentwicklung

Die Wertermittlung muß dieser Vorgehensweise Rechnung tragen, indem die Bewertung des Grundstückes diese Ausgangssituation berücksichtigt (z.B. Ermittlung des Wertes hinsichtlich der Annahme des Areals als „brachliegende Industriefläche ohne Baurecht").

Im Rahmen des CRE werden unternehmenseigene, entbehrliche, oft flächenmäßig große Grundstücke verwertet und somit auch bewertet. In diesem Zusammenhang muß hierbei auf den Stellenwert des Faktors „Altlasten" hingewiesen werden. Im allgemeinen geht die Wertermittlung von einem altlastenfreien Grundstück aus, was meist mit dem Satz dokumentiert wird :

„Die Bewertung geht davon aus, daß das Grundstück frei von Altlasten ist. Eine derartige Analyse gehört nicht zum Auftragsbestand."

Besteht jedoch, speziell bei großen Flächenarealen, der Verdacht, daß der Boden ganz oder teilweise kontaminiert ist, wird es zwingend erforderlich, in einem vorgezogenen ersten Schritt entsprechende Erkundungsmaßnahmen (Gefährdungsabschätzung) durchzuführen.

Art und Umfang von Altlasten haben zum einen entscheidende Auswirkungen auf ein Nutzungskonzept (= Altlasten - sanierungsbezogen!), zum anderen kann der Umfang für entsprechende Sicherungs- oder Dekontaminationsverfahren mit dem damit verbundenen Kostenaufwand, den Verkehrswert eines Grundstücks sogar übersteigen und somit letztlich mit einem „negativen" Wert versehen.

Werden solche Tatbestände in einer Wertermittlung nicht berücksichtigt, ist die Aussagekraft dieses Gutachtens aus Sicht des Grundstückseigentümers ohne Realitätsbezug und somit inhaltlich untauglich!

5.3 Der Sachverständige für Wertermittlung

Der Sachverständige für Wertermittlung

Es gibt kein Gesetz, welches bestimmte Personen mit entsprechenden Qualifikationen für die Wertermittlung vorschreibt. Mit anderen Worten: jeder kann - zumindest theoretisch - als Sachverständiger aktiv sein.

In vergangener Zeit übten die Baumeister diese Tätigkeit aus, später waren es Architekten und Bauingenieure. Mittlerweile wird der Beruf auch von Maklern wahrgenommen, hinzu kommen noch Bankkaufleute, die sich aufgrund ihrer Marktkenntnisse auf diesem Arbeitsgebiet etabliert haben.

Bis dato gibt es kein Berufsgesetz für Sachverständige, was bedeutet, daß man für diese Berufsbezeichnung keine behördliche Zulassung benötigt.

Einteilung der Sachverständigen

Sachverständige lassen sich in nachfolgend aufgeführte sechs Gruppen einteilen:

1. freie oder auch selbsternannte Sachverständige
2. amtlich anerkannte Sachverständige
3. verbandsmäßig anerkannte Sachverständige
4. gerichtlich anerkannte Sachverständige
5. „verpflichtete" Sachverständige
6. öffentlich bestellte und vereidigte Sachverständige

In aller Regel sind nur die unter den Punkten 1, 3 und 6 aufgeführten Personengruppen tätig.

Freie Sachverständige

„Freie" Sachverständige sind alle, die zwar über das erforderliche Fachwissen verfügen (sollten), jedoch keinen öffentlich-rechtlichen Nachweis vorweisen können. Sie dürfen nicht den Anschein der öffentlichen Bestellung oder amtlichen Anerkennung geben. Es ist ihnen beispielsweise nicht erlaubt einen Rundstempel zu benutzen, da dies nur den öffentlich bestellten und vereidigten Sachverständigen vorbehalten ist.

Ist ein Sachverständiger Angehöriger eines Verbandes, so läßt diese Tatsache nicht automatisch auf einen höheren Qualifikationsgrad schließen. Dies könnte nur dann der Fall sein, wenn die Mitgliedschaft mit der Anerkennung und Einhaltung von Standesregeln, evtl. auch mit Fortbildungspflicht verbunden ist.

Die Bezeichnung „öffentlich bestellter und vereidigter Sachverständiger" ist gesetzlich geschützt und nur diesen vorbehalten. Die öffentliche Bestellung und Vereidigung erfolgt durch die Industrie- und Handelskammer (in Nordrhein-Westfalen und Rheinland-Pfalz durch die Architektenkammer). Durch die Überprüfung mittels öffentlicher oder halböffentlicher Instanzen soll eine besondere Fachkunde gewährleistet sein.

Im §36 der Gewerbeordnung sind die Voraussetzungen und Verpflichtungen, welche die Mitglieder besitzen bzw. einhalten müssen definiert. Unter anderem sind dies:

- ein Mindest- und Höchstalter,
- der Abschluß einer Berufshaftpflichtversicherung,
- mind. 5 Jahre Berufserfahrung,
- die Verpflichtung zur Fortbildung und zum Erfahrungsaustausch.

Ungeachtet der Qualifikation des Gutachters sind selbstverständlich die Aussagekraft und die Verwendbarkeit des Resultats der Wertermittlung (= der ermittelte Verkehrswert) maßgeblich.

6 Altlasten

Es ist nötig, die Umwelt vor schädlichen Einwirkungen heutiger und künftiger Eingriffe zu bewahren. Gleichzeitig ist es aber auch nötig, Gefahren abzuwehren und verbleibenden Risiken vorzubeugen, die aus früheren Zeiten stammen.

Als Gefahrenquellen früherer Zeit kommen häufig Abfallablagerungen und Standorte alter, stillgelegter Industrieanlagen in Betracht. Für diese Gefahrenquellen wurden verschiedene Begriffe geprägt. Im deutschen Sprachraum hat sich dafür der Begriff „Altlasten" durchgesetzt.

Einteilung der Altlasten

Altlasten lassen sich im wesentlichen in vier Hauptgruppen einteilen:

1. *Altablagerungen*, wie z.B.:
   Altdeponien, Müllkippen, Halden (Kohle-, Salz-, Erzbergbau), Absetzbecken, Verfüllungen.
2. *Altstandorte*, wie z.B.:
   Industrie- und Gewerbeflächen; chemische Fabriken; Kokereien, Teerverarbeitung; Gaswerke; Tankstellen; Umschlagplätze der Eisenbahn, Metallhütten, Oberflächenveredlungsbetriebe; Färbereien.
3. *Großflächige Bodenbelastungen mit diffusem Schadstoffgehalt*, wie z.B.:
   Immissionsbelastete Flächen über den Luftweg (radioaktive Stoffe, Schwermetalle); Bodenbelastung bei Flußüberschwemmungen; Fremdstoffeintrag beim Aufbringen von Abwasser, Klärschlamm und Fäkalien; Verunreinigung von Böden und Gewässern durch Transportunfälle; Gleisnetze.
4. *Rüstungsaltlasten bzw. Kriegsfolgelasten*, wie z.B.:
   (zerstörte) Rüstungsbetriebe; Lager für Munition und Kampfmittel, Produktionsrückstände; Vergrabungen für Munition und Kampfmittel.

Falls eine analytische Untersuchung einer Fläche und die Bewertung der vorgefundenen Verhältnisse eine Gefährdung für Mensch und Umwelt darstellen, gilt eine solche Fläche als Altlast.

Neben den Belastungen der Umwelt und den direkt von Altlasten ausgehenden Gefahren müssen auch soziale und wirtschaftliche Auswirkungen bei Sanierungsvorhaben berücksichtigt werden.

So können auf ein Unternehmen zukommende finanzielle Forderungen, insbesondere beim Vorliegen schwerer Verunreinigungen mit Sanierungsgebot, dessen wirtschaftliche Substanz gefährden oder sogar vernichten.

Als soziale Folgen daraus ergeben sich, speziell in Gebieten mit hohem Anteil an sanierungsbedürftigen Altlasten, negative Auswirkungen auf die Beschäftigungssituation der Bewohner in diesem Gebiet.

6.1 Erkundung und Erfassung von Altlasten

Da, wie bereits erwähnt, nicht von jeder alten Deponie oder jedem alten Industriegebiet eine Gefahr für Menschen und die Umwelt ausgeht, ist die Erfassung und Kartierung von altlastenverdächtigen Flächen nur der erste Schritt.

Anschließend müssen weitere Untersuchungen und Erkundungsarbeiten folgen, um zu einer Bewertung, des von einer Altlast ausgehenden Gefährdungspotentials, zu kommen.

Das Procedere bei dieser Vorgehensweise erfolgt stufenweise in folgenden Phasen (gemäß Abb. 59):

1. Erfassung
2. Gefährdungsabschätzung
3. Sanierung und Überwachung

Erfassung altlastenverdächtiger Flächen

Für eine systematische, flächendeckende Erfassung altlastenverdächtiger Flächen setzt man zwei sich ergänzende Verfahren ein:

1. deduktives Verfahren
2. heuristisches Verfahren

Überwiegend wird das deduktive Verfahren angewendet. Die Grundlage für die Feststellung einer Beeinträchtigung stellt bei diesem Verfahren das Herausfin-

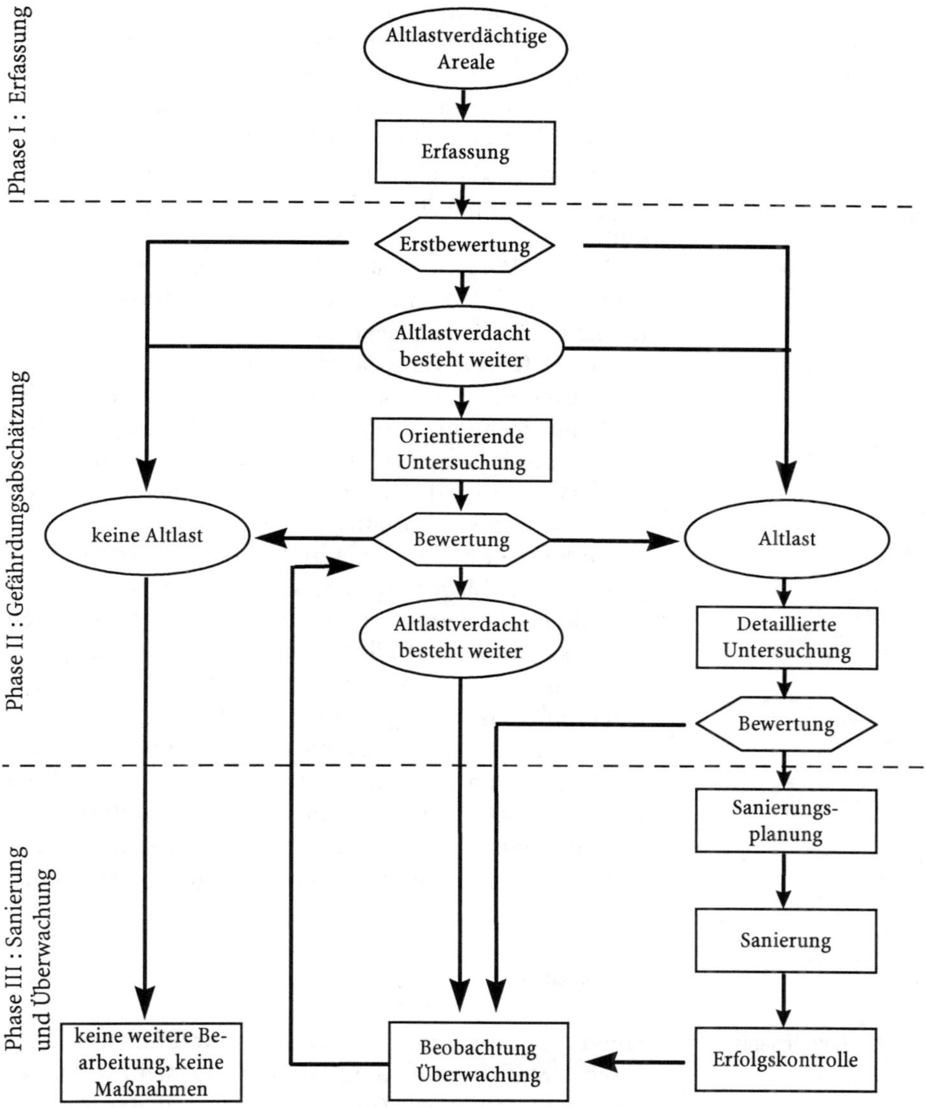

Abb. 59: Systematik der Vorgehensweise bei Altlastenerkundung/- erfassung

den des Zusammenhangs zwischen den angewendetenProduktionsverfahren und den sich daraus ergebenden Ablagerungsstätten für Schadstoffe dar.

Bezieht man in diese Betrachtung noch geologische und hydrogeologische Verhältnisse vor Ort mit ein, so ergibt sich schon zu einem sehr frühen Zeitpunkt eine Bewertungsmöglichkeit für die zu erwartende Gefährdung.

Ist das Vorgehen nach dem deduktiven Verfahren nicht möglich, wenn z.B. keine Anhaltspunkte für potentielle Altlasten vorliegen, so muß nach dem heuristischen Verfahren vorgegagen werden. Charakteristisch für dieses Verfahren ist, daß ein betreffendes Gebiet flächendeckend mittels Karten- und Lufbildauswertung sowie durch Begehen untersucht wird. Dabei beschränkt sich die Erfassung auf das Sammeln, Sichten und Bewerten von vorhandenen Informationen.

So können z. B. örtliche und räumliche Abgrenzungen von Altablagerungen und Altstandorten anhand von altem Kartenmaterial oder anhand von aktuellen und historischen Luftbildern bzw. aus der Sichtung von Unterlagen in Behörden und Ämtern oder das Befragen der Bevölkerung gewonnen werden.

Durch eine solche Bestandsaufnahme wird eine erste Beurteilung bzw. eine Einstufung des altlastenverdächtigen Standorts möglich. Für eine endgültige Beurteilung eines solchen Altlastenverdachtsfalls müssen jedoch noch weitere Untersuchungen geplant werden.

6.2 Sanierung

Begriff Sanierung

Unter Sanierung versteht man die Durchführung technischer Maßnahmen, durch die sichergestellt wird, daß von einer Altlast im Zusammenhang mit der vorhandenen oder geplanten Nutzung keine Gefahr für Leben und Gesundheit von Menschen oder anderer Schutzgüter (z.B. Reinheit des Wasserhaushalts) ausgehen. Diese Maßnahmen sollen gewährleisten, daß von der Altlast nach der Sanierung keine Gefährdung bzw. nur geringe, bekannte und kontrollierbare Beeinträchtigungen hervorgerufen werden.

Für Sanierungsmaßnahmen stehen Sicherungs- und Dekontaminationsverfahren zur Verfügung.

6.3 Sicherungsverfahren

Erläuterung Sicherungsverfahren

Als Sicherungsverfahren wird das Ergebnis von technischen Maßnahmen verstanden, durch welches die Ausbreitung, der in einer Altlast vorhandenen Schadstoffe über Ausbreitungsmedien und Einwirkungspfade zu Schutzgütern verhindert oder verringert bzw. ein unmittelbarer Kontakt mit den kontaminierten Medien ausgeschlossen wird.

Das Schadstoffinventar bleibt bei einer Sicherung erhalten. Diese stellt unter Umständen nur eine zeitlich befristete Lösung dar, deren ausreichende Wirksamkeit überwacht werden muß. Sicherungsmaßnahmen können zur Gefahrenabwehr oder Gefahrenvorsorge durchgeführt werden (gemäß Abb. 60).
Zu den Sicherungsverfahren zählen:

Immobilisierungsverfahren

Immobilisierungsverfahren

Maßnahmen, die einen Kontaminationskörper derartig beeinflussen, daß die Verfügbarkeit der Schadstoffe oder der kontaminierten Materialien für Emissionsvorgänge, wie Auslaugen, Gasbildung oder Verwehrung, herabgesetzt wird. Ziel dieser Maßnahmen ist die Verhinderung oder Verminderung der Freisetzung von Schadstoffen durch Hemmung der Mobilität und der Mobilisierbarkeit der Schadstoffe oder der kontaminierten Materialien selbst (z.B. Abfälle, Sickerflüssigkeiten oder verunreinigtes Erdreich).

Einschließungsverfahren

Einschließungsverfahren

Maßnahmen die mit dem Einsatz technischer Barrieren arbeiten und eine Unterbrechung der Wirkungspfade zwischen Schadstoffquelle und Schutzgut bewirken; solche Barrieren sind:

- horizontale Abdichtungssysteme wie z.B. Oberflächenabdichtung, Basisabdichtung, Untergrundabdichtung
- vertikale Abdichtungssysteme wie z.B. Dichtwände

Sicherungsverfahren haben alle eine begrenzte Lebensdauer. Nach 20-100 Jahren müssen die Maßnahmen erneut durchgeführt werden.

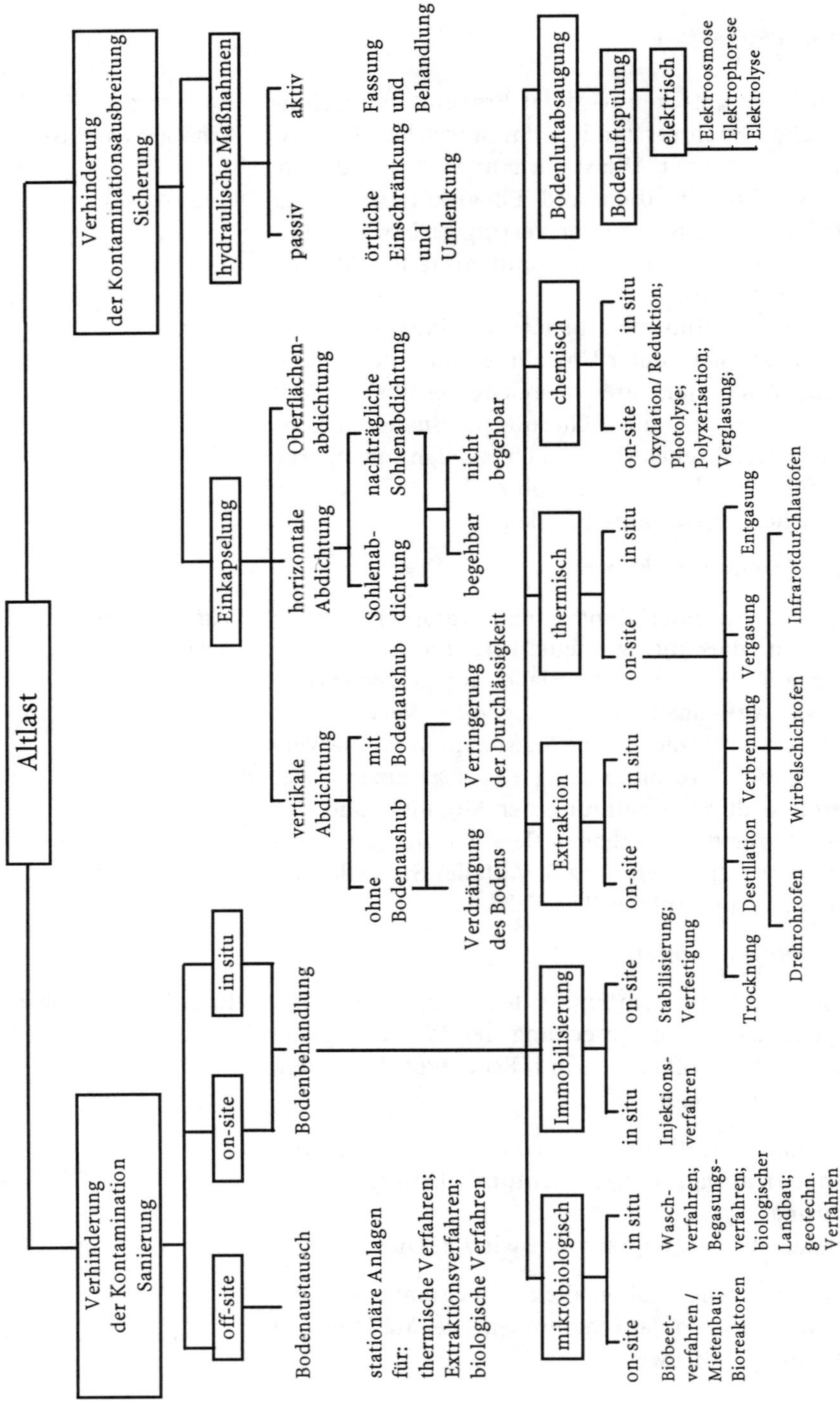

Abb. 60: Darstellung der verschiedenen Verfahren

6.4
Dekontaminationsverfahren

Dekontaminationsverfahren sind technische Verfahren zur Beseitigung, Umwandlung oder Verringerung von umweltgefährdenden Stoffen in Boden, Wasser und Luft. Diese Verfahren lassen sich nach ihrer Charakteristik (z.B. Verbrennung, Mikrobiologie, Extraktion) oder nach dem Ort ihres Einsatzes in folgende Verfahren unterscheiden:

- off-site
- on-site
- in-situ

a) off-site-Sanierungstechnik

off-site-Sanierungstechnik

Diese läßt sich prinzipiell in drei Verfahren einteilen und erfolgt i.d.R. durch sog. „Entsorgungszentren“:

1. Thermische Bodenreinigungsverfahren
2. Bodenwaschverfahren
3. Mikrobiologische Bodenreinigungsverfahren

1. Thermische Bodenreinigungsverfahren

Bei den thermischen Bodenreinigungsverfahren kann man wieder zwei von der Verfahrenstechnik verschiedene Verfahren abgrenzen:

- Hochtemperaturverfahren
- Niedertemperaturverfahren

Hochtemperaturverfahren

Das Hochtemperaturverfahren ist dadurch gekennzeichnet, daß die Schadstoffe durch Aufheizen des Bodens in die Gasphase überführt werden und anschließend, in einer „Nachbrennkammer“ bei etwa 1200°C und bestimmten, vorgegebenen Aufenthaltszeiten, vollständig oxidiert werden.

Entstehende Rauchgase werden in einer anschließenden, meist sehr aufwendigen Abluftreinigungsanlage nach den gesetzlichen Vorschriften gereinigt.

Niedertemperaturverfahren

Das Ziel des Niedertemperaturverfahrens ist es, ähnlich wie beim Hochtemperaturverfahren, die im Boden befindlichen Schadstoffe in die Gasphase zu überführen. Man wählt bei diesem Verfahren die Temperaturen so, daß chemische Reaktionen, insbesondere Oxidation, vermieden werden.

Daher liegen die Temperaturen bei diesem Verfahren i.d.R. unter 500 °C. Durch diese niedrige Temperatur kann auch die Bildung von Dioxinen vermieden werden.

Um zufriedenstellende Reinigungsleistungen zu erreichen, müssen zur Schadstoffentfernung technische Maßnahmen angewendet werden z. B. Durchströmung des Bodens mit Heißluft, Vakuumanlagen und Durchströmen des Bodens mit Heißdampf usw..

2. *Bodenwaschverfahren*

Bodenwaschanlagen

Die Bodenwaschanlagen sind aus ökologischer Sicht höher zu bewerten als die thermischen Verfahren. Ein Problem der Bodenwaschverfahren ist, daß bei diesen Verfahren die zu entsorgende Menge an Reststoffen hoch ist, da 10 % bis maximal 30 % als Restschlämme nach der Bodenwäsche anfallen. Oft werden nach einer Bodenwäsche die Reststoffe in einem Niedertemperaturverfahren weiterbehandelt.

Der Reinigungseffekt der verschiedenen Bodenwaschanlagen beruht darauf, daß der zu behandelnde Boden zuerst in verschiedene Fraktionen separiert wird. Diese verschiedenen Bodenfraktionen sind i.d.R. auch verschieden stark kontaminiert. Im Feinkornanteil des Bodens findet sich normalerweise der größte Teil an Schadstoffen wieder.

Die Anwendbarkeit der Bodenwäsche wird vor allem durch die Bodeneigenschaften beschränkt.
Um zu klären, ob man ein Bodenwaschverfahren anwenden kann, muß ein Vorversuch durchgeführt werden.

3. *Mikrobiologische Bodenreinigungsverfahren*

Einsatz von Mikroorganismen

In der Regel werden selektierte oder adaptierte Mikroorganismen (MO) eingesetzt (evtl. auch genetisch manipuliert), welche bevorzugt einzelne Stoffe abbauen. Bei Stoffgemischen wird auch ein MO-Cocktail verwendet, der auf das jeweilige Stoffgemisch abgestimmt ist.

Die Mikroorganismen werden dem kontaminierten Erdreich beigefügt.

In Laborversuchen konnte schon der Abbau einer Vielzahl verschiedener Chemikalien durch Mikroorganismen nachgewiesen werden.

Hauptsächlich setzt man mikrobiologische Verfahren zum Abbau folgender Stoffe ein:

- Mineralölkohlenwasserstoffe (MKW)
- aromatische Kohlenwasserstoffe (BETX)
- polyzyklische aromatische Kohlenwasserstoffe (PAK)
- Phenole

Die Vorteile dieser Sanierungstechnik sind:

- Lagerung in Deponie möglich
- bei Lagerung in Deponie erfolgt schnelle Übergabe der Verantwortung an Transportunternehmen oder Deponiebetreiber
- durch Transport sind alle Sanierungsverfahren anwendbar

Die Nachteile sind:

- bei Wiedereinbau hohe Transport- und somit insgesamt hohe Sanierungskosten
- anfallende Kosten bei Deponielagerung für Abfallentsorgung
- bei notwendiger Wiedereinfüllung und Deponielagerung zusätzliche Kosten für neues Einbaumaterial

b) on-site-Sanierungstechniken

on-site-Sanierungstechniken

Das on-site-Verfahren entspricht im Prinzip hinsichtlich Technik und Anwendbarkeit dem off-site-Verfahren, allerdings mit mobilen Anlagen.

Für dieses Sanierungsverfahren muß die Verfügbarkeit einer „Arbeits- und Auslagerungsfläche" gewährleistet sein.

Der Verfahrensablauf umfaßt folgende Maßnahmen:

1. Auskofferung
2. Dekontamination
3. Wiedereinbau

Die Vorteile dieser Technik lassen sich in folgenden Punkten zusammenfassen:

- Der Verbleib von Reststoffen im Erdreich kann nahezu ausgeschlossen werden
- Durch Sanierungsmaßnahmen entstehende Grundwasserverunreinigung kann unterbunden werden
- Sanierungszeiträume entsprechen der off-site-Sanierung

- Geringerer Kostenaufwand durch Wegfall von Deponie- und Transportkosten
- Hoher Abreinigungsgrad mit kontrollierbarem Ergebnis

Die Nachteile des Verfahrens sind:

- Erdreich muß nach Sanierung aus wirtschaftlichem Gebot wieder einbaubar sein
- erhöhter Flächenbedarf für den Zeitraum der Sanierungsmaßnahme
- evtl. Genehmigungspflicht für mobile Anlagen

c) in-situ-Sanierungstechniken

in-situ-Sanierungstechniken

Bei den in-situ-Sanierungstechniken kann der Boden, im Gegensatz zu den off-site-Verfahren, an Ort und Stelle verbleiben.

Dies bringt einige Vorteile mit sich:

- geringere Sanierungskosten
- Sanierung ist auch unter bebauten Flächen möglich
- die Umwelt wird weniger beeinträchtigt (keine Baugrube, kein Lärm)

Als Nachteile dieser Verfahrensgruppe sind zu nennen:

- langes Andauern der Sanierungsmaßnahme (teilweise einige Jahre)
- Beschränkung auf einige Gefahrstoffe
- nur geringe Kontrolle über den Sanierungsfortschritt möglich
- vollständige Dekontamination nicht immer möglich

Erreicht eine mikrobiologische in-situ-Sanierung einen Abreinigungsgrad von 70-80%, so ist sie schon erfolgreich (bei off-site-Verfahren werden Abreinigungsgrade von 90% erreicht). In vielen Fällen kann auch der Abreinigungsgrad nicht genau bestimmt werden, da die genaue Schadstoffbelastung weder am Ende, noch am Anfang der Sanierungsmaßnahme bekannt ist.

Der schlechte Abreinigungsgrad von in-situ-Verfahren ist darin zu sehen, daß durch diese Maßnahmen nur mobile Schadstoffe erfaßt werden können.

Insgesamt stellen die in-situ-Sanierungsmaßnahmen eine aus wirtschaftlicher und ökologischer Sicht interessante Alternative dar, da sie billiger und umweltschonender als andere Verfahren sind.

Folgende in-situ-Sanierungsverfahren werden derzeit angewendet:

1. Mikrobiologische in-situ-Sanierungen
2. Hydraulische und pneumatische in-situ-Verfahren

1. Mikrobiologische in-situ-Sanierungen

Die Grundlagen dieses Verfahrens sind die gleichen wie bei der mikrobiologischen off-site-Sanierung.

Von gesteigerter Bedeutung bei diesem Verfahren sind jedoch die Bodeneigenschaften, da man diese bei einem off-site-Verfahren nachträglich noch beeinflussen kann, was bei einem in-situ-Verfahren nicht möglich ist.

Wenig geeignet sind für dieses Verfahren vor allem Böden mit einer geringen Wasserdurchlässigkeit.

2. Hydraulische und pneumatische Verfahren

Die hydraulischen Verfahren lassen sich wieder in die folgenden Verfahren unterteilen:

- Entnahmeverfahren
- Spülverfahren
- Grundwasserzirkulationsbrunnen

Für die Anwendbarkeit eines hydraulischen Verfahrens ist entscheidend, ob der Schadstoff im Wasser löslich ist oder nicht. Nur falls der Schadstoff wasserlöslich ist, kann ein hydraulisches Verfahren angewendet werden.

Die pneumatischen Verfahren lassen sich wieder in die folgenden Verfahren unterteilen:

- Bodenluftabsaugung
- Bodenluftspülung (Verfahren mit Luftzufuhr)
- koaxiale Grundwasserbelüftung. Entscheidend für die Anwendbarkeit eines pneumatischen Verfahrens ist der Dampfdruck der entsprechenden Chemikalie

6.5 Sekundärtechniken

Bei der Anwendung von Dekontaminationsverfahren treten Stoffe auf, die weiterbehandelt werden müssen:

- kontaminiertes Abwasser

- kontaminierte Abluft
- Restschlämme oder andere Reststoffe

Sekundärmaßnahmen

Die zur Entsorgung dieser Stoffe angewendeten Verfahren werden als Sekundärmaßnahmen bezeichnet. Die eigentliche Schadstoffvernichtung geschieht bei der Altlastensanierung häufig erst durch die Anwendung der Sekundärtechnik.

Die Sekundärtechnik hat im Rahmen der Altlastensanierung eine wichtige Position. Hier wird letztendlich entschieden, wie erfolgreich ein Sanierungsvorhaben ist, denn in diesem werden die letzten und entscheidenden Schadstoffe entfernt.

Auch für eine insgesamt positive Umweltbilanz ist der Beitrag der Sekundärtechnik sehr wichtig.
Folgende Sekundärtechniken sind heute im Einsatz:

- UV-Oxidation zur Abreinigung von CKW-kontaminiertem Wasser
- katalytische Oxidation von KW und CKW in Luft (durch Katalysator bei Temperaturen von 300-400 °C möglich)
- Gaswaschverfahren

In Konkurrenz zu diesen Verfahren stehen Verfahren mit Aktivkohlefiltern. Diese führen jedoch zu keiner echten Schadstoffvernichtung, da sich die Schadstoffe in der Aktivkohle anreichern. Die Aktivkohle muß dann entsorgt werden (z.B. durch Verbrennen).

6.6 Zusammenhänge Projektentwicklung und Altlasten

Definition Altlasten

Altlasten sind Altablagerungen und Altstandorte, sofern von ihnen Gefährdungen für die Umwelt, insbesondere für die menschliche Gesundheit ausgehen oder zu erwarten sind.

Im Rahmen des CRE erhalten Altlasten einen sehr hohen Einflußfaktor auf die gesamte Entwicklungsmaßnahme, da hierbei die im Bestandsportfolio befindlichen Flächen eines Unternehmens (und somit auch evtl. belastete Grundstücke oder deren Teilflächen) verwertet werden sollen. Dies bedeutet, daß bei der Verwertung eines kontaminierten Grundstücks, der Kostenaufwand der erforderlichen Sanierungsmaßnahmen einem zu erzielenden Verwertungserlös entgegensteht und somit als elementarer Bestandteil in die Wirtschaftlichkeitsberechnung einfließt. Eine detaillierte Wirtschaftlichkeitsberechnung wiederum bezieht sich grundsätzlich auf das entsprechend entwickelte Nutzungskonzept, und in dieser Wechselbeziehung liegt letztlich ein entscheidender Ansatz.

Im Gegensatz zum „normalen" Ablaufplan der Projektentwicklung (gemäß Abb. 7), der im Rahmen der Wirtschaftlichkeitsberechnung hierfür nur einen unerheblichen Kostenaufwand präjudiziert, erhält ein Stufenplan unter der Kenntnis oder Annahme vorhandener Altlasten eine geänderte Zuordnung und Reihenfolge.

Aus der strategischen Sichtweise eines CRE wird die Entwicklung eines altlastenbezogenen Sanierungs- bzw. Nutzungskonzepts erforderlich sein.

Bevor die Systematik anhand eines Beispiels verdeutlicht wird, sollen folgende drei Thesen aufgestellt werden:

1. Vermarktungstechnischer Aspekt
2. Baurechtlicher (städtebaulicher) Aspekt
3. Altlastensanierungstechnischer (ökonomischer) Aspekt

Bei einer Verwertungskonzeption (Nutzungs-konzept) haben nchfolgende drei Einflußparameter einen gleichartigen Stellenwert und erzeugen somit eine Affinität, d.h. sie stehen in einem Abhängigkeitsverhältnis zur Altlastenproblematik.

1. Vermarktungstechnischer Aspekt

Einflußparameter auf das Nutzungskonzept

Aus Sicht einer Standortanalyse (Mikro- und Makrostandort) wird unter Berücksichtigung und Abwägung der Ergebnisse der Analyse ein Nutzungskonzept erstellt. Dieses Nutzungskonzept fließt in einen Bebauungsvorschlag ein. Aus *vermarktungstechnischer* Sicht der Analyse wird zum Beispiel in diesem Konzept ein Wohngebiet propagiert Die Altlastenerkundung ergibt, daß der Sanierungsaufwand für diesen Nutzungstyp so hoch ist, daß die Wirtschaftlichkeit (Rendite) nicht mehr darzustellen ist.

Folge:
Aus rein vermarktungstechnischer Sicht ist der wirtschaftliche Erfolg eines Projekts nicht gegeben.

2. *Baurechtlicher (städtebaulicher) Aspekt*

Aus Sicht der Genehmigungsfähigkeit einer Nutzungsvariante wird ein Bebauungsvorschlag erstellt. Als Beispiel dient ein Flächenareal inmitten eines umgebenen Wohngebiets. Aus genehmigungsrechtlichem Aspekt liegt auch hier eine Ausweisung der zu vermarktenden Flächen als Wohngebiet nahe. Die Altlastenerkundung ergibt, daß der Sanierungsaufwand für diesen Nutzungstyp so hoch ist, daß nur die Nutzung als Gewerbegebiet aus wirtschaftlichen Gesichtspunkten in Frage kommt.

Die Ausweisung der Flächen als Gewerbegebiet wird allerdings seitens der kommunalen Planungsbehörde aus städtebaulichen Gründen nicht akzeptiert.

Folge:
Aus rein *baurechtlichen* Aspekten ist die Umsetzung der Projektidee nicht möglich.

3. *Altlastensanierungstechnischer (ökonomischer) Aspekt*

Aus Sicht der Altlastenerkundung kommt aus sanierungstechnisch-ökonomischen Aspekten nur eine Ausweisung der Flächen als Industrieflächen in Frage.

Die Beispielflächen liegen wiederum inmitten eines Wohngebiets. Weder aus vermarktungs- noch aus genehmigungstechnischer Sicht wird eine derartige Nutzung als Industriefläche zur wirtschaftlichen Realisierung des Projektes führen.

Folge:
Aus rein *sanierungstechnischen (ökonomischen)* Aspekten ist die Umsetzung nicht möglich.

Diese drei Beispiele mit den jeweiligen Aspekten Vermarktung, Baurecht und Altlasten zeigen, daß nur im *Konsens* dieser Kriterien und unter Abwägung der einzelnen Einflußfaktoren, zu einem möglichst frühen Projektstatus, eine Entscheidung zu einer erfolgreichen Projektumsetzung herbeigeführt werden kann (gemäß Abb. 61).

Die Systematik eines altlastenbezogenen Sanierungs- bzw. Nutzungskonzepts kann somit nur in Konsens und Zusammenarbeit mit den kommunalen Planungs- und Fachbehörden erfolgen.

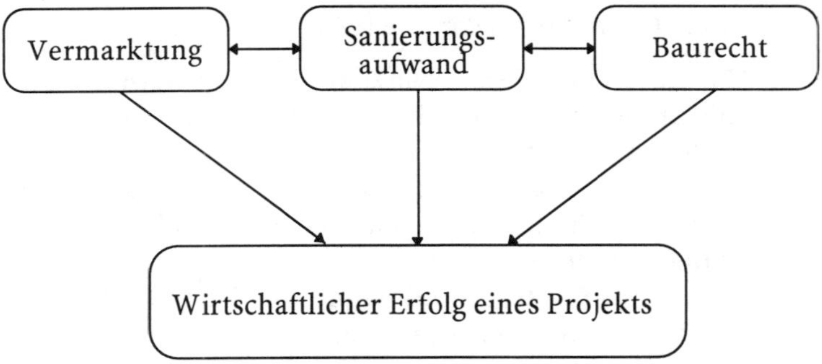

Abb. 61: Stützen des wirtschaftlichen Erfolgs eines Projekts

Mögliche Szenarien für Sanierungskonzepte

Hinsichtlich eines Sanierungskonzepts für einen Standort sind folgende Szenarien bzw. Varianten vorstellbar:

- Nutzungsparallelität;
  Beibehaltung der bisherigen Nutzung ohne bauliche Veränderungen
- Nutzungsparallelität;
  Beibehaltung der bisherigen Nutzung mit baulichen Veränderungen (mit oder ohne Bodenbewegung);
- Nutzungsänderung;
  höherwertige Nutzung geplant;
- Nutzungsänderung;
  geringwertige Nutzung geplant (unwahrscheinlich);
- Nutzungsparallelität; nicht spezifiziert bzw. Multifunktionalität angestrebt (meist unwirtschaftlich).

Ziel eines entsprechend koordinierten Altlastenmanagements (Koexistenz zwischen Flächennutzungsmanagement und Bodensanierung) wird es sein, kurz nach dem „Projektstart" die Bezugsdaten für die Belastung des Areals zu ermitteln.

Stufenpläne Altlastenmanagement

Ein solches Altlastenmanagement kann in verschiedene Stufenpläne gegliedert werden, wobei entsprechende Arbeitsabläufe inhaltlich folgendermaßen aussehen werden:

Stufe I: Erfassung und Erstbewertung (Erstellung Altlastenkataster)

Stufe II: Sanierungsvorbereitung(Sanierungsplanung/ Untersuchung Gefährdungsabschätzung)

Stufe III: Sanierungsdurchführung

Stufe IV: Nutzungsvorbereitung

Für das Erstellen eines Nutzungskonzepts werden unter diesem Aspekt, die ermittelnden Daten der Stufe II, im Rahmen einer technisch orientierenden Untersuchung sowie bei Bestätigung des Altlastenverdachts, zusätzlicher Detailuntersuchungen, Arbeits- und Entscheidungsgrundlage sein.

Im Auftrag der DB AG wurde von der ECOS Umwelt GmbH aus Aachen eine detaillierte Expositions- und Risikoabschätzung für ein Areal der Bahn in Köln erarbeitet. Nutzwert und Systematik dieser Darstellung soll nun als Beispiel gezeigt werden:

Beispiel

Nachdem in einem ersten Arbeitsschritt die Daten der geotechnisch orientierenden Untersuchung durch Sondierungsbohrungen ermittelt wurden, erfolgte die Ausarbeitung und zusammenfassende zeichnerische Darstellung.

Das zu untersuchende Areal wurde in einzelne Flächensegmente unterteilt und die jeweiligen Ergebnisse wurden in Form einer „Prüfplakette" mit entsprechender Farbgebung und Nummerierung eingezeichnet.

Anhand dieser optischen Darstellung (gemäß Abb. 63) ist es nun relativ einfach, unter dem Aspekt Altlasten, eine entsprechend präsumtive Nutzungsmöglichkeit aufzuzeigen. In mehreren gemeinsamen Arbeitsschritten und Meetings wird diese Plandarstellung mit den entsprechenden Vertretern der kommunalen Behörden durchgesprochen, bis ein Konsens sowie die Akzeptanz aller beteiligten Parteien hinsichtlich der angestrebten Nutzungskonzeption erreicht wird.

Ziel ist wiederum der wirtschaftliche Erfolg (als Grundlage für die Umsetzung eines Projekts) unter den Aspekten Sanierungsaufwand, Baurecht (Städtebau) und Vermarktung.

Dabei haben die Farbbereiche, in Abängigkeit der jeweiligen Nutzungsart, folgende Bedeutung:

1. Im *Grün-Bereich* ist mit hinreichender Wahrscheinlichkeit keine Gefahr zu erwarten.

2. Im *Gelb-Bereich* wächst die Wahrscheinlichkeit einer Gefahrensituation, die zu einer schädlichen Beeinflussung der menschlichen Gesundheit führen kann. Eine Gefahrensituation, bei der mit hinrei-

chender Wahrscheinlichkeit eine Schädigung zu erwarten ist, wird jedoch nicht erreicht.

3. Erst im *Rot-Bereich* ist mit hinreichender Wahrscheinlichkeit von einer Gefahrensituation und einer schädlichen Beeinflussung der menschlichen Gesundheit auszugehen.

	Farbe	Bedeutung
Gefahrenwert HV < 1	Grün	keine Gefahr
Gefahrenwert 1 < HV < 10	Gelb	Überschreitung der Bedenklichkeitsschwelle
Gefahrenwert HV > 10	Rot	Gefahrenschwelle überschritten

Abb. 62: Farbbereiche Altlasten

Ergebnis der Risikobeurteilung:

Die Farbbereiche (Gefährdungen) ergeben sich als Funktion aus der Kontamination und der vorgesehenen Nutzung der Flächen, d.h. unterschiedliche Gefährdungen bei gleicher Kontamination aber unterschiedlicher Nutzung.

Abschließend sollen die wichtigsten Leitlinien im Zusammenhang zwischen Altlasten und CRE nochmals zusammengefaßt werden:

- Altlastenmanagement = Bodensanierung + Flächennutzungsmanagement.
- Die Bodensanierung erfolgt flächennutzungsorientiert, d.h. das zukünftige Flächennutzungskonzept muß vor Beginn der Maßnahme festgelegt und abgestimmt sein.
- Flächennutzungskonzepte werden (unter rein wirtschaftlichen Aspekten) in Bezug auf die jeweils notwendigen Sanierungsmaßnahmen entwickelt, das bedeutet Bezug der Nutzungstypen auf die jeweiligen Kontaminaten.

Eine Sanierung erfolgt unter präventiver Nutzungsorientierung, d.h. erneute Kontamination muß vermieden, zumindest reduziert werden.

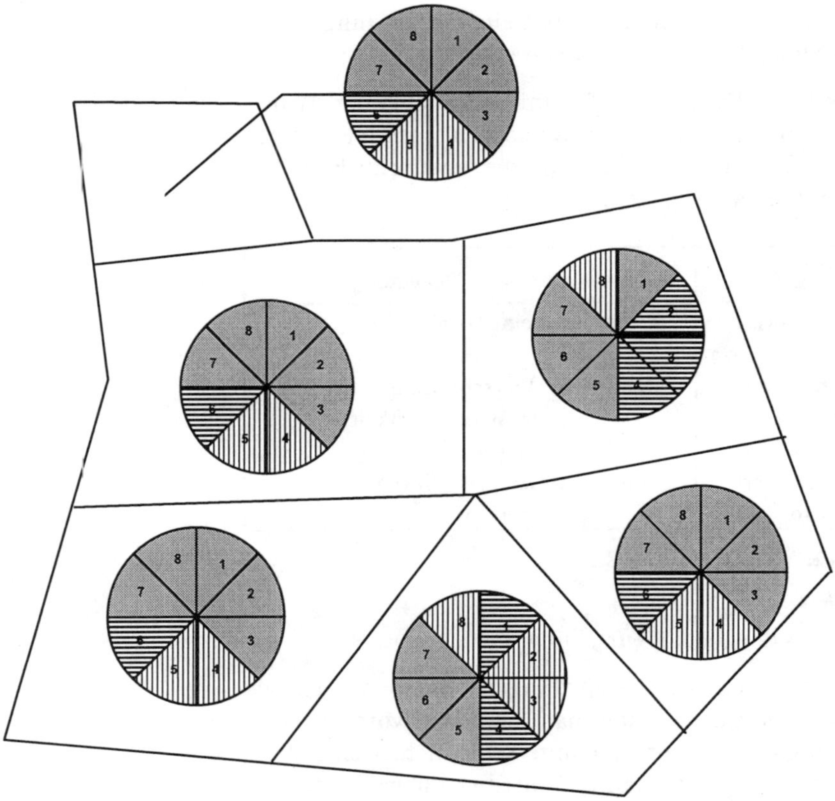

- keine Analyse
- Gefährdung nicht auszuschließen - rot
- Gefährdung hinreichend unwahrscheinlich - gelb
- Gefährdung ausreichend unwahrscheinlich - grün

1. Wohnhaus mit Hof- und Grünfläche
2. Wohnhaus mit Nutzgarten (Gemüseanbau)
3. Kinderspielplatz
4. Park-und Grünfläche
5. Gewerbegebäude und unversiegelte Fläche
6. unversiegelte Gewerbe-/Industriefläche
7. Verkehrsfläche
8. Grundwasserschutz

Abb. 63: Altlasten - Ampelkarte

Die Bodensanierung erfolgt in einem Maßnahmenschritt unterteilt in einzelne Vorhaben, d. h. die Sanierung erfolgt nicht in inhaltlich getrennten Teilschritten, wie z. B. erst sichern, später sanieren.

7 Denkmalschutz

7.1 Einführung

In diesem Teilabschnitt sollen die Grundlagen des Denkmalschutzes in der Bundesrepublik Deutschland erläutert werden. Dabei beziehen sich die Ausführungen vor allem auf die Gesetzgebung der alten Bundesländer, da die Denkmalschutzgesetze der neuen Länder auch in der Literatur bisher eher selten erwähnt und diskutiert werden.

Die Denkmalschutzgesetze dienen dem Schutz eines erhaltenswerten Objekts vor dem Eigentümer.[26] Dabei sollen die Befugnisse des Eigentümers beschränkt und der behördlichen Kontrolle unterworfen werden, um die Erhaltung des Denkmals zu sichern.

Es stellt sich aber die Frage, wie intensiv der Eigentümer in der Ausübung seiner Befugnisse durch die Behörde beschränkt werden darf. Es ergibt sich ein Spannungsfeld zwischen den Interessen des Denkmalschutzes und den Interessen des Eigentümers. Die Interessen des Eigentümers werden in Art. 2 und Art. 14 GG fixiert.[27]

Die Interessen des Denkmalschutzes sind in den Denkmalschutzgesetzen verankert. Im weiteren wird

---

26 Begründung zum HessDSchG, Hessischer Landtag, Drcks. 7/3958, S.10

27 Art. 2: „(1) Jeder hat das Recht auf die freie Entfaltung seiner Persönlichkeit, soweit er nicht die Rechte anderer verletzt und nicht gegen die verfassungsmäßige Ordnung oder das Sittengesetz verstößt. ...“
Art. 14: „(1) Das Eigentum und das Erbrecht werden geleistet. Inhalt und Schranken werden durch die Gesetze bestimmt.

nur der Baudenkmalschutz betrachtet. Der Schutz von Boden und von beweglichen Denkmälern soll nicht dargestellt werden.

Das Denkmalschutzrecht liegt gemäß Art. 70 Abs. 1 GG[28] in der Gesetzgebungskompetenz der Länder (Bodenrecht in der Kompetenz des Bundes nach Art. 74 Nr. 18 GG[29]). Dem Bund obliegt lediglich die „Ausstrahlungswirkung des Denkmalschutzes" in das Bauplanungsrecht, der sog. städtebauliche Denkmalschutz.

Die Denkmalschutzgesetze der Länder wurden nicht auf der Grundlage eines einheitlichen Musterentwurfs verabschiedet. Aus diesem Grund können die Gesetze in wesentlichen Punkten sehr unterschiedliche Formulierungen aufweisen. Es ist daher notwendig, sich mit den jeweiligen Gesetzen des Landes zu befassen, bevor ein denkmalgeschütztes Gebäude entwickelt wird.

Denkmalschutz ist nach den Denkmalschutzgesetzen der Länder eine überwiegend staatliche Aufgabe, die von den Länderbehörden, z.T. von den Landesämtern oder Kreisen oder den Stadtverwaltungen der kreisfreien Städte wahrgenommen wird.

Aufbau und Organisation der Denkmalschutzbehörde

Die Denkmalschutzbehörde ist hierarchisch in drei Stufen gegliedert, wobei unterschiedliche Bezeichnungen, in Abhängigkeit des Verwaltungsaufbaus der Länder erfolgen können (gemäß Abb. 64):

1. Die untere Denkmalschutzbehörde (Kreisverwaltung)
2. Die obere Denkmalschutzbehörde (Bezirksregierung)
3. Die oberste Denkmalschutzbehörde (Kultusminister)

Die Zuständigkeit fällt zunächst immer in den Bereich der unteren Denkmalschutzbehörde.

Zudem gibt es die Denkmalfachbehörde (Landesamt für Denkmalpflege), welche die fachlichen Angelegenheiten des Denkmalschutzes und der Denkmalpfle-

[28] Art. 70: „(1) Die Länder haben das Recht der Gesetzgebung, soweit dieses Grundgesetz nicht dem Bunde Gesetzgebungsbefugnisse verleiht. ..."

[29] Art. 74: „Die konkurrierende Gesetzgebung erstreckt sich auf folgende Gebiete: ...18. Den Grundstücksverkehr, das Bodenrecht und das landwirtschaftliche Pachtwesen, das Wohnungswesen, das Siedlungs- und Heimstättenwesen; ..."

ge wahrnimmt. Unter anderem hat sie folgende Aufgaben:

- Mitwirkung bei der Durchführung der Gesetze;
- Beratung der Denkmalschutzbehörden und der Eigentümer von Kulturdenkmälern;
- Maßnahmen zum Erhalt von Denkmälern vorzuschlagen und ihre Unterschutzstellung zu beantragen;
- Systematische Aufnahme und wissenschaftliche Auswertung von Kulturdenkmälern;
- Erstellung von Gutachten.

Beratende Funktion hat der Landesbeirat für Denkmalpflege, welcher der obersten Denkmalschutzbehörde und der Denkmalfachbehörde Anregungen gibt und Gutachten erstellt. Diese Tätigkeit ist ehrenamtlich.

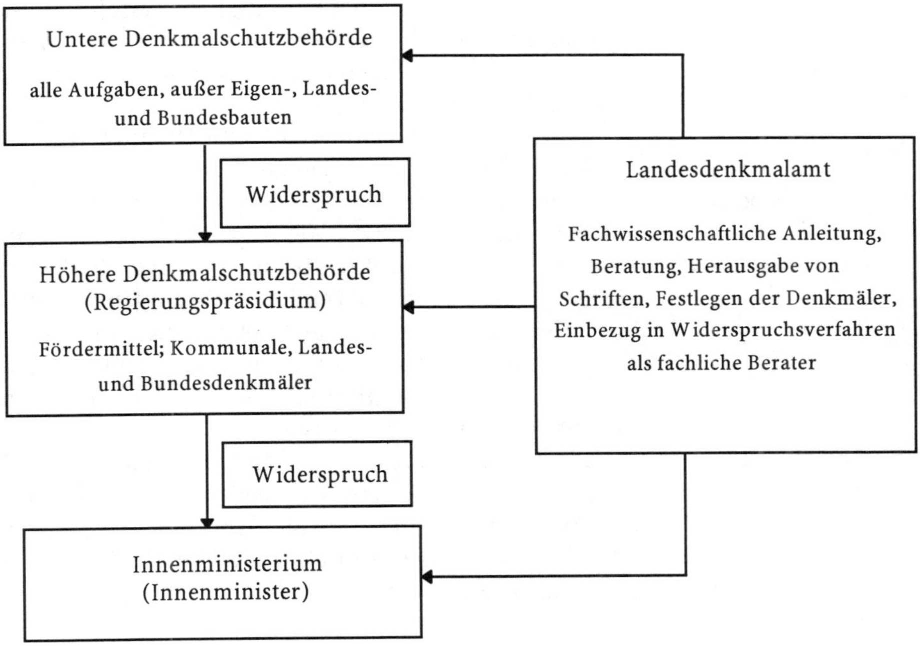

Abb. 64: Organisation der Denkmalschutzbehörden in Sachsen

7.2 Begriffsbestimmungen

Die Erhaltung von (Kultur-) Denkmälern läßt sich in die Bereiche Denkmalschutz (Gebote und Verbote) und Denkmalpflege (betreuende, fördernde und forschende Tätigkeit ohne Eingriff) unterteilen.

Denkmalschutz

Der Denkmalschutz umfaßt alle Maßnahmen der Denkmalschutzbehörden, die sie als Ordnungsbehörden im Rahmen der Eingriffsverwaltung zumeist durch Verwaltungsakt treffen.[30] Gemeint sind dabei alle Entscheidungen der öffentlichen Hand, die der Erhaltung von Denkmälern dienen. Die Aufgabe besteht darin, die Beseitigung oder die negative Veränderung von Denkmälern zu verhindern.

Denkmalpflege

Unter Denkmalpflege werden alle Handlungen der schlichthoheitlichen oder fiskalischen Verwaltung, durch die der Erhaltungszweck durch beratende, unterstützende und versorgende Tätigkeit verfolgt wird, subsumiert. Dies sind insbesondere alle Maßnahmen, die der Erhaltung, Inventarisierung und Erforschung von Denkmälern dienen.

Die Grenze zwischen dem Denkmalschutz und der Denkmalpflege ist dabei fließend.

Kulturdenkmal

(Kultur-) Denkmale sind Objekte, deren Erhaltung aus bestimmten Gründen, die im folgenden Abschnitt erläutert werden, im öffentlichen Interesse liegt.[31] In aller Regel ist hierbei ein zeitlicher Abstand zur Entstehung des Objekts vorhanden, wobei man von mindestens 30 Jahren aus gegangen werden kann; es gibt allerdings auch schon klassische Bauten der 80er Jahre, die unter Denkmalschutz stehen.

Das Kulturdenkmal stellt ein vom Menschen geschaffenes Bauwerk dar, welches bedeutend für die Geschichte der Menschen, für Städte und Siedlungen oder für die Entwicklung der Arbeits- und Wirtschaftsbeziehungen ist.

---

[30] Schönstein, in: Memmersheimer/Upmeier/Schönstein, §1 Rz 11

[31] §2 Abs.1 BadWürtDSchG; Art 1 Abs.1 BayDSchG; § 2 Abs.2 BlnDSchG; §2 Abs.1 BreDSchG; §2 Abs.1 HbgDSchG; §2 Abs.1 HessDSchG; §3 Abs.2 NdsDSchG; §2 Abs.1 NRWDSchG; §3 Abs.1 RhldPfDSchG; §2 Abs.1 SaarlDSchG; §1 Abs.2 SchlHolDSchG

Gründe für Objekterhaltung

Aufgabe des Denkmalschutzes ist es, Erhaltenswertes zu erhalten (gesetzliches Erhaltungsinteresse) und das Erhaltenswerte vom Nicht-Erhaltenswerten abzugrenzen. Dabei lassen sich verschiedene Gründe für die Erhaltung eines Objektes nennen:

- geschichtliche, künstlerische und wissenschaftliche Gründe[32]
- städtebauliche Gründe[33]
- technische und heimatgeschichtliche Gründe[34]
- kultische oder landschaftsgestalterische Gründe
- volkskundliche Bedeutung des Objektes[35]
- Bedeutung des Denkmals für die Geschichte des Menschen, für die Städte und Siedlungen und für die Entwicklung der Arbeits- und Produktionsverhältnisse
- Bedeutung für das Stadtbild[36]
- Seltenheitswert

Die Denkmalschutzbehörde legt auf der Grundlage der oben aufgeführten Gründe die Denkmäler fest. Der Maßstab ist dabei das Wissen und der Erkenntnisstand eines breiten Kreises von Sachverständigen und nicht die allgemeine Anschauung der Bevölkerung.

Festlegung von Denkmälern

Es gibt zwei grundsätzlich verschiedene Vorgehensweisen zur Festlegung der Denkmäler:

1. Denkmaleigenschaft ipso jure

Die Behörde[37] entscheidet über die Denkmaleigenschaft. Die entsprechenden Gebäude werden in eine Liste aufgenommen. Der Eigentümer des unterschutzgestellten Gebäudes kann sich mittels einer Feststellungsklage gegen diese Festlegung wehren. Jedoch können auch Objekte, die bisher nicht als Denkmäler ausgeschrieben sind, Denkmäler sein, wenn die gesetzlichen Voraussetzungen erfüllt sind.

---

32 in allen Gesetzen

33 Art. 1 Abs. 1 BayDSchG; § 2 Abs. 1 SaarlDSchG; § 1 Abs.1 SchlHolDSchG

34 § 2 Abs. 1 HessDSchG; § 2 Abs. 1 BreDSchG

35 § 2 Abs.1 NRWDSchG

36 § 2 Abs.1 NRWDSchG

37 Baden-Württemberg, Bayern, Niedersachsen, Mecklenburg Vorpommern, Saarland, Sachsen, Sachsen-Anhalt, Thüringen

Aus diesem Grund wird zum Beispiel bei einer Bau- oder Abrißgenehmigung die Frage der Denkmaleigenschaft mit geprüft.[38]

2. Konstitutive Eintragung in die Denkmalliste

Alle Denkmäler[39] werden in sog. Denkmallisten eingetragen. Mit dieser Eintragung unterliegt das Denkmal den Schutzvorschriften des Gesetzes.

Das Denkmalschutzgesetz von Baden-Württemberg unterstellt die Beseitigung oder Zerstörung, die Beeinträchtigung des Erscheinungsbilds und die Entfernung aus der Umgebung dem Genehmigungsvorbehalt.[40] Kulturdenkmäler von besonderer Bedeutung werden durch eine konstitutive Eintragung in ein Denkmalbuch erweiterten Schutzvorschriften unterworfen. Demnach sind auch die Wiederherstellung, Instandsetzung und die Veränderung des Erscheinungsbildes genehmigungsbedürftig.

7.3 Rechtsfolgen

Durch den Ausweis eines Objektes als Denkmal entstehen bestimmte, nachfolgend kurz zusammengefaßte Rechtsfolgen:

1. Materiell rechtliches Erhaltungsgebot
2. Besondere Nutzungsgebote und Nutzungsverbote
3. Enteignung und Entschädigung
4. Strafbarkeit

7.4 Bauen in der Umgebung von Denkmälern

Für die Projektentwicklung sind nicht nur die Denkmalschutzgesetze für die Entwicklung von Baudenkmälern, sondern auch Gesetze, welche die Umgebung von Baudenkmälern tangieren, von Bedeutung. Von städtebaulicher Seite gibt es dazu folgende Festlegungen:

---

38 Moench, NVwZ 1984, S 146,149; Backhaus, S.97

39 Berlin, Brandenburg, Bremen, Hamburg, Hessen, Nordrhein-Westfalen, Rheinland-Pfalz, Schleswig-Holstein

40 § 8 Abs.1 BadWürtDSchG

- Festsetzungen zur Emission (keine Schädigung der Bausubstanz des Denkmals).
- Festsetzungen, die eine angemessene Umgebung sichern (bauliche Struktur, die der Zeit der Entstehung des Baudenkmals entspricht; Denkmal nicht verbauen oder freilegen).
- Untersagung der Errichtung von baulichen Anlagen, die das Baudenkmal optisch beeinträchtigen.

7.5 Eigentümerinteressen versus Belange des Denkmalschutzes

7.5.1 Belastende Wirkung des Denkmalschutzes

Nachteile des Denkmalschutzes

Es lassen sich vier Nachteile wirtschaftlicher Art aufzeigen, welche durch die beschränkte Nutzungsfähigkeit und nicht durch wirtschaftliche Vorteile kompensiert werden können.

1. Verkehrswertminderung

Die Eintragung eines Objekts in die Denkmalliste oder die Unterschutzstellung hat i.d.R. einen negativen Einfluß auf den Verkehrswert. Durch die Denkmalschutzgesetze wird das Grundstück der weiteren Entwicklung entzogen. Diese Entwicklungsmöglichkeiten bilden aber den Ausgangspunkt für die Verkehrswertbestimmung. Außerdem nimmt das Grundstück nicht an der planerischen Anhebung des Nutzungsmaßes der Umgebung teil. Falls also z. B. die GFZ für ein Gebiet erhöht wird, bedeutet das nicht, daß auf dem denkmalgeschützten Gelände weitere Objekte gebaut werden dürfen. Durch den Denkmalschutz kommt es zu verfahrensbedingten Verzögerungen von ansonsten zulässigen Vorhaben, da eine weitere Behörde intensiv in die Genehmigung involviert ist. Der Denkmalschutz schließt das Grundstück von der konjunkturellen Entwicklung aus. Alle diese Gründe führen i.d.R. zu erheblichen Wertminderungen. Für die Verkehrswertminderung bekommt der Eigentümer keine Entschädigung, da er in seinem Grundrecht aus Art. 14 GG nicht beeinträchtigt wird. Art. 14 GG garantiert nicht den Marktpreis. Erst bei einer Enteignung kommt es zu einer Entschädigung.

2. Erhöhter Erhaltungsaufwand

Ein erhöhter Erhaltungsaufwand entsteht durch die über das normale Maß hinausgehenden Instandhaltungs- und Instandsetzungsmaßnahmen und dem generellen Genehmigungsvorbehalt. Der Eigentümer hat eine bestimmte Qualität des Zustandes zu sichern, die von der Behörde vorgegeben wird. Durch die behördlichen Anforderungen an das Material und die Ausführung kommt es zu einer Verteuerung.

3. Ertragsminderung

Der Eigentümer eines denkmalgeschützten Gebäudes ist an den Baubestand und die vorgefundene Nutzung gebunden. Es sind daher kaum Ertragssteigerungen möglich. So sind zum Beispiel keine erhöhten Einkünfte aus Vermietung möglich, da keine Modernisierung durchführt werden darf. Außerdem kann die Nutzung nicht zu einer erträglicheren Nutzung geändert werden (z.B. Gewerbe). Es kommt somit eher zu einer Ertragsminderung, wenn die alte Wohnung auf dem Markt nicht angenommen wird, da eine gewerbliche Nutzung nur nach einer Modernisierung fortgeführt werden kann, oder das Grundstück sich nur durch einen Abriß rentabel nutzen läßt.

4. Unverkäuflichkeit

Durch den erhöhten Erhaltungsaufwand, die Ertragsminderungen und den geminderten Verkehrswert kann sich der Eigentümer oftmals nur mit erheblichen wirtschaftlichen Schäden vom Grundstück trennen.

7.5.2 Der Interessenkonflikt im gesetzlichen Regelungswerk

Die Denkmalschutzgesetze setzen den Eigentümer erheblichen Belastungen aus. Dem Interessenkonflikt zwischen Eigentümer und der Behörde wird in den Landesgesetzen unterschiedlich Rechnung getragen:

- Begrenzung der Maßnahmen des Denkmalschutzes auf das Zumutbare (z.B. ist in Niedersachsen die wirtschaftliche Zumutbarkeit Voraussetzung für die Erhaltungspflicht)
- Berücksichtigung von Eigentümerbelangen im Rahmen des Gesetzvollzugs (z.B. Begrenzung auf Instandhaltungspflichten)

- Ausschluß der Berücksichtigung von Eigentümerbelangen (z.B. Belange des Eigentümers durch Entschädigung geregelt)

7.5.3
Der Rechtsschutz des Eigentums gegen die belastenden Maßnahmen des Denkmalschutzes

Eigentumsrechtsschutz versus Denkmalschutz

Es gibt grundsätzlich drei Wege, wie sich der Eigentümer gegen die Maßnahmen des Denkmalschutzes wehren kann:

- gegen belastende Maßnahme wenden (z. B. Instandhaltungsgebot mit Anfechtungsklage angreifen)
- Genehmigung der beabsichtigten Veränderung mit Verpflichtungsklage erstreiten
- belastende Maßnahme hinnehmen und Kompensation der Vermögensverluste durch Entschädigung verlangen, was unter juristischem Aspekt jedoch fragwürdig ist, da die Hinnahme i.d.R. keine Entschädigung rechtfertigt

7.6
Projektentwicklung und Denkmalschutz

Bei der Entwicklung von denkmalgeschützten Objekten müssen noch zusätzlich die Gesetze des Denkmalschutzes beachtet werden. Verfahrenstechnisch kommt es hierbei meist zu einer Verzögerung des Genehmigungs- sowie des Bauablaufs. Wirtschaftliche Nachteile aufgrund des Denkmalschutzrechtes können meist nur teilweise kompensiert werden (z. B. Denkmalschutz für ein historisches Treppenhaus in einem Gebäude ergibt fast zwangsläufig Restriktionen für eine „optimale" räumliche Nutzungskonzeption). Trotzdem sind denkmalgeschützte Häuser bei Projektentwicklern sehr beliebt. Gründe dafür können sein:

- das Objekt wird zum „Aushängeschild" (Referenzobjekt)
- denkmalgeschützte Objekte sind in vielen Fällen sehr interessant und oftmals auch eine Herausforderung an den Developer
- sie lassen sich meist besser vermarkten als herkömmliche Objekte (Künstler, Architekten, Liebhaber usw.)

- sie befinden sich oftmals in 1a Lagen (z.B. Hackesche Höfe in Berlin, Häuser des Waldstraßenviertels in Leipzig)
- finanzielle Förderungsmöglichkeiten durch Staat/Land

Wichtige Aspekte des Denkmalschutzes für Developer

Für den Developer spielen zwei Faktoren im Zusammenhang mit Denkmalschutz eine entscheidende Rolle:

1. *wirtschaftliche Restriktionen,* d.h., der finanzielle Aufwand für die Sanierungsmaßnahmen (z.B. Rekonstruktionen von Gesimsen, Brüstungen, sogar ganzer Geschosse) ist in aller Regel meist erheblich kostenintensiver (Einschalten von Gutachtern, Spezialisten, Fachunternehmen) als eine Neubaumaßnahme oder Umbauten im „normalen" Bestand, die dann wiederum von den (hoffentlich höheren) Vermarktungserlösen kompensiert werden müssen.

2. *zeitliche Restriktionen,* d.h., daß die längere Planungs- und Ausführungsphase durch z.B. Bestandsaufnahme oder Detailzeichnungen sowie das Procedere mit den jeweiligen Denkmalschutzbehörden (primär Absprache über Restaurierungs- bzw. Rekonstruktionsaufwand) sowie aufwendige handwerkliche Leistungen (z.B. Rekonstruktion von Stuckornamenten) bedacht und gewertet werden müssen.

Für den Developer ist es wichtig, nachdem er sich davon überzeugt hat, daß sein Objekt unter Denkmalschutz steht, in einem möglichst frühen Stadium einen ersten Kontakt mit den maßgeblichen Vertretern der Denkmalschutzbehörde aufzunehmen. Entscheidend ist, daß in einem Dialog beider Parteien letztlich ein vertretbarer Konsens erzielt wird, der wiederum beiden Seiten und Anforderungen genüge tut.

Der taktisch falsche Weg des Entwicklers wird es in den meisten Fällen sein, in „Investorenmanier" seine Vorstellungen durchboxen zu wollen. Das bedeutet jedoch nicht, Zugeständnisse zu jedem Preis zu gewähren, sondern die Position eines (wirtschaftlichen) z.B. „worst-case-Szenarios" muß klar aufgezeigt und die Grenzen der Umsetzungsmöglichkeiten unmißverständlich erkannt werden.

Auch einer Denkmalschutzbehörde muß (und wird) es letztendlich klar sein, daß ohne ein wirtschaftlich tragfähiges Gesamtkonzept für einen potentiellen Investor eine Umsetzung der baulichen Maßnahmen (die in aller Regel von den Behörden gewünscht sind) nicht erfolgen kann. Das Ergebnis wäre eine meist marode Bausubstanz, die langfristig dem Verfall preisgegeben wird.

Die Problematik des Denkmalschutzes ist analog zu allen anderen Prozessen im Projektablauf zu sehen. Nicht die Behörde ist der maßgebliche Faktor, sondern die unmittelbar beteiligten Personen und somit die Art und Weise der kommunikativen Umgangsformen sowie, und hier lassen sich die Einflußparameter meist noch etwas verschieben, der Umfang und (politische) Stellenwert des Projekte.

8 Projektfinanzierung

8.1 Definition Projektfinanzierung

Definition

„Unter Projektfinanzierung versteht man allgemein die Finanzierung einer sich selbst tragenden Wirtschafteinheit (Projekt), bei der sich die Financiers in ihrer Kreditentscheidung hauptsächlich auf den prognostizierten Cash-flow und die Aktiva des Projektes als Sicherheit für die Rückzahlung des Fremdkapitals verlassen.“ [41]

Das bedeutet, daß das Projekt sowie das dazugehörige Fremdfinanzierungskonzept so ausgestaltet und aufeinander abgestimmt sein müssen, daß die Einnahmeüberschüsse (der Netto-Cash-Flow des Projekts) die Ausgaben/Auszahlungen, für die daraus erwachsenden Zahlungsverpflichtungen (Zins und Tilgung) sowie Erstinvestitionen ohne Belastung der Bilanzstruktur der Projektträger („off-balance-sheet“), decken.

Netto-Cash-Flow

Der Netto-Cash-Flow ergibt sich dabei als Differenz zwischen den prognostizierten Umsatzerlösen des Projektes und den in diesem Zusammenhang erforderlichen Auszahlungen, ohne dabei den Schuldendienst zu berücksichtigen.[42]

Die mit der Projektfinanzierung verbundenen Risiken werden nur zum Teil von den Investoren getragen, denn Einzelrisiken übernehmen auch Abnehmer, Lieferanten oder Kreditgeber.

---

[41] Backhaus/Sandrock/Schill/Uekermann(Hrsg.): Projektfinanzierung, Stuttgart 1990, S.15

[42] Vgl. Backhaus/ Uekermann: Projektfinanzierung, in: Wirtschaftsstudium, Heft 3, März 1990, S. 106

Die Beteiligten einer Projektfinanzierung sind in aller Regel Unternehmen als Initiatoren, als Finanzierer und Betreiber, Eigentümer, Abnehmer, private Kapitalgeber sowie Banken als Berater und Finanziers. Die Zusammenarbeit dieser Beteiligten erfolgt zumeist in sog. Projekt-/Objektgesellschaften. Als Rechtsformen kommen dabei typischerweise in Betracht: Kommanditgesellschaften, BGB-Gesellschaften und Konsortien sowie GmbHs.

Das Finanzierungsrisiko eines Projekts wird durch die projektbezogenen Vermögenswerte sowie durch die vertraglichen Vereinbarungen zwischen den Projektbeteiligten abgesichert.

8.2 Projektfinanzierung versus klassischer Unternehmenskredit

Zentrale Entscheidungsparameter einer *traditionellen Kreditvergabe* sind die Bonität, die bilanziellen Verhältnisse und die Sicherheit des Unternehmens (Kreditnehmers). Bei dieser Form der Kreditgewährung haftet das gesamte Eigenkapital des Kreditnehmers. Die Rückzahlung des Kredits wird durch den Cash-flow des Gesamtunternehmens gewährleistet. Das Investitionsvorhaben selbst, dessen technische und wirtschaftliche Merkmale und die damit verbundenen Risiken, tritt in den Hintergrund.

Stellen die Banken bei der konventionellen Kreditgewährung auf die Kreditwürdigkeit ab, so ist der zentrale Entscheidungsparameter für die *Projektfinanzierung* das zukünftige Gewinnpotential selbst. Die globale statische Bonitätsanalyse wird nun durch eine dynamische, alle im Zeitablauf projektrelevanten Aspekte einbeziehende, Qualitätseinschätzung des Investitionsprojekts ersetzt, was von den Kreditinstituten vor allem (auch) technisches Know-how verlangt.

Finanzierungsgrundlagen

Die Finanzierungsgrundlagen sind jetzt das Projekt, der zukünftige Cash-flow aus diesem Projekt und die projektspezifischen Risiken. Projektfinanzierung beinhaltet immer die Übernahme von Projektrisiken seitens des Kreditgebers, was einen entscheidenden Unterschied zur traditionellen Kreditvergabe darstellt. Die Ursache hierfür liegt in der Konstruktion der Projektfinanzierung, die in Abweichung von der klassischen

Projektfinanzierung eine direkte Mittelvergabe an die wirtschaftlich und meist auch rechtlich selbständige Projekteinheit vorsieht (gemäß Abb. 65).

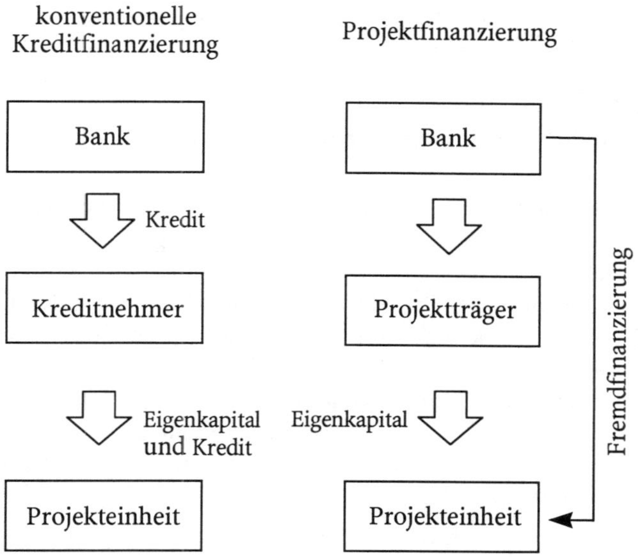

Abb. 65: Grundstruktur einer Projektfinanzierung versus konventionelle Kreditfinanzierung

Ein weiteres wesentliches Merkmal der Projektfinanzierung ist, daß die aufgenommenen Kredite nicht in der Bilanz der Projektträger (Investoren), sondern in der Bilanz der Projektträgergesellschaft (Objektgesellschaft) erscheinen. Vom Blickwinkel der Investoren erfolgt die Finanzierung bilanzextern, d.h. deren eigene Bilanzstruktur wird nicht belastet.

Diese Art der Finanzierungsform bezeichnet man als „off-balance-sheet".

„risk-sharing"

Weiteres Kennzeichen von Projektfinanzierungen ist das „risk-sharing", das sog. „Abwälzen" genau spezifizierter Projektrisiken von den Investoren auf die kreditgebenden Banken und dritte Beteiligte.

Das zu finanzierende Projekt muß einen ausreichenden eigenen Ertrag zur Bedienung des eingebrachten Eigen- und Fremdkapitals erwarten lassen, was bedeutet, daß sich die Projekteinheit nach der Betriebsaufnahme ökonomisch selbsttragend darstellen muß (self-supporting).

Als konstitutive Charakteristika von Projektfinanzierungen lassen sich somit festhalten:

- Cash-flow-Finanzierung
- Off-balance-sheet-Finanzierung und
- Risk-sharing-Funktion

8.3 Projektfinanzierungskonzepte

In Abhängigkeit der Art und Qualität von Projekten, den Verhandlungspositionen der Beteiligten und den Zielen der Investoren treten unterschiedliche Verteilungen, der den Projekt-Cash-Flow determinierenden Risiken, zwischen den Projektbeteiligten auf. Die Übertragung vieler Risiken auf die Kreditinstitute hat eine schwache Rückgriffsmöglichkeit der Banken zur Folge. In der Praxis differenziert man nach folgenden drei Rückgriffsmöglichkeiten, die sich in der Intensität unterscheiden:[43]

- full recourse financing
- limited recourse financing
- non recourse financing

full recourse financing

a) Full recourse financing (Finanzierung bei vollem Rückgriff)

Bei dieser Art der Finanzierung werden der Bank umfassende Rückgriffsrechte gegenüber den Projektträgern zugesprochen. Die Aspekte der Projektfinanzierung reduzieren sich auf das Merkmal, welches außerhalb der Bilanz der Projektträger steht, also auf den Off-balance-sheet-Effekt. Die Bank kann alle Risiken auf die Projektträger abwälzen. Diese Art der Finanzierung kommt einem normal gesicherten Kredit gleich und ist nicht einer echten Projektfinanzierung zuzuordnen.[44]

b) Limited recourse financing (Finanzierung bei eingeschränktem Rückgriff)

limited recourse financing

Limited recourse financing liegt vor, wenn im Rahmen des risk-sharing eine Verteilung der Projektrisiken auf

[43] Vgl. Samet, M.: International project financing, S.89 f.
[44] Diese Form der Projektfinanzierung wird in Europa auch als Projektfinanzierung im weiteren Sinne verstanden.

die Projektbeteiligten erfolgt. In diesem Fall liegt eine echte Projektfinanzierung vor. Den Banken wird nur in bestimmten Fällen ein beschränktes Rückgriffsrecht zugesprochen. Die Beschränkung kann sich insbesondere auf den zeitlichen Aspekt beziehen, so daß sich die Haftung der Investoren nur auf eine bestimmte Frist bezieht, z.B. bis zur Projektfertigstellung.[45]

c) Non recourse financing (Rückgrifflose Finanzierung)

non recourse financing

Von non recourse financing spricht man, wenn die Banken alle Arten von Risiken übernehmen und keine Rückgriffsrechte gegenüber den Investoren bestehen. Da die Banken hierbei das unternehmerische Risiko selbst tragen und die vollständige Verantwortung übernehmen, ist diese Form der Projektfinanzierung in der Praxis nur selten anzutreffen. Durch die starke Wettbewerbssituation und die Verfeinerung der Projektfinanzierungstechnik nimmt diese Art jedoch merklich zu.[46]

8.4 Klassische Projektfinanzierungsmodelle

8.4.1 Finanzierung mit Eigenkapital

Eigenfinanzierung

In den fünfziger Jahren wurden gewerbliche Immobilien größtenteils noch mit Eigenkapital finanziert. Dies war damals hauptsächlich dadurch möglich, daß die Warenhäuser oder Fabriken noch nicht die Größenverhältnisse hatten, wie es heute üblich ist. Die Eigentümer konnten es sich leisten, ihre eigenen Gebäude ausschließlich mit Eigenkapital zu finanzieren. Durch das größenmäßige Wachstum der gewerblichen Immobilien und die gestiegenen Ansprüche an Bauweise und Technik ist diese traditionelle Form der Immobilienfinanzierung jedoch in den Hintergrund getreten und soll hier deshalb nicht näher dargestellt werden.

---

45 Vgl., Heintzeler, F., Internationale Projektfinanzierung, S. 1214

46 1981 trat diese Art der Projektfinanzierung zum erstenmal bei dem Woodside- Projekt, einer Entwicklung eines Gasfeldes vor der Küste Australiens auf.

8.4.2 Mischfinanzierung mit Eigen- und Fremdkapital

Mischfinanzierung

Die Mischfinanzierung mit Eigen- und Fremdkapital läßt sich am besten mit Hilfe einer Beispielrechnung zeigen:

Bei diesem Beispiel soll ein Wohngebäude im Gesamtwert von 275.000 DM finanziert werden. Einem Eigenkapital von 25.000 DM stehen 250.000 DM Fremdkapital gegenüber. Für diese 250.000 DM muß der Anleger ca. 1.670 DM für Zinsen und Tilgung pro Monat aufwenden, wobei hier von einem Fremdkapitalzinssatz von 7 % und einer Tilgung von 1 % ausgegangen wird.

Demgegenüber stehen geschätzte Mieteinnahmen von 1.000 DM pro Monat. Bei diesem Beispiel verfügt der Anleger über ein Einkommen von 65.000 DM pro Jahr. Werden nun die Werbungskosten für Fremdkapitalzinskosten und degressive Abschreibung für Abnutzung (AfA) in Höhe von 20.900 DM geltend gemacht, so mindert sich sein zu versteuerndes Einkommen auf 44.100 DM pro Jahr. Hierfür zahlt er statt 16.188 DM nur noch ca. 9.500 DM Einkommenssteuer. Die Bemessungsgrundlage für die AfA ergibt sich aus dem Gebäudewert des Projekts. Dieser beträgt 80 % von 275.000 DM, also 220.000 DM. Der Bodenwert des Objekts (20 %) wird nicht abgeschrieben.

Projekt Wohngebäude	275.000 DM
Eigenkapital	25.000 DM
Fremdkapital	250.000 DM
Fremdkapitalzins 7 % p.a.	17.500 DM
Tilgung 1 % p.a.	2.500 DM
Summe	20.000 DM
Monatliche Ausgaben	1.667 DM
Einnahmen	
1. Miete pro Monat	1.000 DM
pro Jahr	12.000 DM
2. Steuerrückerstattungen	
a) Zins 7 %	17.500 DM
b) AfA 7 %	15.400 DM
Ausgaben	32.900 DM

Einnahmen	12.000 DM
	20.900 DM
zu versteuerndes Einkommen	65.000 DM
Einkommenssteuer hierauf	16.190 DM
zu versteuerndes Einkommen abzgl. abzugsfähiger Kosten	44.100 DM
Einkommenssteuer hierauf	9.500 DM
Steuerersparnis	6.690 DM
Steuerersparnis pro Monat	558 DM
monatliche Einnahmen (Miete + Steuerersparnis)	*1.558 DM*
monatliche Ausgaben	*1.667 DM*

Es ergibt sich eine jährliche Steuerersparnis von ca. 6.690 DM, was eine monatliche Ersparnis von ca. 560 DM bedeutet.

Den monatlichen Ausgaben von 1.667 DM stehen demzufolge monatliche Einnahmen von 1.558 DM gegenüber. Somit entsteht eine leichte Unterdeckung von 109 DM pro Monat.

Dazu kommen natürlich noch eventuelle Gewinne durch eine Wertsteigerung, welche die Immobilie im Laufe der Zeit erfahren kann.

8.4.3 Finanzierung mit Fremdkapital

Fremdfinanzierung

Die Finanzierung von Gewerbeimmobilien durch Aufnahme von Fremdkapital ist eine Finanzierung, die vor allem von Klein- oder Mittelbetrieben genutzt wird.

Diese langfristigen Kredite werden den Unternehmen nur gegen Sicherheiten zur Verfügung gestellt. Als Sicherheit dient typischerweise das zu finanzierende Objekt.

Die Zinskonditionen werden nur für einen Teil der Laufzeit festgeschrieben und orientieren sich danach am jeweiligen Leitzins (Zinsgleitklausel). Getilgt werden die Kredite entweder über eine Annuitätentilgung, wobei der Tilgungsanteil im Zeitverlauf steigt und der Zinsanteil sinkt, oder über eine Ratentilgung, wobei der Tilgungsbetrag immer gleich bleibt, die Höhe der Raten sowie die Zinsbelastung dagegen immer kleiner werden.

8.5 Neue (Alternative) Finanzierungstechniken

8.5.1 Mezzanine Finanzierung / equity-kicker-Finanzierung

equity-kicker Finanzierung

Der Entwickler/Developer fragt in diesem Bereich eine Finanzierung nach, die über die erstrangige Sicherheit hinausgeht. Infolgedessen muß eine zusätzliche Darlehenstranche ausgereicht werden, die den Eigenkapitalanteil des Developers teilweise oder sogar vollständig ersetzt. Das Kreditinstitut übernimmt damit ein erhöhtes, meist das gesamte Risiko für das Gelingen des Projekts. Ein Äquivalent für die Risikoübernahme kann dann in einer erhöhten Kreditmarge oder in einer Gewinnbeteiligung (= equity-kicker) am Projekt bestehen.

8.5.2 Participating-Mortgage-Finanzierung

Participating-Mortgage-Finanzierung

Bei der „Participating Mortgage" verzichtet das Kreditinstitut auf einen Teil des Darlehenzinses und erhält im Gegenzug eine Option auf eine Gewinnbeteiligung. Eingesetzt wird dieses Instrument dann, wenn durch den Kapitaldienst die Projektrentabilität stark beeinträchtigt wird. Dies ist immer dann der Fall, wenn bei der Entwicklung eines Projekts die Kosten durch unvorhergesehene Ereignisse steigen oder die Vermietung nicht so durchgeführt werden kann, wie es die Anfangsplanungen vorsahen.

8.5.3 Joint-Venture-Finanzierung

Joint-Venture-Finanzierung

Entscheidender Aspekt bei dieser Finanzierungstechnik ist, daß die finanzierende Bank Anteilseigner einer Besitz-/Objektgesellschaft wird und somit nicht nur das Risiko trägt, sondern i.d.R. auch Unternehmensinitiative entfaltet und somit an den unternehmerischen Entscheidungen beteiligt wird. Der Entwickler/Developer ist somit nicht mehr der Eigentümer der Immobilie, sondern eine Besitzgesellschaft i.d.R. bestehend aus Developer, der Bank und ggf. weiteren Partnern, die mit einem Mindestkapital ausgestattet wird. Die Mittel zur Finanzierung werden weitgehend in Form von Bankdarlehen bereitgestellt. Die Verteilung von Aufgaben und Risiko der Projektpartner sowie deren Gesellschaftsstruktur wird im Vorfeld sehr eingehend untersucht und in Absprache der jeweiligen Partner erarbeitet.

Für die finanzierende Bank bedeutet diese Konstellation, daß sie Anteilseigner und Darlehensgeber der Besitzgesellschaft ist. In den meisten Fällen führt die Bank die Beteiligungsaktivitäten technisch über eine Tochtergesellschaft.

Konsequenzen für die Bank:

- Die Bank ist am unternehmerischen Risiko und Profit beteiligt.
- Der Bank werden durch den Gesellschaftsvertrag Kontroll-, Mitsprache- oder Entscheidungsrechte an den Projektentscheidungen eingeräumt.
- Durch die bessere Überwachung, insbesondere hinsichtlich der Kosten und durch Zugriffsmöglichkeit auf das Projekt, lassen sich Risiken sehr früh erkennen.
- Durch die breiten Kontrollmöglichkeiten ist die Bank eher in der Lage, Kredittranchen bei anderen Banken weiter zu plazieren.

Die Vorteile für eine solche Finanzierungsform für den Developer/Entwickler sind:

- Der Developer als Know-how-Träger kann als „kleiner" Unternehmer durchaus ein profitables Vorhaben finanzieren.
- Der Developer kann mehrere Projekte parallel entwickeln und eine optimale Auslastung seines Projektteams erreichen.
- Da das Projekt außerhalb der Bilanz finanziert wird, ist eine Bilanzentlastung möglich.

8.5.4 Securitization

Securitization

Die Finanzierungsform der Securitization (securities = Schuldverschreibungen) spielt bisher nur im angelsächsischen Raum eine Rolle. Wegen der hohen Transaktionskosten und den fehlenden Sekundärmärkten wird sich diese Finanzierungsform wohl auch am deutschen Immobilienmarkt in absehbarer Zeit nicht etablieren.

8.5.5 Finanzierung über Immobilienfonds

Definition Immobilienfonds

Immobilienfonds werden in der Fachliteratur folgendermaßen definiert:

„Anlagegesellschaften, bei denen die Kapitalanlage im wesentlichen aus Grundstücken und Gebäuden besteht."

Offene und geschlossene Fonds werden darin wie folgt beschrieben:

Offene Fonds

„Die Höhe der auszugebenden Anteile ist nicht begrenzt. Sie sind dem Gesetz über Kapitalanlagegesellschaften unterstellt und haben besondere Vorschriften hinsichtlich der Anlagepolitik zu beachten. Sie unterliegen den für Kreditinstitute geltenden strengen gesetzlichen Vorschriften."[47]

Geschlossene Fonds

„Das Zertifikatkapital wird zur Zeichnung durch Anleger einmalig aufgelegt. Die zu finanzierenden Liegenschaften stehen von vornherein fest; sie können aus einem oder - aus Gründen der Risikosteuerung - mehreren Objekten bestehen."[48]

Gemeinsam ist den geschlossenen und offenen Immobilienfonds, daß sich das Vermögen jeweils aus Immobilien, also aus Grundstücken und Gebäuden, zusammensetzt und beide eine Finanzierungsfunktion erfüllen. Ein Engagement in Immobilienfonds empfiehlt sich vor allem auf den für den Investor neuen Märkten, denn die Fonds werden von einem auf diesen Märkten kundigen, professionellen Management verwaltet. Ansonsten bestehen doch teilweise beträchtliche Unterschiede zwischen den beiden Fondsvarianten.

a) Offene Immobilienfonds

Offene Immobilienfonds

Ein Offener Immobilienfonds ist ein nicht rechtsfähiges Sondervermögen, welches im Eigentum einer Kapitalanlagegesellschaft steht. Offene Immobilienfonds unterliegen zudem der Aufsicht des Bundesaufsichtsamtes für Kreditwesen. Des weiteren investiert die Kapital-

---

47 Dr. Gablers Wirtschaftslexikon, 1988, S. 2469
48 ebenda, S. 2470

anlagegesellschaft treuhänderisch für eine offene Zahl von Anteilsinhabern in Immobilien.

Der Schwerpunkt der offenen Fonds liegt seit ihrem Auflegen auf dem Erwerb oder dem Bau gewerblicher Immobilienprojekte. Dies ist eine Folge der Auffassung des Gesetzgebers, daß nur solche Objekte in einen Fonds Eingang finden, die bei normaler Bewirtschaftung langfristig einen Ertrag erwarten lassen. Normalerweise ist dieser Ertrag bei Gewerbeimmobilien mit einem entsprechenden Immobilienmanagement gegeben.

Die offenen Fonds zählen zu den Investmentgesellschaften, also zum Sondervermögen von Kapitalgesellschaften, die nur in der Rechtsform der Aktiengesellschaft oder der GmbH geführt werden dürfen. Sie unterliegen damit dem Gesetz über Kapitalgesellschaften und dem Bundesaufsichtsamt für Kreditwesen .

Die Mittel, die für den Bau oder Erwerb von Immobilien in einem offenen Immobilienfonds benötigt werden, werden über den fortwährenden Verkauf von Anteilen (Zertifikat) beschafft. Auf diese Weise ist eine Finanzierung der Gewerbeimmobilien i.d.R. ohne jegliche Fremdmittelaufnahme möglich. Die Rendite für den Inhaber der oben angesprochenen Zertifikate setzt sich aus zwei Komponenten zusammen. Einerseits erhält der Zertifikatinhaber die Ausschüttung, welche aus Nettomieterträgen, Zinserträgen aus Bankguthaben sowie aus Erträgen aus dem eventuellen Verkauf von Objekten besteht; andererseits kommt die Wertentwicklung der einzelnen Immobilien dazu. Das Gesetz über Kapitalanlagegesellschaften schreibt vor, daß jedes Jahr einmal der Verkehrswert der im Fonds vorhandenen Immobilien festgestellt werden muß:

„Der Verkehrswert wird durch den Preis bestimmt, der in dem Zeitpunkt, auf den sich die Ermittlung bezieht, im gewöhnlichen Geschäftsverkehr nach den rechtlichen Gegebenheiten und tatsächlichen Eigenschaften, der sonstigen Beschaffenheit und der Lage des Grundstücks oder des sonstigen Gegenstands der Wertermittlung ohne Rücksicht auf ungewöhnliche oder persönliche Verhältnisse zu erzielen wäre." (§ 194 BauGB)

Die Änderung des Wertes einer Immobilie wirkt sich auf das Fondsvermögen und somit auf den Wert des Zertifikats aus. So läßt sich auch der Preis der einzelnen Zertifikate ermitteln, zu dem der Inhaber es laut Gesetz jederzeit an das Sondervermögen zurückgeben kann. So kann der Zertifikatsinhaber den festgestellten Verkehrswert problemlos realisieren, ohne daß die Immobilie verkauft werden muß.

Steuerlich betrachtet ist der von einer Kapitalgesellschaft verwaltete Immobilienfonds ein Sondervermögen, das von Ertrags- und Vermögenssteuern befreit ist. Die Einkünfte, die der Inhaber der Anteilscheine erzielt, müssen von diesem grundsätzlich als Einkünfte aus Kapitalvermögen im Sinne des § 20 EStG versteuert werden.

b) Geschlossene Immobilienfonds

Geschlossene Immobilienfonds

Unter den verschiedenen Formen von Anlagen in Immobilien nimmt der geschlossene Immobilienfonds seit Anfang der 70er Jahre eine dominierende Position ein. Der geschlossene Immobilienfond ist eine Gesellschaft, deren Geschäftszweck auf die Errichtung, den Erwerb und die Verwaltung eines oder mehrerer Immobilienobjekte mit einem im voraus feststehenden Investitionsvolumen ausgerichtet ist. Die Finanzierungsmittel werden über langfristiges Fremdkapital und über von Privatanlegern aufgebrachtes Eigenkapital beschafft. Der private Anleger kann sich damit an derartigen Fondskonstruktionen mit Beiträgen ab ca. 10.000,- DM beteiligen. Sobald das Eigenkapital über Kreditinstitute und andere Kapitalvermittler plaziert ist, wird der Fonds geschlossen. In geschlossene Immobilienfonds sind Jahr für Jahr Milliardenbeträge investiert worden.

Dieses hohe Investitionsvolumen geschlossener Immobilienfonds ist auf die Attraktivität der Anlagemöglichkeit für breite Bevölkerungskreise zurückzuführen. Anleger können sich hier mit relativ geringem Kapitaleinsatz beteiligen, welche die am höchsten besteuerten Einkommensspitzen für die Einkommenssteuer abbauen, indem die Steuervorteile der Immobilienanlage von den Anlegern anteilig wahrgenommen werden.

Das in einzelnen Fonds akkumulierte Eigenkapital der Anleger erlaubt Investitionen in große, besonders renditeträchtige Immobilien (hier vor allem gewerbliche Nutzung). Durch die Dynamik der Umwelt treten in der Wirtschaft solche chancenreichen Investitionen immer wieder auf. Im Gegensatz dazu ist der Bedarf an

Wohnungsimmobilien wesentlich stabiler und weitgehend gedeckt. Mit dem Wunsch, in einen geschlossenen Immobilienfonds zu investieren, steht der potentielle Anleger vor dem Problem, unter Berücksichtigung seiner persönlichen Daten und objektbezogener Einflußgrößen, die Anlage einer rentabilitätsorientierten Bewertung zu unterziehen.

Die Funktionsweise des geschlossenen Immobilienfonds läßt sich anschaulich an einem konkreten Beispiel darstellen:

Funktionsweise

Ein Büro- und Verwaltungsgebäude soll mit einem Baukostenvolumen von 80 Mio. DM errichtet werden. Zusätzlich fallen sog. „soft costs" (z.B. Vermittlungsgebühren) in Höhe von 10 % (8 Mio. DM) an.

Wie bei jedem privaten Bauvorhaben steht die Finanzierung auf zwei Säulen:

1. Das Fremdkapital (Hypothekenkredite der Banken)
2. Das Eigenkapital des Bauherrn

In Höhe des Gesamtinvestitionsvolumens von 88 Mio. DM wird ein geschlossener Immobilienfonds aufgelegt. Ab 20.000 DM Einlage kann jeder Anleger Anteile am Fonds und damit am Objekt erwerben. Sobald genug Anleger gezeichnet haben und das Eigenkapital zusammen ist, wird der Fonds geschlossen, und es werden keine weiteren Anteile mehr ausgegeben.

Eine geschlossene Gesellschaft ist gegründet, in der jeder Teilhaber die gleichen wirtschaftlichen und auch steuerlichen Vorteile genießt wie ein Immobilieneigentümer. Jeder Anleger wird sozusagen Miteigentümer eines Gebäudes, ohne selbst zu bauen oder dieses direkt kaufen zu müssen.

In geschlossenen Immobilienfonds schließen sich also Anleger zusammen, um das Eigenkapital für ein großes, i.d.R. gewerbliches Immobilienvorhaben aufzubringen und damit „Bauherren" zu werden. Zunehmend wird diese Finanzierungsform beispielsweise für Bürogebäude, Einkaufszentren, Hotels, Heizkraftwerke, aber auch für Wohnungsbauvorhaben angewendet.

8.5.6 Immobilien-Leasing-Finanzierung

Immobilien-Leasing-Finanzierung

Unter Leasing wird die Vermietung von Anlagegegenständen durch Finanzierungsinstitute und andere Unternehmen verstanden, die das Vermietungsgeschäft gewerbsmäßig betreiben.

Üblicherweise wird Leasing mit Finanzierungsleasing gleichgesetzt. Finanzierungsleasing kann man als Sonderform der Fremdfinanzierung ansehen und dient der Beschaffung von Investitionsgütern.

Die Unterschiede zwischen Immobilien- und Mobilien-Leasing knüpft an die Art des Investitionsobjekts an. Unter Immobilienleasing versteht man die Vermietung von Grundstücken, Gebäuden oder Betriebsanlagen, sofern diese an einen festen Standort gebunden sind.

Zum Mobilien-Leasing zählen nahezu alle Bereiche mobiler Investitionsgüter, wobei ein sehr weit gefächertes Spektrum an Gütern geleast werden kann, angefangen von Personen- und Lastkraftwagen, EDV- und Büroanlagen, Produktionsmaschinen bis hin zu Flugzeugen.

Kennzeichen der Leasing-Finanzierung

Als typische Objekte für Immobilienleasing gelten grundsätzlich gewerbliche Bauten, wie z.B. Büro- und Verwaltungsgebäude, Rechenzentren, Warenhäuser, Einkaufszentren, Lagerhallen und Hotelgebäude sowie auf der kommunalen Ebene Kulturzentren und Verwaltungsbauten. Kennzeichen der Leasing-Finanzierung sind:

- Sonderform der Fremdfinanzierung
- langfristige Verträge
- Vertragslaufzeiten zwischen 40 und 90 % der betriebsgewöhnlichen Nutzungsdauer
- Erwerb des Objekts durch den Leasinggeber
- Wartungs- und Instandhaltungspflicht durch den Leasingnehmer
- Übernahme des Investitionsrisikos durch den Leasingnehmer
- Rückgabe des Objekts nach Vertragende
- eventuelle Optionsrechte oder Zusatzverpflichtungen nach Vertragende

Hierbei stehen Immobilien- und Großanlagen-Leasing in einer engen Verbindung auf dem Markt. Nach Art der Vertragsgestaltung ist zwischen zwei Typen von Verträgen zu differenzieren:

Operate Leasing-Verträge: (kurzfristig)

Operate Leasing

Bei dieser Art der Vertragsform ist der Leasing-Vertrag beiderseits und jederzeit kündbar. Das Risiko liegt allein beim Leasinggeber. Dieser Vertragstyp setzt i.d.R. eine vielseitige Verwendung des Wirtschaftsgutes voraus, da im Falle einer Kündigung die Sache schnell und anders verwendbar sein muß.

Finance Leasing: (mittel- bis langfristig)

Finance Leasing

Bei dieser Art des Leasing sind die Verträge während der Vertragslaufzeit (Grundmietzeit) unkündbar. Der Leasingnehmer trägt hierbei ein Investitionsrisiko von, je nach Vertragsgestaltung, nicht unerheblichem Umfang; jedoch steht der Finanzierungsaspekt im Vordergrund.

Die Intentionen des jeweiligen Leasingnehmers, die in einer Leasingkonzeption zu berücksichtigen sind, führen dazu, daß nur individuelle Lösungen mit einer stetigen Anpassung an aktuelle wirtschaftliche und steuerliche Entwicklungen für den Mieter zu optimalen Ergebnissen führen. Die Modell- und Vertragsgestaltungen beim Immobilienleasing sind vielfältiger als beim Mobilien-Leasing. Leasing-Gesellschaften sind ständig gefordert, flexibel und kreativ auf Veränderungen zu reagieren. Das Immobilienleasing ist keine statische Finanzierungsalternative, sondern stellt sich als stetiger Optimierungsprozeß dar und bewegt sich im Rahmen des unternehmerischen financial engineering, dessen Impulse nicht zuletzt Ergebnis intensiven Wettbewerbs sind.

Beim Immobilienleasing wird gegenüber der traditionellen Kreditfinanzierung eine langfristige, objektbezogene, 100%ige Finanzierung ermöglicht. Eine Bankfinanzierung deckt üblicherweise aufgrund der vorhandenen Beleihungsvorschriften nur eine geringe Quote der gesamten Investitionskosten ab. In der Regel beläuft sich die Quote auf etwa 60-80 %.

Die langfristig fixierten Mietraten bilden für die Leasingnehmer eine langfristige und sichere Kalkulationsbasis. Ferner ist die Mietdauer ebenso Gegenstand des Leasingvertrags wie die zugrunde liegenden Gesamtinvestitionskosten und Finanzierungskonditionen. Auf der Grundlage dieser Daten wird der jährliche Mietaufwand bis zum Ablauf der Grundmietzeit - bei gewerblichen Immobilien i.d.R. rund 20 Jahre berechnet. In der Praxis zeigt sich jedoch, daß eine endgültige Fixierung der bankmäßigen Refinanzierungskonditionen für ein Objekt über 20 Jahre bereits zum Abschluß des Vertrags nicht sinnvoll ist. Somit wird nach Ablauf der Zinsbindungen (i.d.R. 5-10 Jahre) bei veränderter

Kapitalmarktsituation eine Anpassung der Mietkalkulation und der sich nachziehenden Leasing-Raten erforderlich.

Hier liegt ein wesentlicher Unterschied zu der konventionellen Kreditfinanzierung, da die Änderungen der Refinanzierungskosten zu den Zinskonversions-Zeitpunkten unterschiedlich sind.

Des weiteren gelten die Leasing-Raten beim Leasingnehmer als Betriebsausgaben und können in der G+V-Rechnung steuerlich geltend gemacht werden. Die Steuerbelastung des Leasingnehmers wird durch die Kürzung des körperschaftsteuer- und gewerbesteuerpflichtigen Gewinns reduziert. Hieraus ergeben sich zusätzliche Gestaltungsmöglichkeiten für den Leasingnehmer, welcher die Wahl hat, die Leasingzahlungen nach den individuellen Erfordernissen im Zeitablauf linear, progressiv oder degressiv zukalkulieren.

In einer Reihe von Fällen ist Leasing die kostengünstigste Alternative, weil sie sich insbesondere auf eine Reihe von steuerlichen Faktoren, die im Rahmen einer konventionellen Bankfinanzierung nicht einzubeziehen sind, vorteilhaft auswirkt. Neben der erwünschten Reduzierung der Gewerbe- und Ertragssteuer (als der wesentliche Unterschied zur traditionellen Kreditfinanzierung) stehen weitere steuerliche Ansatzpunkte im Blickpunkt des Leasingnehmers und somit auch im Interesse des Leasinggebers.

Die Eigenständigkeit und Unabhängigkeit des Leasingnehmers wird durch Immobilienleasing nicht negativ beeinflußt.

Der Leasinggeber trägt bei jeder Bauinvestition umfangreiche Risiken (Risikoträgerfunktion). Durch die lange Laufzeit von Immobilien-Leasing-Verträgen bedingt, wird auch der Leasinggeber langfristig an den Mieter gebunden, dessen wirtschaftliche Entwicklung über lange Zeiträume schwer zu prognostizieren ist. Vertrauen spielt bei jedem Leasingverhältnis eine wesentliche Bedeutung.

Während der Laufzeit des Leasingvertrags übernimmt der Leasinggeber die Vermögensverwaltung und Vermieterfunktion.

Die Funktionen des Leasinggebers sind im einzelnen:

- Investitionsfunktion
- Eigentümerfunktion

- Bauherren- und Baubetreuungsfunktion
- Kapitalnachfrage und Finanzierungsfunktion
- Risikoträgerfunktion
- Vermögensverwaltungsfunktion
- Vermieterfunktion

Besondere Vertragsgestaltungen

a) „sale-lease-back“

Immobilienleasing - in der Art eines „sale-lease-back“ - ist kein Rettungsanker zur Sanierung eines bereits angeschlagenen Unternehmens. Bei dieser Methode bleibt durch den Verkauf einer Betriebsimmobilie, verbunden mit gleichzeitigem Mieten des Objekts, dem Mieter die Nutzung des Objekts erhalten. Es fließen ihm liquide Mittel aus dem Verkaufserlös zu. Die Vorteile eines „sale-lease-back“-Geschäfts für den Leasingnehmer sind in der Praxis unbestritten.

„sale-lease-back“

b) „buy-and-lease“

Buy-and-lease-Geschäfte stellen ein weiteres Betätigungsfeld für Immobilienleasing dar. Hierbei bilden bereits bestehende Bauten den Gegenstand der Leasing-Verträge. Der Unterschied ist darin zu sehen, daß bei buy-and-lease-Geschäften das betreffende Objekt durch die Objektgesellschaft von einem dritten Unternehmen, Kommunen oder von privaten Investoren gekauft wird. Nach dem Erwerb wird das Objekt dann an den künftigen Nutzer (Leasingnehmer) weitervermietet.

„buy-and-lease“

8.6 Verwertungsmodelle im CRE

8.6.1 Modellvarianten

Modell I

Als Verwertungsziel bei diesem Modell in Abb. 64 wird das Grundstück mit einem Baurecht versehen und anschließend veräußert bzw. im Erbbaurecht vergeben. In Bezug auf eine mögliche Wertabschöpfungskette ist hierbei die erste Phase durchlaufen worden.

Verwertungsmodelle

Bei diesem Verwertungsmodell wird nur ein relativ geringer Eigenkapitaleinatz benötigt, wobei hauptsächlich Honorare für die planungstechnischen Leistungen von Dienstleistern anfallen werden.

Bautechnische Leistungen wie z.B. Abbruch- oder Rückbaumaßnahmen können hierbei entweder vom Grundstückseigentümer vor dem Verkauf selbst übernommen und entsprechend finanziert werden, oder der monitäre Aufwand wird ermittelt und fließt als mindernder Faktor in die Wertermittlung und somit auch in den Verkaufspreis des Grundstücks ein.

Modell II

Als Verwertungsziel soll bei diesem Modell die Wertabschöpfungskette komplett durchlaufen werden und es erfolgt eine Realisierung von Gebäuden.

Die Umsetzung aller erforderlichen Maßnahmen erfolgt in einer zu gründenden Gesellschaft mit Projektpartnern.

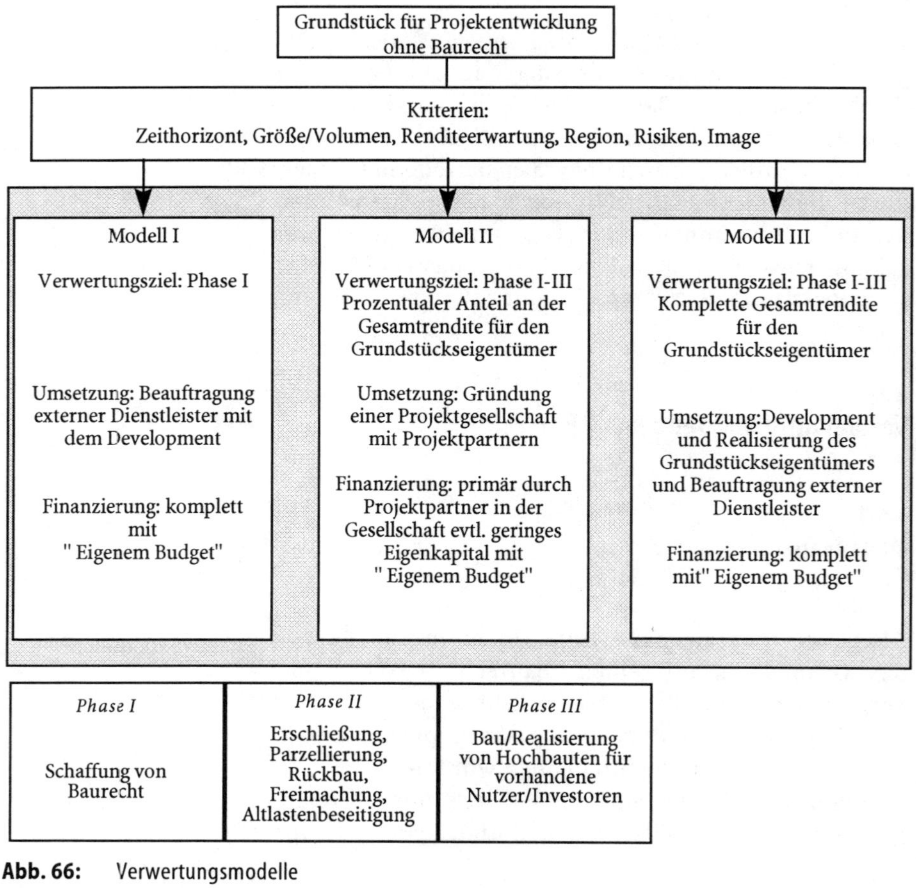

Abb. 66: Verwertungsmodelle

Die jeweiligen Partner sind in der gewählten Gesellschaftsform mit entsprechend prozentualen Anteilen vertreten. Die Aufteilung dieser Anteile erfolgt in aller Regel in Bezug auf die Leistung die der jeweilige Partner in das Projekt einbringt, sowie auf die Übernahme der vorhandenen Risiken.

Im Rahmen des CRE wird der Grundstückseigentümer als seine (primäre) Leistung das Grundstück in die Gesellschaft „einbringen". Seine Intension muß es hierbei, sein, für die Umsetzung des Projekts, die Finanzierung und Risikoübernahme auf die Projektpartner abzuwälzen.

Modell III

Das Verwertungsziel ist hierbei analog zu Modell II. Der Hauptunterschied liegt allerdings darin, daß der Grundstückseigentümer hierbei alleiniger Initiator der Finanzierungs- und Realisierungsmaßnahmen ist. Die Gesamtrendite muß im Gegensatz zu Modell II nicht mit den Projektpartnern geteilt werden, andererseits wird aber auch das Projektrisiko vom Grundstückseigentümer komplett getragen.

8.6.2
Beispiel eines Verwertungsmodells

Das Beispiel basiert auf der Darstellung der Varianten von verschiedenen Verwertungsmodellen, wobei das Modell II, mit dem Verwertungsziel der Phase I-III umgesetzt wird.

Strategischer Ansatz der in Abb.65 beschriebenen Gesellschaftsstruktur ist die Trennung von Management (deshalb Management-GmbH; langfristig) und Eigentum (deshalb Objektgesellschaft; lediglich projektbezogen; Dauer ca. 2-3 Jahre).

Die Management-GmbH ist hierbei eine für langfristige Zwecke geschlossene Gesellschaft, die grundsätzlich auch für weitere in Zukunft zu gründende Grundstücksgesellschaften per Geschäftsbesorgungsvertrag die Managementfunktion übernehmen soll.

Gesellschaftsstruktur

Der Grundstückseigentümer (GE) beteiligt sich mit einem Anteil von 51 v.H. an einer zu gründenden „Management-GmbH". Weitere Gesellschafter dieser GmbH sind ein Developer mit einem Anteil von 30 % und eine Bank mit einem Anteil in Höhe von 19 %.

Parallel wird eine Objektgesellschaft in der Rechtsform einer GmbH & Co KG gegründet („Grundstücks-GmbH & Co KG"). An dieser Gesellschaft sind der GE als Kommanditist mit einem Anteil von 51%, der Developer als Kommanditist mit einem Anteil von 30% und die Bank ebenfalls als Kommanditist mit einem Anteil von 19% beteiligt. Die Komplementär-GmbH, deren Gesellschafter die vorgenannten Kommanditisten mit den genannten Anteilen sind, ist vermögensmäßig nicht beteiligt.

Der GE wird das Areal an die „Grundstücks-GmbH & Co KG" veräußern. Gesellschaftszweck der GmbH & Co KG ist die Baureifmachung (Baurecht, Rückbau- und Abbruchmaßnahmen), die Erschließung, Parzellierung und anschließende Verwertung des Areals (entspricht der Phase 1 und 2 gemäß Abb. 10).

Die Komplementär-GmbH wird die ihr gesetzlich obliegende Geschäftsführungsfunktion nicht selbst ausüben, sondern, entsprechend der oben beschriebenen Leitidee, mit der Management-GmbH einen Geschäftsbesorgungsvertrag abschließen.

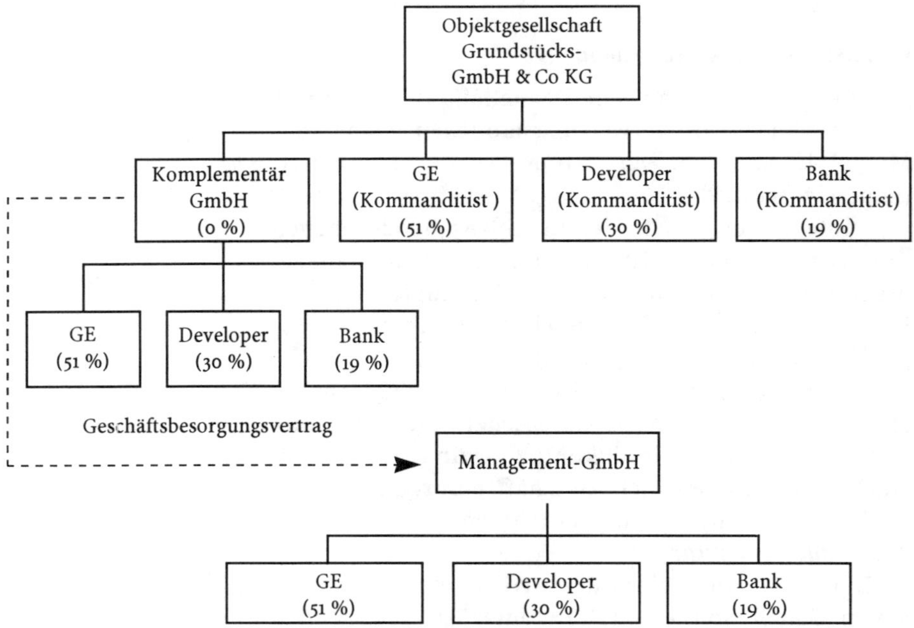

Abb. 67: Organigramm Grundstücks- und Objektgesellschaft

Will sich der GE nicht nur an der Entwicklung/Erschließung des Areals sondern auch an der Hochbautätigkeit unternehmerisch beteiligen, so kann dies entweder durch eine entsprechende Beteiligung an einer zu gründenden Hochbaugesellschaft erfolgen („Zwei-Stufen-Modell") oder mittels entsprechender Erweiterung des Gesellschaftszweckes der „Grundstücks-GmbH & Co KG" („Ein-Stufen-Modell").

<table>
<tr><th colspan="2">Personengesellschaft</th><th>Kapitalgesellschaft</th></tr>
<tr><th>GbR (ArGe)</th><th>GmbH & Co KG</th><th>GmbH</th></tr>
<tr><td>1. volle Haftung der G`ter</td><td>Haftungsbegrenzung</td><td>Haftungsbegrenzung</td></tr>
<tr><td colspan="2">2. gesetzliche Regelungen weitgehend dispositiv (freie Gestaltungsmöglichkeit)</td><td>gesetzliche Regelungen im GmbHG (weniger Gestaltungsmöglichkeiten)</td></tr>
<tr><td colspan="2">3. teilweise Ersparnis von Grunderwerbssteuer</td><td>volle Grunderwerbssteuer</td></tr>
<tr><td colspan="2">4. Vorteile bei Gewerbeertragssteuer (Freibetrag, Staffeltarif)</td><td>i.d.R. volle Gewerbeertragsteuer (kein Freibetrag, kein Staffeltarif)</td></tr>
<tr><td colspan="2">5. Transparenzprinzip (Verluste der Gesellschaft können von G`tern sofort genutzt werden)</td><td>Abschirmwirkung (G`ter können Verluste der Gesellschaft i.d.R. nicht nutzen)</td></tr>
<tr><td>6. Gründungskosten gering (nur 1x)</td><td>Gründungskosten für KG und GmbH (also 2x)</td><td>Gründungskosten für GmbH (nur 1x)</td></tr>
</table>

Abb. 68: Vergleich Personen-/Kapitalgesellschaft

Aufgaben der jeweiligen Gesellschafter:

Bank: Finanzierung des Gesamtprojektes
Developer: Projektentwicklung, Vermarktung
GE: Einbringen des Grundstückes in die Gesellschaft

Risiken der jeweiligen Gesellschafter

Bank: Übernahme des Finanzierungsrisikos

Developer: Projektentwicklungs- und Vermarktungsrisiko
GE: Risiko des Verlustes der Einlage in die Gesellschaft

In Abb. 68 sind einige Gründe aufgezählt, die für eine GmbH & Co KG als Besitz-/Objektgesellschaft sprechen.

9 Bauplanungs- und Bauordnungsrecht

9.1 Baurecht

Das Baurecht befaßt sich mit der bauordnungsrechtlichen Zulässigkeit der Bebauung sowie mit der Zulässigkeit der Bebauung von Grundstücken. Es handelt sich hierbei um öffentliches Recht, speziell um einen Teilbereich des besonderen Verwaltungsrechts. Staatliche Instanzen in Gestalt von Planungsträgern und Behörden treten hoheitlich den Grundstückseigentümern gegenüber auf.

„Die Errichtung, die Änderung, die Nutzungsänderung und der Abbruch baulicher Anlagen bedürfen der Baugenehmigung", heißt es im §62 SächsBO.

Öffentlich-rechtliche Vorschriften

Die Baugenehmigung ist zu erteilen, wenn dem Vorhaben keine öffentlich rechtlichen Vorschriften entgegenstehen (§70 SächsBO). Diese öffentlich-rechtlichen Vorschriften unterteilen sich in:

- das Bauordnungsrecht
- das Bauplanungsrecht
- die baurechtlichen Nebengesetze

Alle Bundesländer haben eigene Bauordnungen erlassen. Diese Landesbauordnungen gehen jedoch auf eine Musterbauordnung zurück, die eine Sachverständigenkommission des Bundes und der Länder ausgearbeitet hat. Die Bauordnungen der Länder unterscheiden sich deshalb nur minimal.

In den Bauordnungen sind eine Vielzahl sog. materieller Bauvorschriften enthalten, die vorwiegend klären, wie ein Bauvorhaben „auszusehen" hat. Darin wird z. B. vorgeschrieben, wie hoch ein Bauwerk errichtet werden darf und wie groß der Abstand zur Nachbarbebauung sein soll.

Am Anfang einer jeden Baumaßnahme muß jedoch erst geregelt werden, ob die Baumaßnahme überhaupt durchgeführt werden kann. Mit dieser Problematik befaßt sich das Bauplanungsrecht. Das Bauplanungsrecht ist Bundesrecht. Vorschriften dazu finden sich

- im Baugesetzbuch (BauGB);
- in der Baunutzungsverordnung (BauNVO);
- im Baugesetzbuch-Maßnahmengesetz (BauGB-MaßnahmenG).

Abb. 69: Planungshoheiten

Öffentlich-rechtliche Vorschriften, die dem Bauvorhaben nicht entgegenstehen dürfen, finden sich auch in einzelnen Bestimmungen sog. baurechtlichen Nebengesetzen. Dazu zählen:

- das Bundesnaturschutzgesetz
- das Bundesfernstraßengesetz
- das Wasserhaushaltsgesetz
- die Denkmalschutz- und Wassergesetze der Länder
- die Zweckentfremdungsverordnungen der Länder

- die Arbeitsstättenverordnung
- das Raumordnungsgesetz des Bundes
- die Landesplanungsgesetze u.a.

Abbildung 69 gibt einen Überblick über die Einordnung verschiedener Planungsbegriffe. Diese werden entsprechend ihrer Bedeutung für den Developer in den nachfolgenden Kapiteln näher erläutert.

9.1.1 Baurechtsausweisung von Grundstücken

Je nach Lage des Grundstücks ist der Weg bis zur Baufreigabe unterschiedlich lang. Im wesentlichen beinhaltet die Baurechtsausweisung bzw. Baureifmachung von Grundstücken 4 Stufen (gemäß Abb. 70):

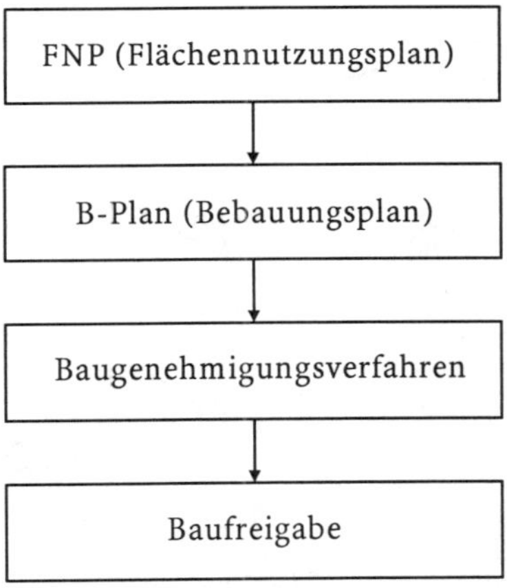

Abb. 70: Der Weg zur Baufreigabe

Für den Developer sind insbesondere die letzten 3 Stufen von Bedeutung. Eine Kenntnis des FNP empfiehlt sich allerdings insofern, als daraus entscheidende Vorgaben für den Bebauungsplan abgeleitet werden, da dieser sich wiederum aus dem FNP entwickelt.

Eine Besonderheit in diesem Zusammenhang stellen die planfestgestellten Flächen der DB AG dar. Im Flächennutzungsplan sind diese Areale mit keiner Bodennutzungsart ausgewiesen und werden in violetter Farbe dargestellt.

Werden solche Flächen entwickelt und mit einem möglichen Nutzungsszenario versehen, so stellen die angrenzenden und mit einer Nutzung ausgewiesenen

Areale im FNP, zumindest unter stadtplanerischen Aspekten, einen ersten Bezug dar.

Nachfolgend sollen die einzelnen Stufen der Baurechtausweisung erläutert werden.

Der Flächennutzungsplan (FNP)

Flächennutzungsplan

Der Flächennutzungsplan ist vor dem Bebauungsplan der erste Bauleitplan und somit ein vorbereitender Plan. Dieser stellt die sich aus der beabsichtigten städtebaulichen Entwicklung ergebende Art der Bodennutzung nach den voraussehbaren Bedürfnissen der Gemeinde für das gesamte Gemeindegebiet in den Grundzügen dar (§5, Abs.1 BauGB). Der FNP gibt noch kein Baurecht, sondern hat nur gemeindeinterne Wirkung.

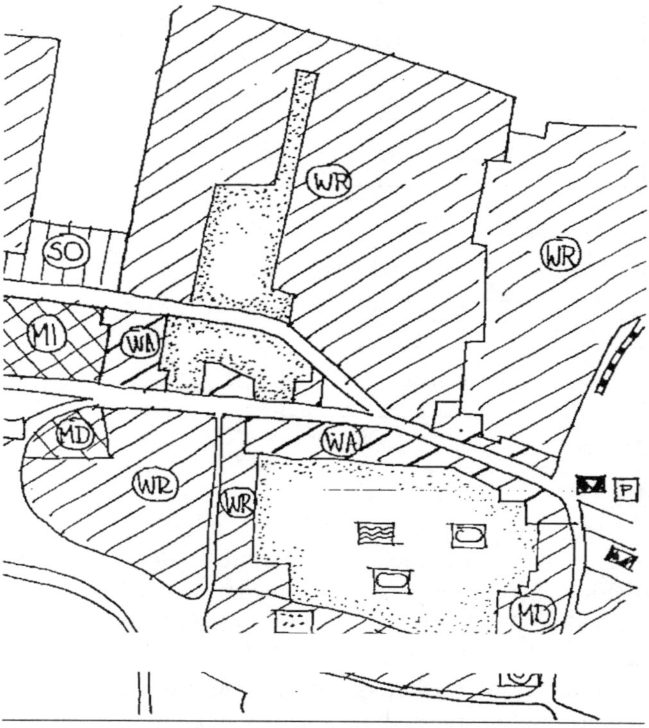

Abb. 71: Ausschnitt eines Flächennutzungsplankonzeptes

Die FNP werden für einen mittelfristigen Zeitraum von ca. 10 - 15 Jahren aufgestellt und beinhalten die Zielvorstellung der Raumordnung auf Gemeindebene.

Sein gesamtörtlicher Charakter macht den Flachennutzungsplan zum Bindeglied zwischen der überörtlichen Raumordnung und Landesplanung und der teilgebietsbezogenen Bebauungsplanung.[49]

§5 Abs.2 BauGB enthält einen - nicht erschöpfenden - Katalog von Bodennutzungen. Im Vordergrund steht die bauliche Nutzung. Im FNP können insbesondere die für die Bebauung vorgesehenen Flächen dargestellt werden nach:

- der allgemeinen Art ihrer baulichen Nutzung (Baufläche), z. B. „Wohnbaufläche"
- der besonderen Art ihrer baulichen Nutzung (Baugebiete), z. B. „reine", „allgemeine" und „besondere" Wohngebiete
- dem allgemeinen Maß der baulichen Nutzung, u.a. durch die Geschoßflächenzahl oder die Baumassenzahl

Die BauNVO legt die Kategorien fest, in denen die Darstellung im FNP erfolgen soll (§1 Abs.1,2 BauNVO).

Die Ergebnisse werden dargestellt als:

- Planzeichnung (ikonische Darstellung)
- Erläuterungsbericht (textliche Darstellung)

Der Ablauf zur Erstellung eines FNP erfolgt i. d. R. in folgenden Schritten:

- Bestandsaufnahme
- Erörterung und Festlegung der Entwicklungsziele
- Konzeption = Vorentwurf des FNP
- vorgezogene Bürgerbeteiligung und Beteiligung der Träger öffentlicher Belange
- Ergebnisdarstellung und Erläuterungsbericht
- Auslegungsbeschluß Gemeinde
- Bürgerbeteiligung und Beteiligung der Träger öffentlicher Belange
- Prüfung von Bedenken und Anregungen
- Feststellungsbeschluß
- Vorlage bei der Genehmigungsbehörde[50]

---

49 Vgl. Steiner, U.: Besonderes Verwaltungsrecht, Heidelberg 1992, S. 494

50 Vgl. Sommer, H.: Projektmanagement im Hochbau, Berlin/Heidelberg 1994, S. 46

Der Bebauungsplan

Der Bebauungsplan, der aus dem FNP zu entwickeln ist, stellt einen verbindlicher Bauleitplan dar.

Je nach Bedarf bezieht er sich auf ein größeres oder kleineres Teilgebiet der Gemeinde, in Ausnahmefällen umfaßt er das gesamte Gemeindegebiet oder auch nur ein einzelnes Grundstück.

Der Inhalt des Bebauungsplans ist in §9 BauGB geregelt. §9 Abs.1 BauGB enthält einen Katalog von Festsetzungskategorien, mit denen die zulassungsfähigen Bodennutzungsformen beschrieben werden. In der Regel werden folgende Festsetzungen definiert:

- *Art der baulichen Nutzung,* z.B. Wohnbauflächen oder gemischte Bauflächen
- *Maß der baulichen Nutzung* (§16 BauNVO)
  - Grundflächenzahl GRZ (§19 BauNVO): Grundstücksfläche x GRZ = max. bebaubare Grundstücksfläche
  - Geschoßflächenzahl GFZ (§20 BauNVO): Grundstücksfläche x GFZ = Gesamtfläche der zulässigen Geschoßflächen ab Erdgeschoß
  - Baumassenzahl BMZ (§21 BauNVO): Grundstücksfläche x BMZ = max. Kubatur über Erdreich
  - Höhe der baulichen Anlagen (§18 BauNVO)
  - Zahl der Vollgeschosse (Z), z.B. III = 3 Vollgeschosse
- *örtliche Verkehrsflächen,* i.d.R. Erschließungsstraßen
- *Bauweise* (§22 BauNVO)
- offene (o), geschlossene (g) oder eine sonstige Bauweise
- *überbaubare Grundstücksfläche* (§23 BauNVO)
  - Baulinie (§23 Abs.2)
  - Baugrenze (§23 Abs.3)
  - Bebauungstiefen (§23 Abs.4)
- Nutzungsregelungen

§17 BauNVO gibt Obergrenzen für die Bestimmung des Maßes der baulichen Nutzung vor.

In Abb. 72 ist ein vereinfachter Musterablauf eines Bebauungsplanverfahrens dargestellt.

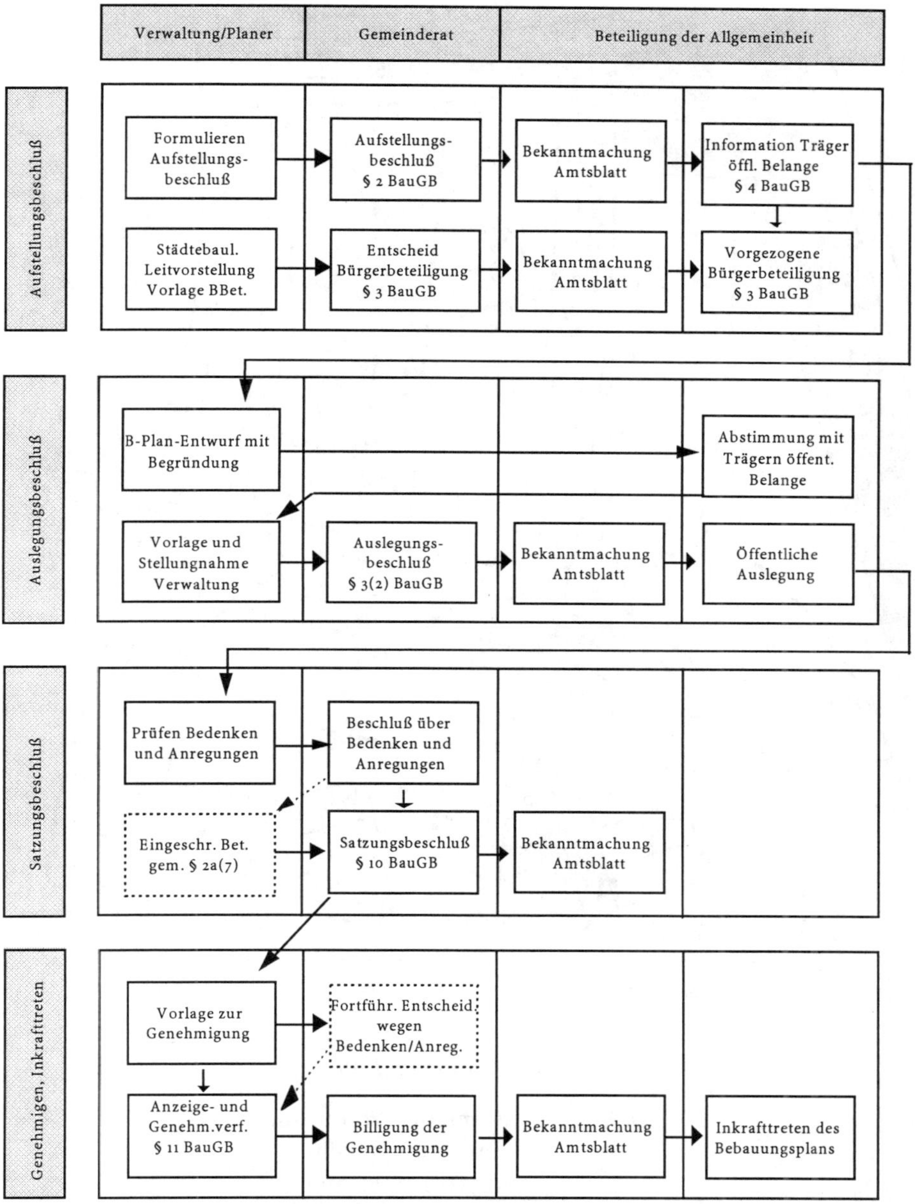

Abb. 72: Beispiel für den Ablauf eines Bebauungsplanverfahrens

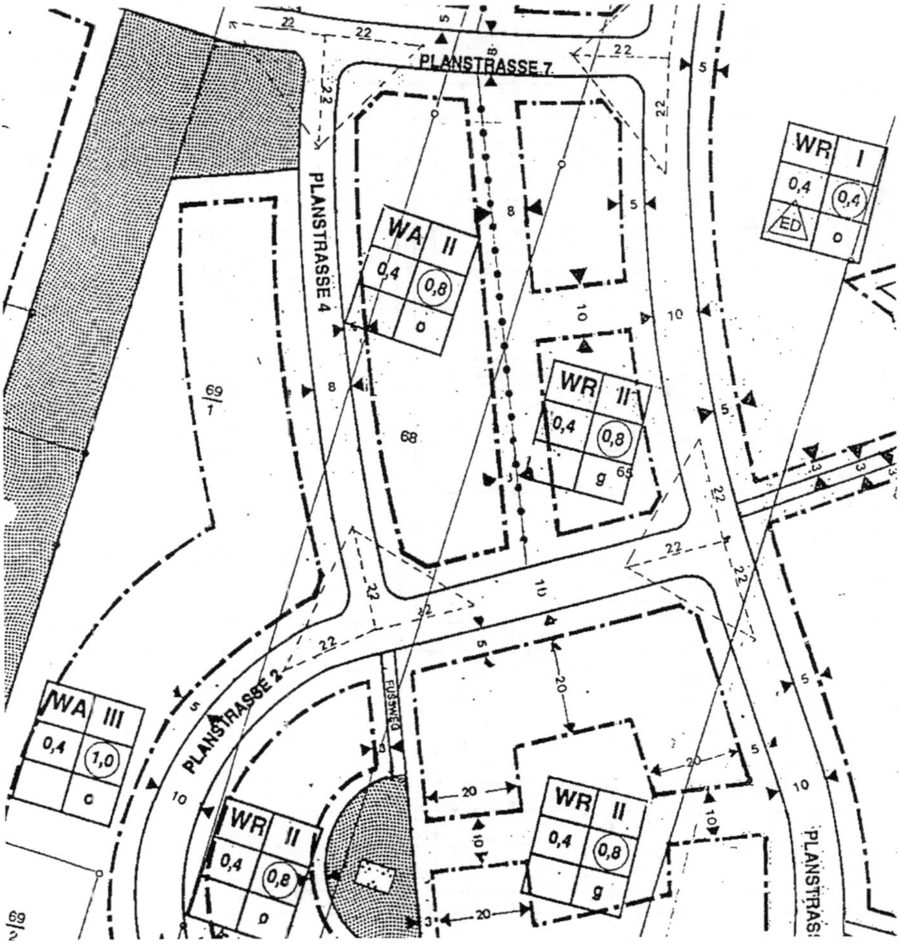

Abb. 73: Ausschnitt eines Bebauungsplans

Legende (BauNVO und PlanzV)

WA	Allgemeine Wohngebiete
WR	Reine Wohngebiete
0,4	GRZ, Grundflächenzahl
0,8	GFZ, Geschoßflächenzahl
II	Zahl der Vollgeschosse
g	Geschlossene Bauweise
ED	nur Einzel- und Doppelhäuser zulässig
-- -- --	Baugrenze
--------	Abgrenzung unterschiedlicher Nutzung

Das Baugenehmigungsverfahren

Baugenehmigungsverfahren

Hierbei werden die Planunterlagen und -vorstellungen des Bauwilligen auf die Einhaltung der öffentlich-rechtlichen Belange geprüft.

Die Errichtung, die Änderung, die Nutzungsänderung und der Abbruch baulicher Anlagen (§2 I MBO) sowie anderer Anlagen und Einrichtungen, an die baurechtliche Forderungen gestellt werden, sind nach den Landesbauordnungen grundsätzlich genehmigungsbedürftig (§61 MBO).

Das Genehmigungsverfahren ist stark formalisiert. Es beginnt mit der Stellung eines schriftlichen Bauantrags, dem alle für die Beurteilung des Bauantrags erforderlichen Unterlagen (Bauvorlagen) beizufügen sind (§63 Abs.1,2 MBO).

Diese Bauvorlagen müssen nach § 64 MBO von einem Entwurfsverfasser unterschrieben sein, der bauvorlageberechtigt ist (z. B. Architekt). Über Art, Inhalt, Beschaffenheit und Zahl der Bauvorlagen finden sich nähere Regelungen in den Bauvorlageverordnungen der Länder. Zu den Bauvorlagen gehören u.a.:

- *Lageplan* M 1:500 (M 1:1000)
  mit allen Nutzungsnachweisen (GFZ, GRZ, BMZ, Stellplätze), ggf. farbig anzulegen;
- *Bauzeichnungen:*
  Formatierte Entwurfspläne M 1:100
  mit Hinweis auf Antragsgegenstand, Baubewerber, Grundeigentümer, Planverfasser,
  ggf. farbig anzulegen;
- *Baubeschreibung:*
  Die Baubeschreibung ist ein funktional orientierter Erläuterungsbericht, in dem Konstruktion, Versorgungsanlagen und Nutzung verbal erläutert werden;
- *Standsicherheitsnachweis und die anderen bautechnischen Nachweise:*
  Für den Nachweis der Standsicherheit sind die Darstellungen des gesamten statischen Systems, die statische Berechnung und die Konstruktionspläne einzureichen. Außerdem sind im Bodengutachten die Beschaffenheit und Tragfähigkeit des Untergrundes anzugeben. Weiterhin sind Berechnungen und Konstruktionspläne für die Prüfung des Wärme-, Schall-

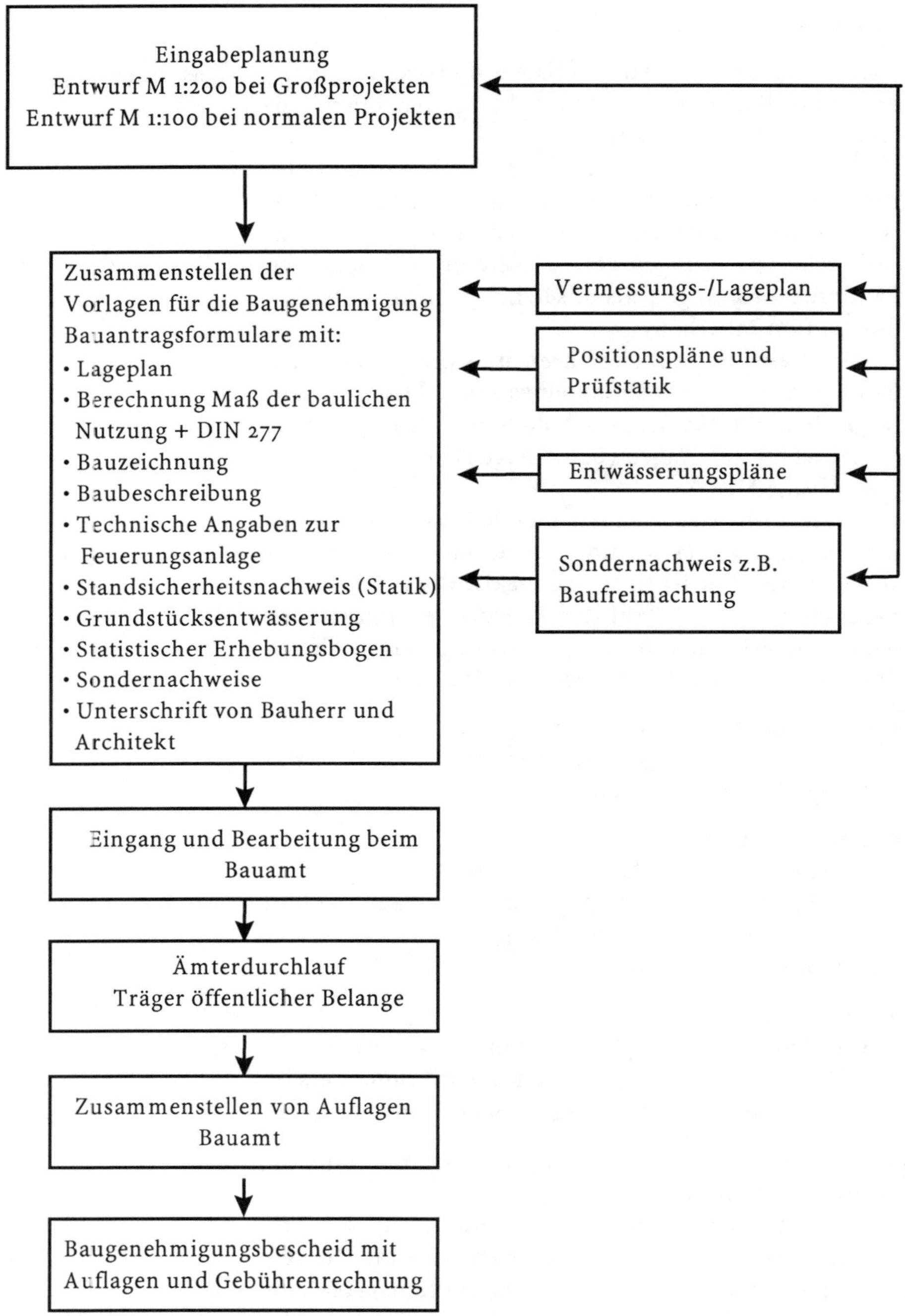

Abb. 74: Schemaablauf des Baugenehmigungsverfahrens

und Brandschutzes vorzulegen. Hierzu sind bei größeren Bauvorhaben Gutachter einzuschalten. Diese Unterlagen können bei größeren Bauten nachgereicht werden, allerdings so rechtzeitig, daß eine Prüfung vor Baubeginn möglich ist;

- *Darstellung der Grundstücksentwässerung*
  Die Grundstücksentwässerung (Abwasser und Niederschlagswasser) ist im Entwässerungsplan M 1:500 darzustellen und in einer gesonderten Baubeschreibung zu erläutern. Der Plan muß die vorhandenen und geplanten Leitungen sowie ihren Anschluß an die öffentliche Kanalisation enthalten (Lage, Abmessungen, Gefälle, Höhen).[51]

Der Bauantrag wird in den meisten Ländern bei der Gemeinde eingereicht, die ihn dann mit einer Stellungnahme versehen an ihr Bauamt weiterleitet.

Ist die Genehmigung von der Mitwirkung oder der selbständigen Genehmigung oder Erlaubnis einer anderen Behörde abhängig, so hat die Baubehörde ihrerseits den Antrag dorthin weiterzuleiten.

Folgende Behörden und öffentlich-rechtliche Unternehmen sind i.d.R. am Genehmigungsverfahren beteiligt:

- Bauplanungs- und -ordnungsamt
- Gewerbeaufsichtsamt
- Feuerwehr
- Träger öffentlicher Belange (TöB) z.B. Nachbargemeinden, Träger der Straßenbaulast

Der Ablauf des Genehmigungsverfahrens ist vereinfacht in Abb. 74 dargestellt.

Die Baufreigabe

Baufreigabe

Die Baufreigabe erfolgt grundsätzlich erst, wenn die Auflagen aus der Baugenehmigung erfüllt bzw. anerkannt sind und wenn für die einzelnen Abschnitte folgende Unterlagen vorliegen:

- für Abbrucharbeiten:
  Bauten- und Leitungsbestandsplan
- für Baugrundverbesserung:

[51] Vgl. Harmsen, D. : Analyse der Projektentwicklung im Immobilienmanagement, Karlsruhe 1990, S. 108

Bodengutachten und vom Bodengutachter geprüfte Pläne zur Verpressung u.a.

- für Baugrundumschließungen:
  Geprüfte statische Berechnung und Planunterlagen Verbau, Bodengutachten
- für Stahlbetonarbeiten:
  Geprüfte Statik, geprüfte Bewehrungspläne

Bei großen Bauten ist eine Baufreigabe in Etappen (Bauabschnitte, Geschosse) üblich, da zu Beginn der Arbeit nur wenige geprüfte Pläne vorliegen.

9.1.2 Besonderes zur Bebaubarkeit von Grundstücken

Bauvorhaben im nicht beplanten Innenbereich

Bauvorhaben Innenbereich

Die planungsrechtliche Entwicklung innerhalb der Gemeinden soll grundsätzlich durch Bebauungspläne gesteuert werden. Gleichwohl kommt es häufig vor, daß für Ortsteile keine Bebauungspläne vorhanden sind, so etwa in bereits bebauten Gebieten, in denen maßgebliche städtebauliche Entwicklungen nicht zu erwarten sind. In einem solchen Fall wäre es mit der im Eigentumsrecht wurzelnden Baufreiheit schwerlich vereinbar, wenn hier die Schließung einer Baulücke oder die Errichtung eines Ersatzbaus ohne weiteren städtebaulichen Grund allein am Fehlen eines Bebauungsplans scheitern müßte. Dies berücksichtigt § 34 BauGB, indem er auch innerhalb der im Zusammenhang bebauten Ortsteile (sog. Innenbereich), für die kein Bebauungsplan (§ 30 BauGB) besteht, ein Bauvorhaben für zulässig erklärt, wenn es sich in die bereits vorhandene Nachbarbebauung einfügt.

Ein solches Grundstück hat, auch ohne daß es von einem Bebauungsplan erfaßt wird, allein aufgrund seiner Lage bereits Baulandqualität.[52]

§ 34 BauGB kann durchaus auch für Teilflächen großer zusammenhängender Areale gelten, auf denen insgesamt noch kein Baurecht besteht. Unter kosten- und zeitbezogenen Aspekten eines für die Gesamtflächen durchzuführenden B-Plan-Verfahrens besteht unter einer solchen Voraussetzung die Möglichkeit, zumindest für definierte Teilflächen zeitlich relativ

---

52 Vgl. Steiner, U.: Besonderes Verwaltungsrecht, Heidelberg 1992, S. 533f

schnell an Verwertungserlöse zu gelangen. Jedoch nicht nur dieser Gesichtspunkt kann maßgeblich sein. So bietet eine schnelle Realisierung von Baumaßnahmen die Chance, auf solchen Teilflächen Induktionen und Initialzündungen für die Entwicklung und Verwertung der restlichen Flächen zu setzen.

Nach § 34 BauGB kann die Gemeinde durch sog. Abgrenzungssatzungen (Klarstellungssatzung) die Grenzen für die im Zusammenhang bebauten Flächen festlegen, um Streitigkeiten bezüglich der Zugehörigkeit eines Grundstücks zum Innen- oder Außenbereich zu vermeiden.

Noch weiter gehen in dieser Hinsicht Entwicklungssatzungen. Mit ihrer Hilfe können bebaute Bereiche im Außenbereich, sofern sie im Flächennutzungsplan als Bauflächen dargestellt sind, als im Zusammenhang bebaute Ortsteile ausgewiesen werden, für die dann die Bebaubarkeitsregelungen des § 34 Abs.1-3 BauGB gelten. Solchen Bereichen lassen sich darüber hinaus zu Abrundungszwecken (Abrundungssatzung) noch einzelne Grundstücke zuschlagen, die ihrerseits nicht in den bebauten Außenbereich fallen.

Bauvorhaben im Außenbereich

Bauvorhaben im Außenbereich

Das BauGB will mit seinen bebauungsrechtlichen Zulässigkeitsbeschränkungen städtebauliche Fehlentwicklungen verhindern. Dazu gehört, daß es Bauvorhaben auf Gebiete beschränkt, die entweder durch den Bebauungsplan ausdrücklich dafür vorgesehen oder die ohnehin schon im Zusammenhang bebaut sind. Wo weder §30 (Zulässigkeit von Vorhaben im Geltungsbereich eines Bebauungsplanes) noch §34 (Zulässigkeit von Vorhaben innerhalb der im Zusammenhang bebauten Ortsteile) BauGB als Zulässigkeitstatbestände eingreifen, im sog. Außenbereich, soll grundsätzlich nicht gebaut werden dürfen. Insbesondere die freie Natur soll nach Möglichkeit vor Zersiedlung geschützt und ihren eigentlichen Funktionen - landwirtschaftliche Nutzung, Erholung u. a. - vorbehalten bleiben. §35 BauGB bestimmt deshalb im einzelnen, welche Bebauung auch im Außenbereich zulässig sein soll. Hiernach werden zwei Gruppen von zulässigen Bauvorhaben unterschieden; die sog. privilegierten Bauvorhaben, die kraft Gesetzes im Außenbereich erlaubt sind, und die sonstigen Vorhaben, die im Einzelfall zugelassen werden können. In beiden Fällen, so bestimmt § 35 Abs.5 BauGB, soll aber vom Außenbereich nur schonend und flächensparend Gebrauch gemacht werden.[53]

Privilegierte

Die privilegierten Bauvorhaben zählt § 35 BauGB in Nr. 1 - 6 abschließend auf. Dies sind Vorhaben, die

- einem land- und forstwirtschaftlichen Betrieb dienen;
- einem ehemaligen Landwirt nach der Hofübergabe zu Wohnzwecken dienen;
- einer Landarbeiterstelle dienen;
- dem Fernmeldewesen, der öffentlichen Energie- und Wasserversorgung oder einem ortsgebundenen gewerblichen Betrieb dienen;
- wegen ihrer besonderen Anforderungen an die Umgebung, ihrer nachteiligen Wirkung auf die Umgebung oder ihrer besonderen Zweckbestimmung nur im Außenbereich ausgeführt werden sollen;
- im Zusammenhang mit der Nutzung von Kernenergie stehen.

Unter dem Gesichtspunkt entgegenstehender Belange muß darum jeweils geprüft werden, ob der vorgesehene Standort tatsächlich auch geeignet ist (BVerwGE 68, 311 (315)).

Sonstige Vorhaben können im Einzelfall zugelassen werden, wenn ihre Ausführung oder öffentliche Belange nicht beeinträchtigt werden. § 35 BauGB zählt beispielhaft auf, wann öffentliche Belange beeinträchtigt sind.

9.1.3 Eigentumsrechtliche Zulässigkeit von Bauvorhaben

Eigentumsrechtlicher Bestandsschutz

Eigentumsrechtlicher Bestandsschutz

Der Gedanke des Bestandschutzes beruht auf Art. 14 I 1 GG. Er bedeutet hier zunächst, daß eine einmal legal begründete bauliche Bodennutzung auch dann schutzwürdig bleibt, wenn sich die materielle Rechtslage dergestalt ändert, daß die Nutzung, würde sie erneut zur Genehmigung anstehen, nicht mehr genehmigungsfähig wäre (sog. passiver Bestandsschutz).

Unter der Voraussetzung, daß die baulichen Änderungen oder Erweiterungen nur begrenzter oder ge-

[53] Vgl. Steiner, U.: Besonderes Verwaltungsrecht, Heidelberg, 1992, S. 539

ringfügiger Art sind, zu keiner wesentlichen Änderung des ursprünglichen Bestands führen und die Identität des wiederhergestellten oder verbesserten mit dem ursprünglichen Bauwerk im wesentlichen wahren, hat die Rechtsprechung darum auch hier die Notwendigkeit eines Bestandsschutzes (sog. aktiver Bestandsschutz) anerkannt[54].

Genießt ein Gebäude Bestandsschutz, darf es nicht weiterhin so unterhalten und genutzt werden, wie es seinerzeit errichtet wurde; darüber hinaus sind auch Wiederherstellungs- und Reparaturarbeiten, in gewissem Umfange sogar Erweiterungen, denkbar. Man spricht hier vom überwirkenden Bestandsschutz.[55]

Eigentumsrechtliche Anspruchsposition

Während der Bestandsschutz vorwiegend dem vorhandenen Baubestand gilt, bezieht sich der Gesichtspunkt der eigentumsrechtlich verfestigten Anspruchsposition auf die bebauungsrechtliche Grundstücksqualität und schließt damit auch unbebaute oder nicht mehr bebaute Grundstücke ein. Er schützt vor allem eine einmal vorhanden gewesene, dann aber nicht mehr ausgenutzte Baulandqualität, sofern sich der damit ursprünglich gegebene Bebauungsanspruch eigentumskräftig verfestigt hat, vor nachteiligen Veränderungen der bebauungsrechtlichen Zulässigkeitsregelung.[56]

9.1.4 Verträge und Vereinbarungen

Städtebauliche Verträge

Die Realisierung großer Baukomplexe überfordert viele Gemeinden in personeller und finanzieller Hinsicht.

Das Gesetz bietet die Möglichkeit, durch städtebaulichen Vertrag die Gemeinden zu entlasten.

Es gibt drei Typen städtebaulicher Verträge:

Typen städtebaulicher Verträge

1. *Verträge zur Vorbereitung und Durchführung städtebaulicher Maßnahmen, nach § 6 Abs. 1 BauGB-MaßnahmenG*

---

[54] Vgl. BVerwGE 25, 161; 36, 296 (300ff.); 72, 362 (363f.)
[55] Vgl. Hauth, M.: Vom Bauleitplan zur Baugenehmigung, München 1995, S. 99
[56] Vgl. Steiner, U.: Besonderes Verwaltungsrecht, Heidelberg 1992, S. 547

Gemeinden können die Vorbereitung und Durchführung städtebaulicher Maßnahmen und die dadurch anfallenden Kosten auf einen Dritten übertragen. Vertragsgegenstand können sein:

- die privatrechtliche Neuordnung der Grundstücksverhältnisse
- die Bodensanierung und Freilegung von Grundstükken
- Ausarbeitung der erforderlichen städtebaulichen Planung
- die Erstellung von Marktgutachten
- sonstige Maßnahmen, die notwendig sind, damit Baumaßnahmen durchgeführt werden

Dabei ist strikt darauf zu achten, daß die Gemeinde mit dem Abschluß solcher Verträge keine unzulässigen Vorwegbindungen eingeht; sie darf sich also nicht verpflichten, einen Bebauungsplan überhaupt oder gar einen solchen mit einem bestimmten Inhalt aufzustellen.[57]

2. *Verträge zur Verwirklichung von Planungszielen, nach § 6 Abs.2 BauGB-MaßnahmenG*

Diese Verträge dienen der Sicherung der Ziele und Zwecke der Bauleitplanung. Hierzu gehören vertragliche Vereinbarungen mit dem Ziel,

- die Grundstücke binnen angemessener Frist einer Nutzung entsprechend den Festsetzungen des Bebauungsplans zuzuführen,
- den dringenden Wohnbedarf von Bevölkerungsgruppen mit besonderen Wohnraumversorgungsproblemen zu decken oder
- dem Wohnbedarf der ortsansässigen Bevölkerung zu dienen.

Der Investor verpflichtet sich, ganz bestimmte Baumaßnahmen (z. B. Bau von Sozialwohnungen) in einem genau festgelegten Zeitraum zu erstellen.

Folgelastenvertrag nach § 6 Abs.3 BauGB-MaßnahmenG

Folgenlastenvertrag

Der Bauwillige verpflichtet sich hierin, Kosten und sonstige Aufwendungen zu übernehmen, die der Ge-

57 Vgl. Hauth, M.: Vom Bauleitplan zur Baugenehmigung, München 1995, S. 93

meinde als Folge städtebaulicher Planung entstehen, für andere Erschließungsmaßnahmen sowie für Anlagen und Einrichtungen, die der Allgemeinheit dienen.

Zu diesen Anlagen und Einrichtungen zählen beispielsweise:

- Bildungs- und Kultureinrichtungen
- Sport-, Erholungs- und Freizeiteinrichtungen
- Gesundheits- und Sozialeinrichtungen
- Informationseinrichtungen

Die Bereitstellung erforderlicher Grundstücke kann ebenfalls vereinbart werden.

Der Phantasie der Gemeinde wird allerdings mit § 6 Abs. 3 und 4 eine deutliche Grenze gesetzt:

- die Kosten, Aufwendungen, Planungen, städtebaulichen Maßnahmen sowie Anlagen und Einrichtungen müssen Voraussetzung oder Folge des geplanten Vorhabens sein
- die vertraglich vereinbarten Leistungen müssen den Umständen nach angemessen sein
- die Vereinbarung einer vom Bauwilligen zu erbringenden Leistung ist unzulässig, wenn er auch ohne diese einen Anspruch auf Erteilung der Genehmigung hätte

Die Gemeinde kann also im Rahmen eines städtebaulichen Vertrags nur Maßnahmen, wie z.B. Grundstücksüberlassungen und Kosten fordern, die in einem nachvollziehbaren ursächlichen Zusammenhang mit dem Bauvorhaben stehen. Daraus folgt gleichzeitig, daß die entstandenen Kosten für Aufwendungen, die auch Bauvorhaben außerhalb des Bebauungsplangebiets dienen, nur teilweise auf den Investor umgelegt werden können. Die genannten Grundsätze der Verhältnismäßigkeit und Ursächlichkeit begrenzen somit die Zulässigkeit städtebaulicher Vereinbarungen.

3. *Öffentlich-rechtliche Erschließungsverträge*

Die Kosten für die Erstellung von Straßen, Strom-, Wasser-, Gas-, Elektro- und Fernwärmeleitungen sowie Abwasserkanälen belaufen sich nicht selten auf viele Milionen DM. Angesichts der leeren Kassen sind viele Gemeinden, auch und gerade in den neuen Bundesländern, nicht in der Lage, diese Kosten vorzufinanzieren und die Erschließungsmaßnahmen ausführen zu lassen, auch wenn sie die Kosten später über Erschließungsbeiträge von den Grundstückseigentümern und Anliegern zurückverlangen könnten.

§124 Abs.1 BauGB ermöglicht den Gemeinden, die Erschließung durch Vertrag auf den Investor zu übertragen. Nach diesem Vertrag verpflichtet sich der Investor gegenüber der Gemeinde, die Erschließungskosten ganz oder teilweise zu tragen, so daß die Gemeinde mit diesen Kosten auch nicht im Wege der Vorfinanzierung belastet wird. Selbst der 10 %ige Erschließungsaufwand, den die Gemeinde nach §129 BauGB selbst tragen müßte, kann in einem Vertrag nach §124 Abs.1 BauGB auf die Eigentümer abgewälzt werden. Das neue Investitionserleichterungsgesetz und Wohnbaulandgesetz garantiert diese Vertragsfreiheit.

Aufgrund eines schriftlichen Vertrags kann die Gemeinde mit einem Grundstückseigentümer vereinbaren, daß dieser die Erschließung eines bestimmten Gebiets in eigenem Namen und auf eigene Kosten übernimmt und die Erschließungsanlage nach ihrer Fertigstellung auf die Gemeinde überträgt, die sie als öffentliche Erschließungsanlage widmet und betreibt.[58]

Die Gemeinde kann mit dem Investor in dem Erschließungsvertrag auch Leistungen für Anlagen vereinbaren, die das Baugesetzbuch nicht als eigentliche Erschließungsanlagen aufzählt, die aber für die Erschließung dennoch notwendig sind (§124 Abs.2 BauGB).

Ein Beispiel für nicht beitragsfähige Erschließungsanlagen sind Regenrückhaltebecken, ohne die eine Kläranlage bei starken Regenfällen überlastet würde. Die Kosten hierfür könnten weder als Erschließungsanlage nach BauGB noch als leitungsgebundene Anlage nach den Kommunalabgabegesetzen umgelegt werden, wohl aber aufgrund eines Erschließungsvertrags, und damit auf Kosten des Erschließungsträgers.[59]

Die vertraglich vereinbarten Leistungen müssen den gesamten Umständen nach angemessen sein und im sachlichen Zusammenhang mit der Erschließung stehen. Ist dies nicht der Fall, ist der Vertrag nichtig. Der Erschließungsträger hat damit die Möglichkeit, seine

---

58 Vgl. Hauth, M.: Vom Bauleitplan zur Baugenehmigung, München 1995, S. 90

59 Vgl. ebenda, S. 90

Leistungen zurückzuverlangen, selbst wenn er sein Bauvorhaben fertiggestellt und veräußert hat.

Es sei in diesem Zusammenhang nochmals erwähnt, wie wichtig eine effiziente Erschließungsplanung im Zusammenhang mit dem Kostenaufwand für diese baulichen Maßnahmen ist. Gerade in Bezug zum CRE und der Entwicklung eigener Flächen ist dies ein Kostenpart der leicht unterschätzt wird und im weiteren Entwicklungsverlauf ein Projekt zum Scheitern bringen kann.

Vorhaben- und Erschließungsplan (VEP)

Der Plan zur Durchführung von Vorhaben und Erschließungsmaßnahmen begründet ebenso wie ein Bebauungsplan die Zulässigkeit von Bebauungsvorhaben (§ 7 BauGB-MaßnahmenG).

Bestimmte dringliche Vorhaben, die nach den §§ 30, 31 und 33-35 BauGB nicht genehmigungsfähig sind, können von den Gemeinden in einem verkürzten Planungsverfahren durch Satzung zugelassen werden. Damit wird die zeitraubende Aufstellung eines B-Plans umgangen. Der Investor muß hierzu der Gemeinde einen Vorhaben- und Erschließungsplan vorlegen. Nach Abstimmung des Vorhabens mit der Gemeinde muß sich der Vorhabenträger zur Durchführung innerhalb einer bestimmten Frist und zur Tragung der Planungs- und Erschließungskosten ganz oder teilweise im Rahmen eines Durchführungsvertrags verpflichten.

Der VEP besteht aus zwei Komponenten:

1. Dem vom Investor ausgearbeiteten *Vorhaben- und Erschließungsplan* mit der dazu von der Gemeinde erlassenen Satzung;
2. Dem *Durchführungsvertrag*, ohne den der VEP nicht als Satzung beschlossen werden darf.

Explizite Vorschriften über den Inhalt des Plans existieren nicht. Allerdings ist der Inhalt frühzeitig mit der Gemeinde abzustimmen, um vermeidbare Kosten nicht entstehen zu lassen. Der Plan muß mindestens den Inhalt eines B-Plans haben, also Aussagen über die Art und das Maß der Nutzung enthalten, da ansonsten die im § 7 Abs.4 geforderte planungsrechtliche Beurteilung durch die Gemeinde nicht möglich ist.

Sind Grundstücksabtretungen oder sonstige Grundstücksgeschäfte im Rahmen der Durchführung erforderlich, so besteht Beurkundungspflicht nach § 313 BGB.

Vor dem Erlaß der - genehmigungspflichtigen - Satzung sind die Bürger und Träger öffentlicher Belange zu beteiligen; im Unterschied zum B-Plan aber nur die betroffenen Bürger und die berührten Träger öffentlicher Belange.

Die fristgemäß vorgebrachten Bedenken und Anregungen werden von der Gemeinde ebenso wie im Bauleitplanverfahren geprüft und das Ergebnis den Einwendungsführern mitgeteilt. Sodann faßt die Gemeinde den Satzungsbeschluß, womit der VEP Planreife bekommt. Dies ist deshalb von besonderer Bedeutung, weil es im Gegensatz zu der bisher gültigen Vorschrift jetzt auch auf den VEP §33 BauGB (Zulässigkeit von Vorhaben während der Planaufstellung) anzuwenden ist. Damit wird die Zulässigkeit eines Bauvorhabens im Geltungsbereich des VEP zweimal ganz entscheidend beschleunigt: Zu Anfang, weil der Investitionsträger bereits den fertigen Planentwurf vorlegt, und am Ende, weil die Baugenehmigung bereits bei Planreife zu erteilen ist.[60]

Die Satzung muß nach §7 Abs.2 mit einer geordneten städtebaulichen Entwicklung vereinbar sein und ist aus dem Flächennutzungsplan zu entwickeln. Der VEP muß also auch für die städtebauliche Entwicklung erforderlich sein und ist den Zielen der Raumordnung und Landesplanung anzupassen.

§7 Abs.5 eröffnet der Gemeinde die Möglichkeit, die Satzung entschädigungslos aufzuheben, falls der VEP nicht innerhalb der vereinbarten Frist durchgeführt wird.

Im Zusammenhang mit der Entwicklung und Verwertung nicht mehr betriebsnotwendiger Areale wird das wohl meist gewünschte „Instrumentarium" zum Erlangen von Baurecht, nämlich nach §34 BauGB, mit Sicherheit die Ausnahme bilden.

Bebauungsplan und VEP bilden demzufolge die wichtigsten Werkzeuge zum Erlangen des Baurechts.

Nachfolgend sollen Probleme und Schwachstellen, die Vor- und Nachteile des VEP sowie ein genereller Vergleich zwischen beiden Verfahren erfolgen.

---

[60] Vgl. Hauth, M.: Vom Bauleitplan zur Baugenehmigung, München 1995, S. 78

Probleme und Schwachstellen des VEP

Probleme und Schwachstellen des VEP

- Fehlende oder mangelhafte Fachplanung (z.B. Verkehrs- und technische Erschließung) sowie genereller Mangel an Erfahrung des oder der Planenden
- Unzureichende Abstimmung mit den Genehmigungs- und Fachbehörden mit dem Resultat einer Konfrontation statt Kooperationshaltung
- Mangelnde Rechtsberatung bei Gemeinde und Investor
- Unterschätzung des örtlichen Kommunikations- und Handlungsbedarfes (business is local) sowie häufig wechselnde Ansprechpartner
- Zeitschiene der Durchführungspflichten kann bei zu später Einbindung von Behörden kritisch verlaufen
- Unterschätzung des zeitlichen Aufwands für Gesprächs- und Verhandlungsaufwand zum Abschluß von Verträgen (u.U. jeweils Einzelerschließungsverträge für Wasser, Gas usw.)
- Mangelnde Analyse des Baugrunds hinsichtlich Altlasten
- Vorsicht bei An- bzw. Abgrenzungsbereichen des VEP-Gebiets (z.B. Verkehrsplanungen und damit verbundene Kosten- und Abgrenzungsprobleme, angrenzender Planungsbereiche)
- zu geringes Erkennen und Wichten von politischen Konstellationen, Sonderwünschen u.ä. der Gemeinden

In Abb. 75 werden unter dem Aspekt „Bebauungsplan oder Vorhaben- und Erschließungsplan" die Vor- und Nachteile des VEP aus Sicht des Investors bzw. Vorhabenträgers dargelegt.

Welches Instrumentarium, entweder Bebauungsplan oder Vorhaben- und Erschließungsplan, bietet sich aus der Sichtweise des CRE zur Schaffung von Baurecht auf nicht mehr betriebsnotwendigen und somit verwertbaren Flächen an?

Vorteile der VEP

Die wichtigsten Vorteile des VEP, nämlich das vereinfachte Planverfahren, um konkrete und damit meist kleinere Vorhaben in kürzerer Zeit zu realisieren, erweist sich als adäquates Instrumentarium nur in Verbindung mit klar definierten baulichen Absichten und folglich einem damit vorhandenen Nutzer!

Spekulative bauliche Maßnahmen sind grundsätzlich im Kontext zum CRE als ad absurdum zu führen.

	Vorteil VEP	**Nachteil VEP**
Verfahrensdauer	• Wegfall der vorgezogenen Bürgerbeteiligung • Parallelschaltung der Beteiligung TöB mit Auslegungsverfahren • Fristsetzung für TöB	• evtl. wenig praktische Erfahrung
Verfahrenshoheit	• Möglichkeit der inhaltlichen und zeitlichen Steuerung der Planung	
Verfahrenskosten		• Kosten für Projektmanagement, städtebauliche Planung, Fachplanungen z. B. Lärmschutz, UVP) zu Lasten Vorhabentr.
Realisierung	• Durchführung der Erschließung in eigener Regie und zeitl. Steuerung	• Fristgebunde Durchführungsverpflichtung • Erschließungskosten sowie u.U. auch gebietsbezogene äußere Erschließung. • bei Gewerbegebieten keine GRW-Mittel
Baugenehmigung	• Möglichkeit (bei Einzelvorhaben) gleichzeitig VEP- und Baugenehm.	

Abb. 75: Vor- und Nachteile des VEP

Andererseits werden Versuche, gerade in der momentan schwierigen Lage des Immobilienmarkts, größere zusammenhängende Areale, die ungeordnet und ohne Baurecht versehen sind zu verkaufen (als ein mögliches Verwertungsmodell), mit Sicherheit nicht zum Erfolg führen.

Der entscheidende Vorteil des B-Plan-Verfahrens liegt aus Sichtweise des CRE in der Möglichkeit, auf großflächigen Arealen Baurecht zu schaffen, ohne sich dem zwingend zeitlichen Verwertungs- und Realisierungsdruck eines VEP aussetzen zu müssen. Die Vorgaben, die hier für die Umsetzung späterer baulicher Maßnahmen getroffen werden, liegen in aller Regel auf einem Detaillierungsgrad, der es gestatten, den Entwicklungstendenzen des Immobilienmarkts im Detail weiterhin Rechnung zu tragen und konkrete bauliche Maßnahmen durch den vorhandenen planerischen Spielraum trotzdem zu ermöglichen.

Abschließend soll Abb. 76 nochmals ein Vergleich zwischen Bebauungsplan und Vorhaben- und Erschließungsplan in Bezug auf die jeweiligen Verfahrensschritte aufgezeigt werden.

9.2 Erbbaurecht

Das Erbbaurecht stellt eine Verwertungsmöglichkeit eines Grundstücks dar und steht im Rahmen des CRE als alternative Möglichkeit zum Verkauf eines Grundstücks.

Das Erbbaurecht (Rechtsgrundlage bildet die Erbbaurechtsverordnung - ErbbauVO) räumt das Recht ein, unmittelbar auf bzw. unterhalb der Oberfläche eines fremden Grundstücks ein Bauwerk zu besitzen. Das Erbbaurecht ist belastbar, vererblich und veräußerbar.

Bedeutung erlangte das Erbbaurecht aufgrund der Möglichkeit, für die Bevölkerung preisgünstigen Wohnraum zu schaffen, ohne daß diese hohe Kaufpreise für Grund und Boden zahlen mußte.

Nach dem II. Weltkrieg wurde das Erbbaurecht auch für gewerblich nutzbare Grundstücke geschaffen.

Bestellung des Erbbaurechts

In der Regel erfolgt die Bestellung von Erbbaurechten für einen Zeitraum von 50 - 99 Jahren. Der Erbbaurechtsvertrag bedarf gleich dem Grundstückskaufvertrag der notariellen Beurkundung und ist im Grundbuch einzutragen. Für diese Eintragung wird ein gesondertes Grundbuchblatt angelegt (Erbbaugrundbuch). Dabei gilt zu beachten, daß lediglich das Gebäude, nicht jedoch das Grundstück, Vertragsbestandteil ist.

Bauwerke im Sinne der ErbbauVO sind z. B. Gebäude aller Art, Brücken, Leitungsmasten, unterirdische Tanks, Tennis- und Kinderspielplätze usw..

Bebauungsplan	Vorhaben- und Erschließungsplan (VEP)	Bemerkung
Voruntersuchung		
Aufstellungsbeschluß		
Grundlagenermittlung und Vorentwurfsplanung		
Vorgez. Bürger-beteiligung (§ 3 I) | Beteiligung TÖB + NachbarG (angm. Frist)	Grundlagenermittlung, Vor- und Entwurfsplanung in Abst. mit Gemeinde	• Verdichtung Planungsprzeß • keine vorgz. Bürgerbeg. eigene Reg. in 7 III 2 + 3 MG
Überarbeitung zur Entwurfsfassung (endg. Fassung)	Vorl. Entwurf mit Antrag	
Billigungsbeschluß	Einleitungsbeschluß	
Öffentliche Auslegung (3 II)+ Nachricht TÖB (1 Monat)	Öff. Aus-legung (Regel) (1 Mo./2 Wo.) | Beteilg. TÖB + NachbarG (1 Mo./Anh.I)	• TÖB - Bet. parallel zu öffl. Ausl. (7 III 3 MG) • öffl. Ausl. auf bis zu 2. Wo. verkürzbar (7 III 3,2 III Mo.) • TÖB - Verkürzung auf 1 Mo. (ZIV) bzw. Anh.-Termin + 2 Wo.
Abwägung und Planüberarbeitung	Abwägung und Planüberarbeitung	
Erneute Auslegung (ggf. nur Bet.) + Nachricht TÖB (1 Monat)	Erneute Auslegung (ggf. nur Bet.) + Nachricht TÖB (1 Monat)	• öffl. Ausl. auf bis zu 2 Wo. verkürzbar (2 III), wie oben • TÖB - Verkürzung wie oben
Abwägung und Erstellung genehmigungsf. Planfas.	Abwägung und Erstellung genehmigungsf. Planfas.	
Satzungsschluß	Satzungsschluß	
Genehmigungsverfahren (bzw. Anzeigenverfahren)	Genehmigungsverfahren (bzw. Anzeigenverfahren)	• nBl: max 1. Mo. (246 a I Nr. 4) • aBL: nur Anzeigeverfahren
Genehmigung	Genehmigung	
Bekanntmachung und Inkrafttreten	Bekanntmachung und Inkrafttreten	• aBL: entfällt (Anzeigeverfahren)

Abb. 76: Verfahrensvergleich BBP/VEP

Erbbauzins

Für die Laufzeit des Erbbauvertrags wird die Höhe eines zu zahlenden Entgelts in Form wiederkehrender Leistungen (Erbbauzins) bereits im voraus festgelegt.

Aufgrund der langen Laufzeit eines Erbbaurechts sind Zinsanpassungsklauseln zulässiger Vertragsbestandteil, welche eine Anpassung der Zahlungen an die sich ändernden Wertverhältnisse ermöglichen. Eine Anpassung des Erbbauzinses an den Bodenpreisindex ist gemäß § 9 a ErbbauVO unzulässig.

Beträgt der Kaufkraftschwund mehr als 60%, kann diese Entwicklung auch Veränderungen von Erbbaurechtsverträgen ohne Zinsanpassungsklauseln bewirken.

Ablauf des Erbbaurechts

Nach Ablauf des Zeitraums, für welchen das Erbbaurecht bestellt wurde, erlischt das Erbbaurecht und das Gebäude geht in das Eigentum des Grundstücksbesitzers über. Die Höhe einer eventuell zu zahlenden Entschädigung ist im Erbbaurechtsvertrag zu bestimmen.

Nur unter besonderen Umständen (z.B. §9 Abs.3 ErbbauVO: Zahlungsverzug des Erbbauberechtigten oder Änderung der vertraglich beabsichtigten Nutzung des aufstehenden Gebäudes), ist der Erbbauverpflichtete berechtigt, von dem Erbbauberechtigten die vorzeitige Übertragung des Erbbaurechtes zu verlangen (Heimfallanspruch). Auch in diesem Fall hat eine dem Zeitwert des Gebäudes entsprechende Entschädigung zu erfolgen.[61]

Bedeutung des Erbbaurechts

Das Erbbaurecht stellt eine besondere Form der Finanzierung für den Bauherrn dar, da:

- der Kaufpreis für das Grundstück entfällt
- eine Anpassung des Erbbauzinss an Grundstückswertsteigerungen zwar grundsätzlich möglich, aber gesetzlich stark eingegrenzt ist
- der Erbbauzins von den Schwankungen der Bankzinsen unabhängig ist
- die Laufzeit des Erbbaurechts der Nutzungsdauer des Gebäudes entspricht - ein Ausgleich wird durch mögliche Erneuerungen des Erbbaurechts oder eine Kaufoption zugunsten des Berechtigten erreicht[62]

---

[61] Vgl. Simon, J.: Die Last mit der Belastung, in: Immobilienmanager Ost 94, S. 64

[62] Vgl. Henning van Muellern: Aktuelles Fachlexikon für den Immobilienmakler, Augsburg 1995, S. 90

9.3 Verfahrensgrundsätze zur sozialgerechten Bodennutzung

Ausgangslage zu dieser Systematik sind die Stadtratsbeschlüsse der Landeshauptstadt München vom 23.03.1994 und vom 26.07.1995. Grundgedanke hierbei ist aus Sicht der Stadt München, daß die allgemein erheblich verschlechterte Haushaltslage der Gemeinden (und dies trifft nicht nur für München zu) die großen wirtschaftlichen Belastungen durch deren städtebauliche Planungen und die damit verbundenen Kosten für infrastrukturelle Maßnahmen die Gemeinden an die Grenze der finanziellen Leistungsfähigkeit stellen. Diese Entwicklung stellt mittlerweile ein ernsthaftes Planungshindernis dar, mit der Konsequenz, die Planungstätigkeit der Gemeinden weitgehend einzuschränken, oder aber im Zusammenwirken mit den Planungsbegünstigten (Eigentümer oder Erwerber bzw. Bauwillige) die Finanzierung der ausgelösten Kosten sicherzustellen.

Dieses Verfahren wird angewendet bei:

- Bebauungsplänen (§ 8 BauGB)
- Vorhaben- und Erschließungsplänen (§ 7 BauGB-MaßnahmenG)
- erweiterten Abrundungssatzungen (§ 4 Abs. 2a BauGB-MaßnahmenG)

Das Verfahren wird nicht angewendet, wenn Baurecht nach § 34 BauGB erteilt werden kann!

Verfahrensgrundsätze

Die Verfahrensgrundsätze zur sozialgerechten Bodennutzung sind inhaltlich unterteilt in:

1. Leistungsverpflichtete
2. Lasten
3. Umfang der Verpflichtungen
4. Vorhaben, die Gegenstand einer Kostenübernahme sind
5. Art der Einbringung der Leistung
6. Verfahren
7. Zeitpunkt der Leistung, Sicherheiten

Im Rahmen dieses Abschnitts sollen die Punkte 2 und 3 näher betrachtet werden.

Zu 2. Lasten:

Die Planungsbegünstigten sollen, ggf. anteilig, die von den Planungsvorhaben ausgelösten ursächlichen Kosten und Aufwendungen sowie kostenrelevante Bindungen zur Sicherung bestimmter städtebaulicher Ziele übernehmen, wobei es sich um folgende Kostenarten und kostenrelevante Bindungen handeln kann:

Kostenarten/ kostenrelevante Bindungen

- Flächenabtretungen für im Planungsgebiet vorgesehene Erschließungsanlagen, für Gemeindeeinrichtungen und für naturschutzrechtlich gebotene Ausgleichs- und Ersatzmaßnahmen, soweit diese nicht bei den Planungsbegünstigten verbleiben
- Herstellungskosten der Erschließungsanlagen und der Ausgleichs- und Ersatzmaßnahmen
- Herstellungskosten der ursächlich sozialen Infrastruktur, Ablösung dieser Verpflichtung durch einen anteiligen Finanzierungsbeitrag von 130 DM/m² Geschoßfläche möglich
- ggf. Wettbewerbskosten, Honorare nach HOAI bei Vergabe von Leistungen an Dritte, Kosten für Gutachten, Umlegungskosten
- Verzicht auf Ansprüche, z. B. wegen Eingriffs in den eingereichten und ausgeübten Gewerbebetrieb
- bei der Förderung des sozialen Wohnungsbaus wird im 1. Förderweg ein Grundstückswert von 300 DM/m² Geschoßfläche und eine Erschließungspauschale von 150 DM/m² Geschoßfläche, bei Eigentumsmaßnahmen im 2. Förderweg ein Grundstückswert von 900 DM/m² - und eine Erschließungspauschale von 150 DM/m² Geschoßfläche anerkannt. Der Anteil des sozialen Wohnungsbaus beträgt 30 % des neu geschaffenen Baurechts, soweit es für den Wohnungsbau vorgesehen ist. Die Sozialquote soll sich zu etwa zwei Drittel auf den 1. Förderweg und zu etwa einem Drittel auf den 2. Förderweg verteilen
- bei Ausweisung gewerblichen Baurechts eine Übernahme von Bindungen bzw. eine Zurverfügungstellung von Flächen zur langfristigen Ansiedlung und/oder Sicherung von Arbeitsplätzen insbesondere ortsansässiger Gewerbenutzungen des sekundären Sektors sowie zur Sicherung und Förderung der gemischten Wirtschaftsstruktur

Zu 3. Umfang der Verpflichtungen:

Die Planungsbegünstigen sollen unter Berücksichtigung des Grundsatzes der Angemessenheit im Zusammenhang mit der Planung stehenden Lasten übernehmen und sich zu einer Bebauung gemäß den planungsrechtlichen Festsetzungen innerhalb eines angemessenen Zeitraums, ggf. unter Berücksichtigung einer Änderung der allgemeinen wirtschaftlichen Verhältnisse, verpflichten.

Im allgemeinen wird davon ausgegangen, daß dem Grundsatz der Angemessenheit Rechnung getragen wird, wenn den Planungsbegünstigten *mindestens ein Drittel des planungsbedingten Wertzuwachses* der Grundstücke als Investitionsanreiz und zur Deckung ihrer individuellen Kosten einschließlich eines angemessenen Ansatzes für Wagnis und Gewinn verbleibt. Liegen die Lasten unter dieser Deckelungsgrenze, verbleibt den Planungsbegünstigten demgemäß ein größerer Anteil.

Diese Begrenzung dient dem Schutz des Planungsbegünstigten, weil auch darüber hinausgehende Belastungen noch angemessen sein könnten. Rechtfertigen im Einzelfall die Gesamtumstände die Annahme, daß trotz Verbleibs von mindestens einem Drittel des planungsbedingten Wertzuwachses die wirtschaftliche Gesamtbelastung des Planungsbegünstigten unangemessen ist, so ist dies beim Umfang der geforderten Leistungen zu berücksichtigen. Den Planungsbegünstigten obliegt es, ihre wirtschaftliche Gesamtbelastung darzulegen und ggf. nachzuweisen. In diesem Fall können Leistungen angemessen gemindert werden, sofern die Finanzierung anderweitig gesichert ist.

Bodenwertzuwachs

Der Bodenwertzuwachs (Bruttowertzuwachs) wird aus der Differenz des Bodenwertes der Grundstücke *vor* der Überplanung *(Anfangswert)* und *nach* der Überplanung *(Endwert)* errechnet. Auszugehen ist von objektiven, für jedermann geltenden Werte.

Anfangswert

Beim *Anfangswert* wird der Bodenwert der Grundstücke im Bebauungsplanumgriff vor der Überplanung ermittelt. Flächen mit Baurecht werden dabei nach baurechtlichem Status quo (ohne Berücksichtigung von Entwicklungschancen) bewertet. Bei Nichtbaulandflächen wird die Bewertung jeweils aufgrund von Erfah-

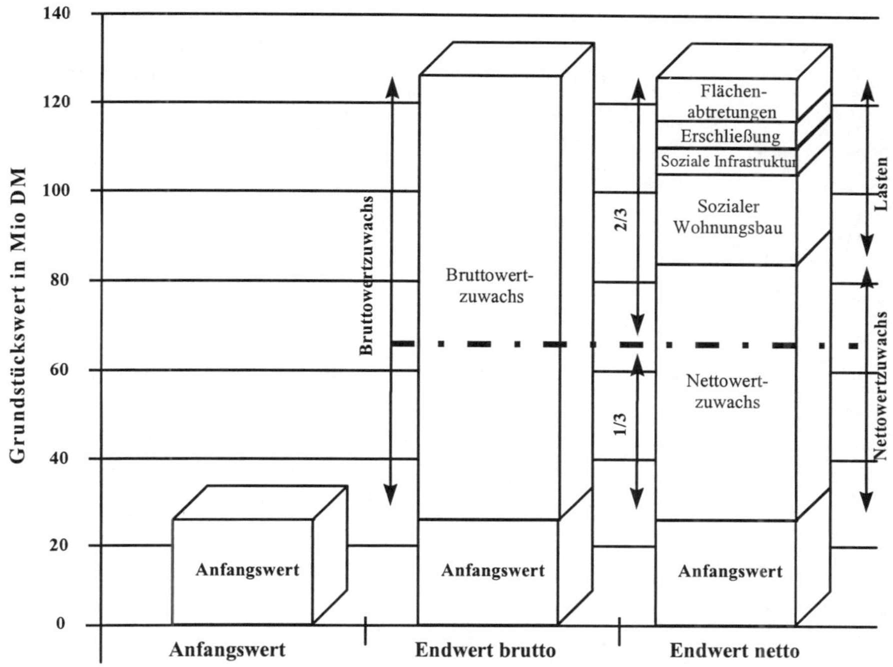

Abb. 77: Graphische Darstellung der Bodenwertsteigerung im Verhältnis zu den Kosten der Planung und zur 2/3-Belastungsgrenze als Beispiel

rungswerten für entwicklungsbeeinflußtes Bauerwartungsland vorgenommen.

Dem wird der *Endwert* für den gesamten Bebauungsplanumgriff gegenübergestellt. Dabei wird für Bauland der Bodenwert für erschließungsfreies Nettobauland entsprechend den baurechtlichen Daten nach dem vorgesehenen B-Plan ermittelt. Verkehrs-, Grün- und Gemeinbedarfsflächen werden mit dem Anfangswert angesetzt.

Die Systematik der Verfahrensgrundsätze zur sozialgerechten Bodenordnung wird bislang nur von der Landeshauptstadt München angewendet. Inhaltlich erscheint sie als „erweiterte Auslegung" des im Mai 1993 in Kraft getretenen Investitions- und Wohnbaulandgesetzes, welches den Gemeinden ermöglicht, Lasten städtebaulicher Planungen durch den „Planungsbegünstigten" tragen zu lassen. Defakto stellt diese Systematik eine Wertabschöpfung durch die Gemeinden in Bezug auf die Entwicklungsmaßnahme des jeweiligen Investors dar. Das hierdurch der Anreiz für

Entwicklungs- und Investitionsmaßnahmen aus Sichtweise eines Investors gehemmt werden, erscheint nachvollziehbar. Inwieweit diese Verfahrensgrundsätze zukünftig auch von anderen Städten und Gemeinden zur Anwendung kommen, bleibt abzuwarten (gemäß Abb. 77).

10 Vermarktung

In Verbindung mit der Vermarktung von Gewerbeimmobilien wird häufig auch von Immobilienmarketing gesprochen. Das Marketing hat seinen Ursprung in den USA zu Beginn des Jahrhunderts und bezog sich ursprünglich nur auf Gebrauchsgüter. Es stellt ein wesentliches Element dar, um auf gesättigten Märkten ein Produkt positiv von einem anderen abzuheben. Dazu wird das Produkt mit bestimmten Assoziationen verbunden und diesem somit ein bestimmtes Image verliehen. Im Zuge der Weiterentwicklung kamen zur reinen Werbung auch noch die Analyse und die Kontrolle von Märkten hinzu, die zum Ziel haben, Marktpotentiale und Marktvolumen durch gezielte Trendsteuerung zu beeinflussen.

Marketing

Marketing umfaßt man somit die Planungs-, Koordinierungs- und Kontrollfunktion aller Unternehmensaktivitäten in Bezug auf aktuelle und potentielle Märkte. Marketing gewerblicher Immobilien bedeutet demnach die Summe aller unternehmerischen Maßnahmen, die zur Beschaffung, zum Verkauf oder zur Vermietung einer gewerblichen Immobilie beitragen. Die dauerhafte Befriedigung immobilienbezogener Kundenbedürfnisse erhält somit oberste Priorität. Die Elemente, die zu diesem Geflecht von Aktivitäten des Marketings gehören, lassen sich folgendermaßen unterteilen:

- das *Produkt* mit seiner Entwicklung hinsichtlich z. B. technischer, ökonomischer oder gestalterischer Anforderungen
- der *Preis* hinsichtlich Gestaltung und Kalkulation des Produkts (primär zielgruppenabhängig)
- der *Vertrieb* mit der Systematik, wie das Produkt zum Kunden gelangt

- der *Werbung* mit z. B. Mailings, Spots oder Broschüren
- die *Öffentlichkeitsarbeit* (Public Relation) mit öffentlichkeitsrelevanter Distribution

10.1 Marketingpolitische Besonderheiten

Markttransparenz

Der gewerbliche Immobilienmarkt ist in eine Vielzahl von regionalen Teilmärkten zersplittert, die sich in ihren lokalen Segmenten durch ausgesprochene Heterogenität auszeichnen. In den meisten Fällen handelt es sich um anonyme Märkte, die nur sehr wenig Markttransparenz aufweisen. In den letzten Jahren ist ein deutlicher Anstieg der Markttransparenz zu verzeichnen, der auf zunehmend detaillierte Veröffentlichungen und Publikationen national und international operierender Maklerorganisationen, Geschäftsberichte offener Immobilienfonds, sowie professionell arbeitender regionaler Makler zurückzuführen ist. Eine zunehmende Internationalisierung der Immobilienmärkte wird in Zukunft für zusätzliche Transparenz sorgen.

Die Differenziertheit des Vermarktungsgegenstandes hat die Entwicklung einheitlicher Vermarktungsrichtlinien bisher weitgehend verhindert. Da sich die Nachfragestruktur ebenfalls sehr differenziert darstellt, ist eine individuelle, maßgeschneiderte Kundenansprache für eine erfolgreiche Vermarktungsstrategie unerläßlich. Zusätzlich ergibt sich ein hoher Beratungs-, Service- und Dienstleistungsbedarf, da heutige Nachfrager zunehmend komplette Problemlösungen wünschen.[63]

10.1.1 Marktforschung

Absatzpolitische Entscheidungen führen nur zu einem erwarteten Erfolg, wenn ihnen Informationen im Hinblick auf die absatzbeeinflussenden Marktdaten zugrunde liegen. Daraus resultiert die Aufgabe der Marktforschung, Daten dieser Art zu konkretisieren und für den Entscheidungsprozeß aufzubereiten. Eine besondere Rolle spielen dabei die:

---

[63] Vgl. Kühne-Bühnig/Heuer: Grundlagen der Wohnungs- und Immobilienwirtschaft, Frankfurt 1994, S. 618-619

- Marktbeobachtung und -analyse
- Laufende Verfolgung der Entwicklung und Veränderung des Markts und das Aufzeigen von Ursachen für eine Marktveränderung
- Motivforschung
  Meinungen und Motive der aktuellen und potentiellen Mieter stellen eine wichtige Entscheidungsbasis hinsichtlich zukünftiger marktstrategischer Aktionen da.[64]

10.1.2 Objektart

Wenn man von Immobilienmarketing spricht, spielt es eine bedeutende Rolle, welche Art von Objekt man vermarkten will. Je nachdem, ob es sich um ein Bürohaus oder um einen Gewerbepark handelt, unterscheiden sich die Marketingmaßnahmen. Auch wenn es sich nur um eine Objektart handelt, müssen noch weitere Unterscheidungen vorgenommen werden. Handelt es sich nur um ein kleines Objekt kann schon eine Vermietungsbroschüre ausreichend sein. Bei einem größeren Objekt muß wahrscheinlich für jedes einzelne Teilsegment (z. B. jeweils einzelne Häuser) eine eigene Broschüre erstellt werden. Die Objektart und die Beschaffenheit des Objekts legen praktisch im Vorfeld Art und Umfang des Immobilienmarketings fest.[65]

10.1.3 Zeitliche Zielsetzung

Eine weitere wichtige Komponente ist die zeitliche Zielsetzung. In Zeiten steigender Mieten wollen viele Bauherren von der Marktentwicklung profitieren, um zu möglichst hohen Konditionen zu vermieten. Unter diesen Umständen ist die beste Vermietungszeit zwischen sechs Monaten vor und sechs Monaten nach der Fertigstellung des Projekts. Dies würde bedeuten, daß erst relativ spät mit der Vermarktung angefangen werden sollte. Andere Bauherren und Investoren bestehen darauf, die Vermarktung des Objekts so früh wie mög-

---

64 Vgl. Kühne-Bühnig/Heuer: Grundlagen der Wohnungs- und Immobilienwirtschaft, Frankfurt 1994,S. 479.

65 Vgl. Falk: Gewerbeimmobilien, Landsberg-Lech 1994, S. 49

lich zu beginnen, um so das Vermietungsrisiko im späteren Projektverlauf zu minimieren.

Vermietungszeitpunkt

Die Frage, ob so früh oder so spät wie möglich vermieten werden sollte, hängt wesentlich von der Entwicklungsphase des sog. „Schweinezyklus" ab. Erfahrungen belegen, daß Angebot und Nachfrage in der Regel durch einen fünf bis zehn Jahre dauernden Zyklus gehen. In Zeiten des Überangebots wird die Bautätigkeit eingeschränkt, mit dem Ergebnis, daß es nach einiger Zeit wieder zu einem Nachfrageüberhang kommt. Darauf folgt wieder eine rege Bautätigkeit bis zum nächsten Überangebot. Wichtig für die Vermarktung ist es, genau zu wissen, in welcher Phase des Zyklus sich der Markt gerade befindet. Dies setzt wiederum eine genaue Marktbeobachtung voraus.

Die Vermarktungsprinzipien von Immobilien unterscheiden sich nicht wesentlich von anderen Gebrauchsgütern. In Zeiten eines Nachfrageüberhangs und somit auch entsprechender Konkurrenzangebote, kann das beste Ergebnis erreicht werden, indem einem entsprechenden Objekt auf dem Markt ein bestimmtes Image verschafft wird.

In dieser Boom-Phase wird leider all zu oft ungenügend auf die Ansprüche der Nutzer eingegangen. Umfangreiche Marketingrecherchen, wie sie in anderen Industriezweigen üblich sind, werden nicht für erforderlich gehalten. Die Ergebnisse spiegeln das wider, was Entwickler und Architekten als marktkonform erachten. Die Lösungen sind weitgehend vorgegeben, und erst nach Realisierung des Bauvorhabens zeigt sich, ob sie langfristig am Markt bestehen können.

Die Schwierigkeiten am Immobilienmarkt seit Anfang der 90er Jahre haben bei den Immobilienentwicklern ein Umdenken verursacht. Mehr und mehr rücken die Wünsche der Mieter / Nutzer in den Mittelpunkt des Interesses. Die neue Erkenntnis ist, daß ein Immobilienmarketing nur dauerhaft greifen kann, wenn die Nutzeransprüche von Beginn an konsequent verfolgt werden. Deshalb wird bereits bei Projektbeginn von dem Entwickler und von den später an der Vermarktung Beteiligten eine Zielgruppendefinition erarbeitet und ein Anforderungsprofil erstellt.

Die Anforderungen werden in einem Marketingkonzept umgesetzt, in dem Marketingmaßnahmen formuliert werden, die nach einem festgelegten Zeitplan umzusetzen sind.

Im Blickfeld der Marketingstrategie steht zunächst die Gebäudekonzeption, die im Hinblick auf eine dauerhafte, optimale Nutzungsfähigkeit und Drittverwendbarkeit flexibel gehalten werden muß. Auch die laufenden Bewirtschaftungskosten der Immobilie nehmen im Zusammenhang mit der Vermarktung der Immobilie an Bedeutung zu.

Gebäudegestaltung

Gebäudegestaltung

Für die optimale Gebäudetiefe haben sich bei klassischen Bürobauten bis heute gewisse Kriterien entwikkelt. Meist wird ein zweibündiges Gebäude geplant, dessen Mittelflur jeweils rechts und links von Büros gesäumt wird. Je nach der gewünschten „Großzügigkeit" kommt man auf Gebäudetiefen von ca. 13-15 m. Winkelbauten schaffen Dunkelzonen, die geschickt für Toiletten, Aufzüge etc. genutzt werden sollten. Die Gebäudegestalt hängt oft vom Zuschnitt des Grundstücks und den öffentlich-rechtlichen Baugrenzen ab. Häufig wird - jedenfalls von Seiten der Developer - versucht, möglichst viel Nutzfläche auf das Grundstück zu „pressen". Dadurch wird zwar das Verhältnis von Grundstücksanteil zur Nutzfläche verbessert, es fragt sich jedoch, ob diese Maßnahme auch der Rendite- und Wertentwicklungserwartung zuträglich ist. Diese wirkt sich nämlich auch auf die Baukosten aus. Eine größere Flurbreite kostet Kubikmeter umbauten Raumes und damit Geld. Eine geringere Bürotiefe führt dagegen zu Einsparungen bei den Baukosten. Sie kann geboten sein, wenn der Mieter im Rahmen seiner Überlegungen zur „lean administration" die Fläche pro Arbeitsplatz unbedingt verringern will und dafür intern organisatorisch vorgesorgt hat. Sollen in einer Konzeption aber Gruppenräume gebildet werden, so sind z.B. 4,30 m Raumtiefe oft zu wenig.

Dementsprechend ist auch die Frage der Stockwerkshöhe zu beurteilen. Eine größere Stockwerkshöhe kostet ebenfalls Baumasse und bringt evtl. erhöhte Gründungskosten und eine größere Fassadenfläche mit sich. Die Stockwerkshöhe entscheidet aber maßgeblich darüber, ob Großräume, Sitzungssäle o.ä. realisiert werden können. Sie entscheidet ebenfalls, ob später zusätzliche Leitungen für Luft, Wasser, Elektrizität, usw.

untergebracht werden können, die zunächst nicht als nötig erachtet, später aber erforderlich werden.

In der Praxis spielt hierbei die zulässige Gebäudehöhe eine große Rolle. Oft kann die erlaubte Geschoßzahl nur zu Lasten der jeweiligen Stockwerkshöhen genutzt werden. Ein Verzicht auf ein ganzes Stockwerk und damit eine drastische Verschlechterung der Grundstücksausnutzung, fällt naturgemäß jedem Developer und auch jedem Investor sehr schwer. Sie kann aber im Hinblick auf das richtige Gebäudekonzept am rechten Ort und für den richtigen Mieter geboten sein. Auch bei diesen langfristig wirksamen Entscheidungen sollte man bei den Baukosten keine falsche Sparsamkeit walten lassen. Machmal wird hierbei eine Lösung gesucht, indem ein nur teilweise aus dem Grundstücksniveau herausragendes Untergeschoß angelegt wird oder die Staffelgeschosse flacher gestaltet werden. Das kann sich als ein teurer Kompromiß herausstellen, weil die so entstandenen Flächen - bei verhältnismäßig hohen Baukosten - einen geringeren Nutz- und Mietwert aufweisen.

Drittverwendung

Insbesondere bei Spezialimmobilien wie Gewerbeparks, Seniorenheimen, Hotels und vor allem Einzelhandelsimmobilien kann es erforderlich werden, dem Gebäude eine spätere Umnutzung zu ermöglichen. Ein SB-Warenhaus in ein Gebäude für „shop-in-shop“ umzurüsten, erfordert so tiefgehende Eingriffe, daß Vorsorgemaßnahmen bei der Erstellung des Gebäudes kaum wirtschaftlich sind. Wohl aber können z.B. bei einem Seniorenheim bauliche Vorkehrungen sinnvoll sein: Auch wenn zunächst nur ein gewisser Teil für „normales“ Altenwohnen geplant ist, kann sich der Pflegeteil im Nachhinein schnell ausweiten und die Einbeziehung von Wohnappartements erfordern. Deshalb wird es meist sinnvoll und auch wirtschaftlich sein, von Anfang an etwa die Breite der Türen, die Größe von Aufzügen und die Zugänglichkeit von Bädern, etc. auf Pflegebedürfnisse abzustimmen. Dies sind Investitionen, die zunächst zwar keine Zinsen abwerfen, aber eine spätere Nutzungsänderung erst ermöglichen. Hier ist wiederum eine weit vorausschauende Investitionsentscheidung gefragt. Eine analoge Vorgehensweise kann auch für Hotelkonzeptionen gelten, die einmal in

Appartement- oder Boardinghäuser umgenutzt werden sollen. Bei Gewerbeparks geht es in erster Linie um die Maßgabe hinsichtlich einer gewissen Flexibilität durch Vergrößerung und Verkleinerung der Büro- oder Serviceflächenangebote.

Geringe Baukosten zu Lasten der Flexibilität zu fordern, kann für das Investment langfristig sehr nachteilig sein. Steht der Mieter von Anfang an fest, so wird meist auf seine speziellen Bedürfnisse hin geplant und gebaut. Schon bei klassischen Büroimmobilien können so Einschränkungen für eine später notwendige Nutzungsänderung entstehen. Die anfänglich gute Rendite ist bei Auszug eines Erstmieters schnell verspielt. Auch zehn Jahre Laufzeit sind schneller vergangen, als es dem Investor manchmal lieb ist. Eine „Rückbauverpflichtung" des Mieters in Bezug auf dessen spezifisches Anforderungsprofil, läßt sich seitens des Vermieters kaum durchsetzen oder praktisch handhaben.

Instandhaltung/Bewirtschaftung

Instandhaltung/ Bewirtschaftung

Die Instandhaltung verursacht Kosten zu Lasten der Rendite. Heute wird oft versucht, die Pflichten des Vermieters auf die Instandhaltung von „Dach und Fach" zu begrenzen. Dies läßt sich aber nicht immer umsetzen. Wenn diese Klausel vereinbart werden kann, so geht sie meist zu Lasten der Miethöhe, denn auch der Mieter kalkuliert das übernommene Instandhaltungsrisiko. Das Risiko der Instandhaltungskosten ist somit von großer Bedeutung für die Rendite. Dieses Risiko zu minimieren, ist ein wichtiges Gebot für den langfristig kalkulierenden Investor. Eine Fassade aus Naturstein, die möglichst „selbstreinigend" ist, keine Schmutznasen bildet, zwecks Neuanstrich nicht eingerüstet werden muß, und für kleinere Reparaturen vorbereitet ist, bedeutet auf Dauer erhebliche Einsparungsmöglichkeiten bei den Instandhaltungskosten, obwohl die Baukosten in der Realisierung vergleichsweise höher kalkuliert werden müssen.

Als weiteres Beispiel müssen Bürotrennwände durch Umzug oder interne Neustrukturierung der entsprechenden Nutzer oftmals umgebaut und versetzt werden, um sich somit der neuen Situation anzupassen, was nicht nur Geld kostet, sondern auch die Mieter durch Bauarbeiten, Schmutz usw. in deren Nutzung beeinträchtigt. Ein System, das solche Versetzungen erleichtert, mag in der Investition anfänglich teurer, aber langfristig im Unterhalt günstiger sein. Eine natürlich belüftete Garage vermeidet die ansonsten evtl. notwendigen Sprinkleranlagen oder auch CO_2-Warnanlagen. Diese Beispiele sollen aufzeigen, daß zusätzlich notwendige Baukosten langfristig durchaus wirtschaftlich sein können (speziell unter den Aspekten des FM!); es kommt somit nicht allein auf die Perspektive einer größtmöglichen Reduktion der Baukosten an, sondern daß der Zusammenhang zu sämtlichen Faktoren hinsichtlich Erstellung, Betrieb und Unterhalt beachtet werden muß, aus denen sich letztlich die Wirtschaftlichkeit und die Rendite der Investition ergeben.

Bewirtschaftungskosten

Die Bewirtschaftungskosten werden im allgemeinen vom Mieter getragen und sind daher für den Investor vordergründig keine unmittelbare Position in seiner Rechnung. Allerdings werden die Bewirtschaftungskosten heutzutage zu Recht als „zweite Miete" bezeichnet. Sie betragen je nach Gebäude und Nutzungsart zwischen 4 und 8 DM/qm Nutzfläche. Bei besonderer Ausstattung und Klimatisierung kann die 10 DM-Grenze erreicht und sogar erheblich überschritten werden. Das sind Größenordnungen, die jeder Mieter ins Kalkül zieht. Sie berühren die Wettbewerbsfähigkeit des Objekts ganz unmittelbar.

Häufig können die Bewirtschaftungskosten nur niedrig gehalten werden, indem am Bau die entsprechenden Investitionen getätigt werden, z. B. um einen erhöhten Energie- und Wasserverbrauch zu verhindern. Hinzu kommen die Kosten der Wartung für alle technischen Ausstattungen bis hin zur Sicherheitseinrichtung. Bei der Vergabe der Bauaufträge für diese Gewerke sollte in diesem Zusammenhang auch gleichzeitig ein Angebot für einen entsprechenden Wartungsvertrag gefordert werden.

10.2 Zielgruppen und Konkurrenzobjekte

Allgemeine Betrachtungen

Zielgruppen

Für eine effektive Marketingstrategie ist Marktforschung unerläßlich. Es muß zunächst festgestellt werden, welche Zielgruppen für das Objekt angepeilt werden sollen. Hierfür ist es wichtig zu wissen, welche potentiellen Nutzer in den unterschiedlichsten Lagen Flächen suchen und welche Bedürfnisse sie haben. Die Größe und Ausstattung der Mieteinheiten muß weitgehend flexibel gehalten werden, um ein möglichst breites Band dieser Bedürfnisse abzudecken. Zusätzlich müssen noch die Wünsche des Bauherren mit berücksichtigt werden. Manche Bauherrn wollen lieber größere Mieter mit entsprechendem Flächenbedarf oder Komplettmieter (kleinteilige Vermietung = hoher Verwaltungsaufwand) und sind bereit, diesen bei der Mietpreisfestsetzung entgegen zu kommen.

Die Zielgruppe ist natürlich auch von der Konkurrenzsituation abhängig. Hier ist es wichtig, die Stärken und Schwächen der Konkurrenten festzustellen und in die eigene Strategie mit einzubinden.[66]

10.3 Büro- und Verwaltungsgebäude

Der Markt für Büro- und Verwaltungsgebäude weist immer noch einen hohen Grad an Anonymität auf. Durch vielfache kurzfristige Dispositionen der Nachfrager kommt es hier immer wieder zu zyklischen Schwankungen. Dies hat auch dazu geführt, daß der früher praktizierte Vorratsbau bei Büroimmobilien heute schwieriger geworden ist.[67] Die notwendig gewordene parallele Durchführung von Projektplanung und Nutzerakquisition stellt erhöhte Anforderungen an eine erfolgreiche Mieter- bzw. Käuferakquisition.[68]

Akquisition

In einem bestehenden Käufermarkt wählt der potentielle Mieter aus einem reichen Angebot und fällt seine Entscheidung nicht mehr ausschließlich nach den Kriterien Standort, Infrastruktur und Mietkosten. Das Thema „funktionale Qualität" von Bürogebäuden gewinnt zunehmend an Bedeutung.

Die Zunahme qualifizierter Mitarbeiter, neue Arbeitsformen und veränderte technische Möglichkeiten stellen neue Anforderungen an den Büroarbeitsplatz und somit auch an das Bürogebäude. Darüber hinaus

---

66 Vgl. Falk: Gewerbeimmobilien, Landsberg-Lech 1994, S. 50-50

67 Vgl. Feinen: Stürzt der gewerbliche Immobilienmarkt in die Krise, in: Der langfristige Kredit, 1994, S. 340ff.

68 Vgl. Kühne-Bühnig / Heuer: Grundlagen der Wohnungs- und Immobilienwirtschaft, Frankfurt 1994, S. 619

wollen dynamische Unternehmen in immer kürzeren Zyklen die Raumstrukturen an ihre geänderte Organisation anpassen.

Die Neuorientierung des Markts verlangt neue Marketingstrategien. Büroimmobilien heben sich vom übrigen Angebot ab, wenn von Beginn an auf die veränderten und sich ändernden Bedürfnisse der Büronutzer der Projektentwicklung eingegangen wird.

Der Markt fordert intelligente Bürogebäude, die in der Lage sind, mit den Ansprüchen ihrer Nutzer mitzuwachsen.

10.4 Intelligente Bürogebäude

Die Organisation bestimmt das Gebäude

Organisation

Dynamische Markt- und Umfeldbedingungen bringen Bewegung in unsere Unternehmen. Die veränderten Arbeitsinhalte müssen sich auch in modernen Bürogebäuden wiederfinden. Es gibt demzufolge keine Standardlösung für alle Unternehmen. Wirtschaftlich sinnvolle Flexibilitätskonzepte sind gefordert. Das Gebäude hat sich der Organisation unterzuordnen und nicht umgekehrt.

Streben nach Begegnungsqualität

„Eine Konferenz ist eine Sitzung, bei der viele hineingehen, aber wenig herauskommt." Unternehmensfortschritt findet dort statt, wo spontan reagiert werden kann. Die neuen Wettbewerbsfaktoren heißen Teamgeist, Kommunikation und Synergie. Begegnungsplätze für informelle Kommunikation müssen deshalb gezielt eingeplant werden.

Gleichwertige Arbeitsplätze

Die Qualität einer Büroimmobilie mißt sich nicht nur an der Attraktivität des Baukörpers oder der Repräsentativität der Eingangshalle. Verstärkte Büroautomation und neue kommunikative Arbeitsstile stellen hohe Anforderung an die Gestaltung des Innenraums. Aber nicht nur Funktionalität bestimmt den Lebensraum Büro. Ergonomie, Gestaltbarkeit und Privatheit des eigenen Arbeitsplatzes stehen jedem Mitarbeiter zu.

Überschaubare Gebäudebereiche

Lange Gänge und düstere Ecken des Zellenbüros führen eher zu Orientierungslosigkeit denn zu Teamspirit. Die maximale Teamgröße von 15-20 Mitarbeitern bestimmt die Größe des Gebäudebereichs. Das „Wir-Gefühl" wird durch Transparenz und territoriale Zugehörigkeit gestärkt. In Investmentprojekten wird dadurch die Mietteilbarkeit erhöht.

Privatheit durch Wegehierarchie

Die eigene Abteilung sollte als „home base" erlebt werden. Dennoch soll die Interaktion zu anderen Einheiten gefördert werden. Durch Haupt- und Nebenverkehrswege werden kleinteilige Büroeinheiten so miteinander verknüpft, daß der „workflow" seinem richtigen Lauf folgt.

Funktionale Flächendimensionierung

Kleiderordnung ist out. Die Dimensionierung von Büroräumen/-einheiten ergibt sich aus dem Arbeitsinhalt/-prozeß. Ein Gebäude muß also dem potentiellen Mieter möglichst viele Freiräume in der Gestaltung seines Bürolayouts ermöglichen. Durch Simulation sinnvoller Nutzungsszenarien entstehen Bürokonzepte, die dem potentiellem Mieter genug Freiheitsgrade bieten, sein bedarfsgerechtes Bürosystem zu bilden.

Flexibilität in der Gebäudenutzung

Der Veränderungsgrad erfolgreicher Unternehmen steigt ständig. Nicht die Raumgröße oder Büroform bestimmt den Rahmen des Unternehmens, sondern dessen aktuelle Bedarfssituation. Ist das Bürosystem darauf vorbereitet mitzuwachsen, steigt der Wert einer Gewerbeimmobilie erheblich. Es entsteht die Forderung nach einem Baukörper, in dem alle Büroformen verwirklicht werden können.

Günstiges ökologisches Gesamtkonzept

Ökologisches Gesamtkonzept

Ökologische Lösungen entstehen durch ganzheitliche Integration der Einzelgewerke ab der Konzeptionsphase. Es gilt das „Sick-Building-Syndrome" zu verhindern. Das geschieht einerseits durch die Auswahl von emmissionsfreien Baustoffen, weiter werden überladene Technikkonzepte auf ein sinnvolles Maß „abgespeckt". Dadurch können zusätzlich Investitions- und Betriebskosten verringert werden. Die größten Potentiale liegen hierbei in der Querschnittsmaterie Klima, Beleuchtung, Sonnenschutz.

Gesetze und Normen

Innovative Bürokonzepte haben den geltenden Richtlinien, Gesetzen und Verordnungen voll zu entsprechen. Jeder Vorschlag muß einerseits auf die Bestimmungen aus Bauordnung und Brandschutz, andererseits auf die Bestimmungen aus Gewerbeordnung (Arbeiterschutzgesetz), geprüft werden. Bei der Planung sind die zuständigen Behörden möglichst früh einzubeziehen und die Umsetzung neuer EU-Richtlinien und -normen in innerstaatliches Recht zu berücksichtigen.

Wirtschaftlichkeit

Der europäische Markt für Büro-/Gewerbeimmobilien steckt in einer strukturellen Krise. Durch den steigenden Kostendruck hat sich unter den Nutzern ein verstärktes Kostenbewußtsein in der Gebäudenutzung breitgemacht. Soll ein Gebäude erfolgreich vermarktet werden, zählen in einer erweiterten Wirtschaftlichkeitsrechnung nicht nur Miet- oder Investitionskosten, sondern zunehmend die Betriebs-, Umbau- und Entsorgungskosten. Diese müssen unter Kosten-/Nutzenüberlegungen transparent und klar argumentiert werden.

USP Flächenservice

Durch das Erarbeiten von „intelligenten" Gebäudekonzepten, ist es dem Investor möglich, nutzerorientierte Flächenqualitäten anstelle von „dummen" Quadratmetern anzubieten. Dem potentiellen Kunden kann ein bedarfsgerechtes „Lean-Office" vorgestellt werden, das vom Gebäudebetreiber serviciert und verwaltet wird.

Merkmale „intelligenter Bürogebäude"

Intelligente Bürogebäude / Checkliste für gebäudetechnische Merkmale

- Fassadenraster von 120-135 cm
- Gebäudetiefen 13-15 m
- Lichte Raumhöhe: mindestens 2,75 m
- Klare Gliederung des Gebäudes in überschaubare Gebäudebereiche für 15-20 Arbeitsplätze
- Positionierung von konstruktiven Elementen nach funktionalen Erfordernissen (Büroformen)

- Ausreichend Erschließungskerne (Mietteilbarkeit)
- Trennung von Haupterschließungswegen und Nebenerschließungswegen (abgestufte Privatheit)
- Schaffung von „Begegnungszonen" an Verkehrsknotenpunkten
- Abgestimmte Gebäudetechnik (so wenig wie möglich)
- Klimatechnische Optionen von der statischen Heizung mit Fensterlüftung bis zur kontrollierten Außenluftversorgung mit Raumkühlung (keine Vollklimatisierung)
- Gezielter Einsatz von abgehängten Decken (unter anderem aus Kostengründen und ökologischen Gesichtspunkten)
- Befriedigende Raumakustik für alle Ausbauoptionen
- Kabelführung für EDV Stark- und Schwachstrom im Boden (intelligente Unterflurkanäle kombiniert mit Doppelboden in der Gebäudemitte)
- Bildschirmtaugliche und energiewirtschaftliche Allgemeinbeleuchtung (Direkt-/Indirektsystem)
- Intelligentes, auf alle Nutzungsszenarien abgestimmtes, Ausbausystem
- Bereitstellung gebäude- und bürotechnischer Intelligenz als Vermieterservice

Flächenservice (nicht Bürofläche, sondern funktionierendes Büro wird vermietet).[69]

Zu den Marketingaktivitäten auf dem Weg zum intelligenten Büro mit möglichst hoher Kundenzufriedenheit gehört eine umfassende Beratungsleistung. Diese reicht von der Organisations- und Kommunikationsanalyse bis hin zur Detailplanung inkl. Umzug. Das Ziel der Beratung besteht darin, das Büro unter Berücksichtigung der Unternehmensdynamik nicht nur funktional sondern auch mitarbeitergerecht zu planen.

10.5 Handelsimmobilien

Handelsimmobilien

Im Bereich der Handelsimmobilien ist der Markt vergleichsweise überschaubar, weil nur eine geringe Zahl

[69] Intelligente Bürogebäude/Quelle: Bene Consulting, Waidhofen/Ybbs Österreich, Immobilienkongress Wiesbaden 1996

großer Handelsketten einen Großteil der Nachfrage bestimmt. Durch enge Kooperation mit dem meist schon vorher feststehenden Nutzer können Standort- und Anforderungskriterien zügig ermittelt werden. Schwieriger ist die Vermarktung komplexer Handelsimmobilien, wie Einkaufszentren, Galerien und Passagen. Hier muß zuerst ein marktfähiges Gesamtkonzept erarbeitet werden.[70]

Durch die wirtschaftlichen Schwierigkeiten im Einzelhandel versucht man mehr und mehr durch diese Gesamtkonzepte neue Käufergruppen zu erschließen. Kaufkraftstarke Zielgruppen der Zukunft sind zum einen die junge Generation sowie die Gruppe der über 60jährigen, deren Anteil an der Bevölkerung zukünftig stark wachsen wird.

Es entstehen Konzepte wie das junge Kaufhaus, in dem Artikel und Dienstleistungen angeboten werden, die besonders die bis zu 30jährigen ansprechen (inkl. Cyber-Café usw.) oder das Konzept Shopping im Alter mit Schwerpunkt altengerechte Produkte und altengerechter Bauausführung.

10.6 Gewerbe- und Technologieparks

Im Bereich der Gewerbe- und Technologieparks ist die Zeit der unkoordinierten Erschließung und Bebauung vorbei. In der heutigen Zeit müssen derartige Projekte neben den normalen Anforderungen der späteren Nutzer eine zusätzliche Attraktivität in Form von parkähnlicher Gestaltung, individueller Architektur und einer weitestgehend homogenen Zusammensetzung der beteiligten Branchen bieten. Insbesondere in diesem Segment kommen einem Namen und einem Logo bei der Erzielung eines hohen Bekanntheitsgrades große Bedeutung zu.[71]

10.7 Senioreneinrichtungen

Für Senioreneinrichtungen wird in Zukunft eine erhöhte Nachfrage prognostiziert. Das Marketing für

[70] Vgl. Kühne-Bühnig/Heuer: Grundlagen der Wohnungs- und Immobilienwirtschaft, Frankfurt 1994, S. 619

[71] Vgl. Kühne-Bühnig/Heuer: Grundlagen der Wohnungs- und Immobilienwirtschaft, Frankfurt 1994, S. 620

diesen Immobilientyp verlangt eine besondere Sensibilität bei den zu wählenden Instrumenten, da solche Einrichtungen das antiquierte Image früherer Altenheime überwinden müssen. Gerade in diesem Bereich spielt die optimale Zielgruppenorientierung eine bedeutende Rolle, wo Faktoren wie Standort, Verkehrsanbindung, Einkaufsmöglichkeiten und kulturelles Angebot von großer Bedeutung sind.[72]

10.8 Marketingkonzept

In einem ersten Schritt ist es sinnvoll, eine Zielgruppendefinition durchzuführen und das Ziel der Vermarktungsaktivitäten zu definieren. Zur Zieldefinition zählen die angestrebten Renditen, Mieten und Verkaufspreise sowie der angestrebte Zeitrahmen, in dem das Projekt vermarktet werden soll.

In einem zweiten Schritt wird dann eine Vorgehensweise für die Vermarktungsstrategie erarbeitet. Dazu gehören:

A) Dokumentation
B) Aktionsempfehlungen
C) Zeitplan

A) Dokumentation

Zur späteren Präsentation beim Kunden müssen Grundlagen erarbeitet werden.

1. Beschreibung des Makro-/Mikrostandorts

Makroanalyse

In der Makroanalyse wird das Marktpotential der Region dargestellt. Die wichtigsten Argumente für ein lohnendes Investment am Makrostandort werden im folgenden genannt.

- Lage innerhalb Deutschlands
- Bedeutung für die Region (Oberzentrum, Mittelzentrum, Unterzentrum)
- Verkehrsverflechtung innerhalb Deutschlands (ICE, Flughafen, Autobahn usw.)
- Wirtschaftspotential / Kaufkraft
- Arbeitskräftepotential

---

72 Vgl. Kühne-Bühnig/Heuer. Grundlagen der Wohnungs- und Immobilienwirtschaft, Frankfurt, 1994, S. 620

- Wohnungsmarktsituation
- Einzelhandelssituation
- Büromarkt
- Bildung, Kultur, Freizeit
- Wichtige Arbeitgeber
- Image der Region
- Zukünftige Entwicklungspotentiale der Region

Insbesondere Standortfaktoren wie Bildung, Kultur, Freizeit und Wohnen gewinnen im Zuge einer immer höher werdenden Qualifikation der Arbeitnehmer zunehmend an Bedeutung.

Die Mikrostandortanalyse dient zur positiven Darstellung des Standortpotentials eines Projekts und seiner näheren Umgebung. Wichtig für die Kundenwerbung sind:

Mikroanalyse

- Verkehrsanbindung
- Individualverkehrsanbindung und Anbindung an Flughäfen oder Bahnhöfe
- Nähe zu Universitäten und Forschungseinrichtungen
- Nähe zu sozialer Infrastruktur (Schulen, Kindergärten, Grünanlagen etc.)
- Versorgung für den kurzfristigen Bedarf (Einkaufen, Restaurants)
- Nachbarn
- Nutzung der näheren Umgebung

2. Flächenaufstellung

Um dem Mieter/Investor einen ersten Überblick über die angebotenen Flächen zu geben, sollte eine Flächenaufstellung angefertigt werden. Diese sollte die verschiedenen Nutzungsarten und die Teilbarkeit der Mietbereiche aufzeigen. Eine Unterteilung in Hauptnutzfläche und anteilige Verkehrsfläche ist sinnvoll, um die effiziente Erschließung der Flächen zu dokumentieren.

3. Erstellen kolorierter Grundrißpläne

Die Mietflächen sollten in farbig angelegten Grundrißplänen dokumentiert werden. In den Plänen werden die Hauptnutzflächen, Nebennutzflächen, interne Verkehrsflächen, allgemeine Verkehrsflächen, Lagerflächen und Stellplätze dargestellt.

4. Erstellen einer Bau- und Ausstattungsbeschreibung

Für Mieter und Investoren wird eine kurze Bau- und Ausstattungsbeschreibung erarbeitet, um die Qualität des Bauvorhabens zu dokumentieren. Vermarktungsfördernde Ausstattungsmerkmale können hier besonders hervorgehoben werden. Dazu gehören z. B.: Verwendung ökologischer Baumaterialien, effiziente Energieversorgung (Nebenkosten!), Sonnenschutz, Windwächter, hochwertige Materialien, usw..

5. Darstellung des Nutzungskonzepts und der Stärken des Angebots

Die Nutzungsansprüche der anvisierten Zielgruppe werden aufgegriffen. Die konsequente Umsetzung dieser Ansprüche im Nutzungskonzept wird herausgestellt.

Beispiel: In der Marktanalyse hat sich herausgestellt, daß 70 % der Nachfrager bis 250 qm Größe suchen. Ein Großteil dieser Nachfrager möchte diese Flächen kaufen. Im Nutzungskonzept wurden diese Wünsche durch Kleinteiligkeit der Mietflächen ab 120 qm und Aufteilung in Teileigentum umgesetzt.

6. Marktanalyse

Die Marktanalyse hilft dem Entwickler, die angestrebten Mieten/Verkaufspreise einzuschätzen. Es empfiehlt sich, mit den führenden Maklern vor Ort Expertengespräche zu führen. Bei dieser Gelegenheit kann sich der Entwickler ein Bild über die Leistungsfähigkeit der Makler machen, um für die Vermarktung den geeigneten Partner zu finden.

B) Aktionsempfehlungen

1. Gebäude

In wirtschaftlich schwierigen Zeiten mit einer Vielzahl projektierter Vorhaben neigen viele Nutzer/Investoren dazu, sich erst mit einem Projekt zu beschäftigen, wenn die Realisierung durch den Baubeginn dokumentiert wird. Es empfiehlt sich also, möglichst rasch mit den Bauarbeiten zu beginnen.

Der Ausbau des Gebäudes sollte Flexibilität in Hinsicht auf Mieterwünsche gewährleisten. Es ist sinnvoll, zunächst nur eine Etage (oder Teilbereich) auszubauen, um den Mietinteressenten die Möglichkeit zu geben, sich von der Qualität des Ausbaus zu überzeugen.

Die weiteren Mietflächen werden dann sukzessive unter Berücksichtigung der Mieterwünsche und der Organisationsstruktur ihres Unternehmens ausgebaut.

Ladenflächen werden i.d.R. im erweiterten Rohbau angeboten. Der Ausbau erfolgt durch den Mieter.

Da der erste Eindruck des Gebäudes der wichtigste ist, sollte sich das Objekt immer in einem optimalen Zustand präsentieren. Um dies sicherzustellen, sollten folgende Maßnahmen ergriffen werden:

- Schnellstmögliche Fertigstellung der Fassade, damit sich das Gebäude nach außen hin perfekt präsentiert.
- Sobald die Innenräume fertiggestellt sind, soll das Gebäude auch nachts wie ein bereits vollständig genutztes Gebäude beleuchtet werden. Für Schaufenster empfiehlt sich eine Dekoration mit Informationen über das Gebäude.
- Regelmäßige Begehung des Objekts zur Kontrolle, ob alles in Ordnung ist, sowie Sicherheitsprüfung.
- Nach Fertigstellung Begehung mit Vorschlägen zur attraktiven Präsentation.

2. *Investorenakquisition*

Das Projekt sollte zunächst einem kleinen Kreis von Investoren vorgestellt werden. Eine breite Streuung des Projekts auf dem Markt muß auf jeden Fall vermieden werden, da das Projekt dann schnell das Image der schweren Vermarktbarkeit bekommt („wird angeboten wie saures Bier").

Zur Präsentation des Projekts wird eine Projektmappe erarbeitetdie folgende Inhalte aufweist:

Präsentationskatalog

- Ein Bild/Computersimulation des Objekts
- Beschreibung von Standort und Lage
- Stadtpläne/Lagepläne
- Flächenaufstellung
- Mietflächenbeschreibung
- Kolorierte Grundrißpläne
- Bau- und Ausstattungsbeschreibung

Zur Akquisition der Investoren empfiehlt sich die Anlage einer EDV-gestützten Investorendatei, die regelmäßig gepflegt werden muß.

3. Mieterwerbung

Um den Markt optimal zu bearbeiten, ist es erforderlich, das Projekt sowohl bei potentiellen Nutzern als auch bei anderen Marktparteien, welche mit potentiellen Nutzern in Kontakt stehen, bekannt zu machen. Bezüglich der Umsetzung konkreter Werbemaßnahmen sollten folgende Aktivitäten eingeleitet werden:

a) Name und Identität

In der Regel beginnt man mit der Entwicklung eines Namens und eines Logos für das Projekt. Damit soll sich das Projekt von der Fülle der Konkurrenten abheben und positive Assoziationen bilden. Der Name sollte einen Bezug zum Objekt haben. Es ist wichtig, diesen zugkräftigen Namen in allen Werbeaktivitäten und Materialien zu verwenden, um eine zusammenhängende und einprägsame Kampagne herauszustellen. Bei größeren Objekten bietet es sich an, ein eigenes Briefpapier für das Projekt zu verwenden.

b) Baustellenpräsentation

Präsentation der Baustelle

Die Baustellenpräsentation wurde bisher von den Bauunternehmen (Entwicklern) sehr stiefmütterlich behandelt, obwohl sich hier allein durch die vorhandenen Werbeflächen ein immenses Werbepotential bietet.

Die Baustelle (Bauzaun, Bauschilder, Werbeplanen etc.) sollten die „Corporate Identity" des Unternehmens „herüberbringen". Durch entsprechende Gestaltung der Baustelle läßt sich ein Wiedererkennungswert des Unternehmens erzielen.

Anstelle von Werbeplakaten für Popkonzerte sollte gerade die Werbefläche Bauzaun für die Projektwerbung eingesetzt werden (z. B. durch Bauzaungraffiti o. ä.).

c) Das Vermietungsschild

Auch in der Gestaltung der Vermietungsschilder steckt noch ein erhebliches Innovationspotential. Die meisten Vermietungsschilder sind rechteckig und die Gestaltung langweilig. Zusammen mit einer Werbeagentur sollte ein Werbeschild mit künstlerischem Gestaltungswert entworfen werden, welches sich auch durch die Form und das Material von üblichen Vermietungsschildern abheben darf. Ein Bild erhöht die Werbewirksamkeit. Um die Aufmerksamkeit auf das Schild weiter zu erhöhen, sollte das Schild nachts beleuchtet werden. Der Werbetext des Schildes sollte kurz, prägnant, kreativ und einprägsam sein. Folgende Informationen sollten enthalten sein:

- Projektnamen
- Projektlogo
- Namen und Logo des Entwicklers
- Mietfläche in qm
- Fertigstellungstermin, möglichst in Buchstaben, welche nach Fertigstellung vom Vermietungsschild ablösbar sind
- Logo, Name und Telefonnummer des eingeschalteten Maklers

Die Beteiligten Architekten/Ingenieure und der Generalunternehmer können beispielsweise auch auf einem separaten Bauschild gemäß den öffentlichen Vorschriften dargestellt werden.

Für die Zeit nach Fertigstellung kann zusätzlich mit Vermietungsplänen gearbeitet werden, die je nach Bedarf an andere Stellen umgehängt werden können.

Erfahrungen zeigen, daß ca. 50 % der späteren Mieter über das Vermietungsschild auf das Objekt aufmerksam wurden.

d) Visionalisierung des Projektes

Visionalisierung des Projekts

Die Visionalisierung des Objekts von Beginn an ist sehr wichtig. Im Rohbau sehen alle Projekte gleich aus, und das Lesen von Bauplänen und Baubeschreibungen ist nicht jedermanns Sache. Mit Hilfe einer Computersimulation kann das Objekt nach Vorlage der Architektenpläne visualisiert werden. Das entstandene Bild kann in ein Foto der realen Umgebung eingepaßt werden.

Die Visualisierung ist zunächst sehr hilfreich für die eigene Einschätzung der Gestaltung, ist aber auch hervorragend geeignet zur Unterstützung von Verhandlungen mit Kommunen, Investoren und Mietern. Weiterhin findet es Verwendung auf dem Vermietungsschild, in Vermietungsbroschüren und anderen Werbemitteln.

e) Broschüre

Zunächst sollte eine „kleine Broschüre" erstellt werden mit den wichtigsten Projektinformationen und einer

Ansicht des Objekts. Die Broschüre sollte nur so viel Text wie nötig und so wenig Text wie möglich enthalten. Sie sollte in erster Linie von Bildern leben.

In der Broschüre werden die Vorteile des Projekts herausgestellt. Mit ihr können z. B. über eine Mailingaktion gezielt Mietinteressenten angesprochen werden.

Falls das Projekt nach Fertigstellung nicht vermietet/verkauft ist, kann dann eine etwas ausführlichere Broschüre erstellt werden mit Fotos/Detailfotos des Objekts. Mittels dieser Fotos wird Interessenten bewußt gemacht, daß das Objekt am Markt und sofort bezugsfertig ist. Die Broschüre muß Details über Standort und Objekt enthalten. Sie muß frühzeitig vorbereitet werden, so daß die Fotos nach Fertigstellung nur noch eingefügt werden müssen und die Broschüre bei Bedarf sofort zur Verfügung steht.

f) Inserate

Es ist fraglich, ob Inserate ein geeignetes Mittel zur Mieterwerbung sind. Inserate könnten aber gezielt eingesetzt werden, um bestimmte Aktionen zu unterstützen (Mailing, Tag der offenen Tür). Im Zusammenhang mit Qualität und Mietpreisniveau muß ein Inserat entsprechende Größe und Qualität haben (ggf. farbig). Die Inserate und andere gezielte Aktionen sollten im Hinblick auf Schulferien, Weihnachtsferien, Sommerloch in den Monaten September bis November bzw. Februar bis Juni stattfinden.

g) Mailing

Mit der kleinen Broschüre sollte zur Vermietung ein gezieltes Mailing erfolgen, um die Zielgruppe anzusprechen, welche die angebotenen Flächen sucht. Gegebenenfalls kann ein eigenes Briefpapier produziert werden mit dem Logo des Projekts sowie einem Hinweis auf Projektentwickler und Makler mit Telefonnummern. Die Mailing-Aktion sollte im System Call-Mail-Call ablaufen. Dies bedeutet eine Telefonaktion, um bei den entsprechenden Unternehmen die Entscheidungsträger zu eruieren, so daß eine gezielte Mailing-Aktion stattfinden kann. Einige Tage nach dem Mailing sollte ein intensives Telefon-Follow-up stattfinden, um das Interesse der angeschriebenen Unternehmen zu prüfen. Die Mailingaktion soll in einem Ausmaß vorgenommen werden, welches das telefonische Follow-up möglich macht. Mehr als 50 Unternehmen sollten nicht angeschrieben werden. Zur Durchführung des Mailing kann auf ortsansässige Makler mit entsprechender Kundenkartei zurückgegriffen werden.

h) Info-Paket

Eine beschränkte Anzahl von Informationspaketen für den interessierten Mieter sollte fertiggestellt werden. Darin müssen enthalten sein:

- Detaillierte Informationen über den Standort
- Detaillierte Informationen über das Gebäude
- Plankopien aller Stockwerke, farbig angelegt
- Bau- und Ausstattungsbeschreibung

Anläßlich der Produktion der Broschüre kann gleich ein Cover für dieses Info-Paket mit produziert werden.

i) Aufgaben des Maklers

Im Rahmen einer professionellen Vermarktung kommt dem Makler besondere Bedeutung zu. Schon zu Beginn des Projekts sollte er aus Vermarktungsgesichtspunkten bei der Festlegung des Konzepts mitwirken. Dabei sollten Marktuntersuchungen durchgeführt und ausgewertet werden und der Makler zu wichtigen Fragen, wie Ausbauraster, Ausstattungsstandard, Größe der Vermietungseinheiten gehört werden.

Während der Marketingaktivitäten sollten regelmäßig Marketingmeetings stattfinden, an denen auch der Makler teilnehmen sollte. Er sollte nicht nur Bericht über laufende Verhandlungen, neue Mietinteressenten und den Ablauf des Marketingprozesses erstellen, sondern auch über eventuelle Änderungen der Marktsituation und des Marktgeschehens informieren.

Der Makler führt die Mietverhandlungen im Auftrag des Vermieters und hat dabei die Aufgabe, bestmögliche Konditionen für den Vermieter zu erzielen. Dies gilt nicht nur für den eigentlichen Mietzins, sondern auch für eine vermieterfreundliche Nebenkostenregelung und Wertsicherung der Immobilie.[73]

Nach Fertigstellung des Projekts (bzw. Musterbüro) kann neben den beauftragten Maklern eine be-

[73] Vgl.: Falk: Gewerbeimmobilien, Landsberg-Lech 1994, S. 54-55.

schränkte Anzahl an weiteren Maklern zur Präsentation des Gebäudes eingeladen werden. Diese Makler erhalten dann eine beschränkte Anzahl Info-Pakete und Broschüren, welche sie ausschließlich für vorgemerkte Kunden verwenden können. Bei der Einladung der Makler müssen die Bedingungen klar gemacht werden, z. B. Anbieten nur nach Abstimmung mit dem Entwickler, keine Inserate, keine ungezielten Mailing-Aktionen.

j) Das Musterbüro

Musterbüros

Wie schon erwähnt, können sich viele Mieter nicht vorstellen, wie das Projekt später aussehen wird. Aus diesem Grund ist es sehr wichtig, ein Musterbüro einzurichten. Das Musterbüro sollte verschiedene Raumgrößen aufzeigen und professionell möbliert sein. Lieferanten von Büromöbeln können eingeladen werden, um ihre Möbel kostenlos zu präsentieren. Das Musterbüro sollte auch voll funktionsfähig sein und alle Details, wie abgehängte Deckenbeleuchtungskörper, Verkabelungsmöglichkeiten, Trennwände, Toiletten und Teeküchen zeigen. Besprechungen sollten möglichst im Musterbüro stattfinden, wo ständig Broschüren, Infopacks und Objektmodelle vorhanden sind.

k) Press Release

Press Release

Bei größeren Projekten ist eine konsequente Pressearbeit unabdingbar. Bei besonderen Ereignissen sollten Pressevertreter und Geschäftswelt der betreffenden Zielgruppe eingeladen werden. Die Resonanz auf solche Einladungen wird ungleich höher sein, wenn man sie mit einem Veranstaltungsrahmen verbindet, der für die Zielgruppe interessant und nicht alltäglich ist.

Zur Unterstützung der Pressearbeit werden bei größeren Projekten sog. Newsletter angefertigt. In ihnen werden wichtige Nachrichten über den Projektverkauf verbreitet, ohne daß der Empfänger das Gefühl hat, wiederholt ein Objektangebot zu erhalten. Sie enthalten Berichte über Baubeginn, Richtfest und/oder Empfang zur Fertigstellung sowie Interviews mit Mietern und wichtigen Marktteilnehmern.

Presseveröffentlichungen stellen ein relativ günstiges Mittel dar, um das Projekt bekannt zu machen. Anlässe dafür wären:

1. Verkauf an Investoren
2. Beginn der Bauarbeiten
3. Vermietung an bekannte Firmen
4. Fertigstellung

l) Events

Hierbei bieten sich besonders Aktionen bei der Grundsteinlegung, beim Richtfest oder bei der Fertigstellung eines Objekts an.

Nach Fertigstellung des Objekts bzw. Musterbüros könnte z. B. ein Tag der offenen Tür organisiert werden, um potentiellen Nutzern und anderen Interessenten die Möglichkeit zu geben, das Projekt kennenzulernen. Zu diesem Anlaß sollten auch berühmte lokale Persönlichkeiten aus Verwaltung, Politik und Wirtschaft eingeladen werden, die gegebenenfalls dazu gewonnen werden können, eine Rede zu halten. Die Resonanz auf eine solche Einladung wird ungleich höher sein, wenn sie mit einem Veranstaltungsrahmen verbunden wird, der für die Zielgruppe interessant und nicht alltäglich ist. Jeder Gast erhält ein kleines Info-Paket und ein Präsent.

m) Incentives

Incentives

Ein Aspekt sind „Zugeständnisse", die einem potentiellen Mieter als Lockmittel dienen sollen und in Phasen eines konjunkturellen Rückgangs, mit hoher Leerstandsquote bei Gewerbeimmobilien, zum Ansatz gebracht werden können.

Einige dieser Incentives könnten z. B. mietfreie Zeiten, Ausbau-Zuschüsse, Übernahme von Umzugskosten, Unterstützung bei Raumplanung sein.

n) Zeit- und Kostenplan

Kosten- und Zeitplan

Zusammen mit den eingeschalteten Maklern wird ein Zeitplan erstellt, in welchem die Marketingmaßnahmen durchzuführen sind. Die Koordination im Rahmen mit der Bautätigkeit muß im Vorfeld erfolgen. Die Kosten für die Marketingmaßnahmen werden zunächst geschätzt und ein Marketingbudget wird festgelegt.

Es sollte nicht außerachtgelassen werden, daß jeder mieter- oder käuferlose Monat für eine Gewerbeimmobilie meist ein Vielfaches der Kosten aufwirft, die für ein leistungsfähiges und langfristiges Vermarktungskonzept notwendig wären. Da die Kosten letztlich von

Größe und Umfang der Kampagne abhängen, ergeben sich Spannbreiten von einigen Zehntausend Mark bis zu Budgets von mehreren Millionen Mark.

Folgende Auflistung dient als Anhaltspunkt für die Kosten von einigen Marketingmaßnahmen:

1.	Kolorierte Grundrißpläne Einzelne DIN A4 Darstellung:	ca. DM 1.000,-
2.	Entwicklung eines Logos:	ca. DM 6.000,-
3.	Vermietungsschild pro qm	ca. DM 500,-
4.	Ausarbeitung einer Annonce durch Werbeagentur:	ca. DM 5.000,-
5.	Computersimulation:	ca. DM 20.000,-
6.	4seitige Vermietungsbroschüre in DIN A4, 2000 Exemplare:	ca. DM 16.000,-
7.	Selbsterstellte Infoprospekte:	ca. DM 3.000,-
8.	Erarbeitung beispielhafter Baustellenpräsentation durch Werbeagentur:	ca. DM 1.500,-
9.	Vermietungspläne pro qm:	ca. DM 120,-
10.	Tag der offenen Tür mit ca. 100 Gästen:	ca. DM 25.000,-
11.	Einladungskarten für den Tag der offenen Tür:	ca. DM 5.500,-

10.9 Die Aufgabe des Bauherrn

Tätigkeit des Bauherren

Aus den vorgenannten Marketingmaßnahmen ergeben sich auch Aufgaben für den Bauherrn. Der Bauherr muß vernünftige Unterlagen liefern und bereit sein, ein entsprechendes Budget für Marketingmaßnahmen bereitzustellen. Für ein vernünftiges Budget sind ca. 1-2 % des Verkaufsvolumens, wobei ein Mindestbetrag von 100.000 DM für kleinere Projekte gelten kann, vorgesehen.

Der Bauherr ist auch für die Koordination des gesamten Entwicklungteams, das heißt z. B. für Architekten, Baubetreuer, Anwälte und Makler zuständig. Er sollte frühzeitig einen Mustermietvertrag entwerfen lassen und muß auch dafür Sorge tragen, daß wichtige Informationen, wie z. B. die Nebenkostenschätzung, rechtzeitig vorliegen. Er hat dafür zu sorgen, daß es aussagefähige Unterlagen, wie z. B. Grundrißpläne, Baubeschreibungen und Mietflächenberechnungen gibt. Sobald sich das Projekt in einer fortgeschrittenen Phase befindet, sollte er auf eine ausreichende Beschilderung des Musterbüros und auf gepflegte Außenflächen achten.[74]

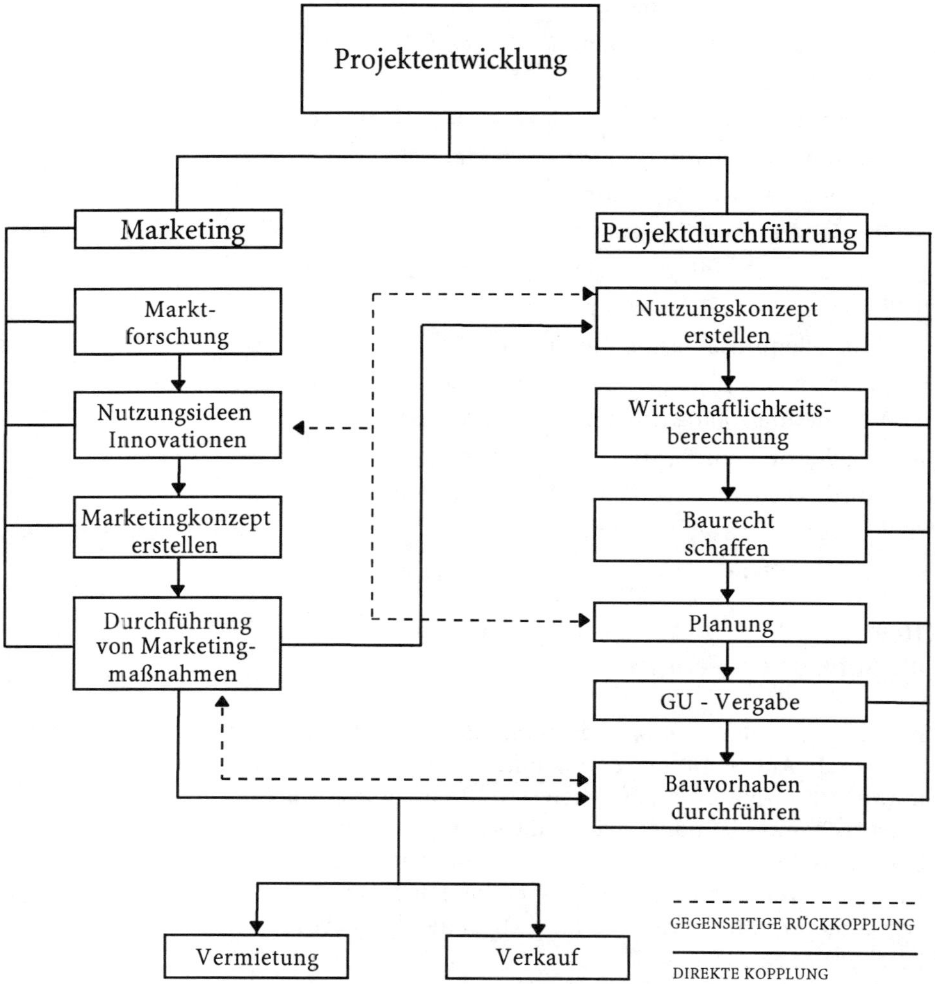

Abb. 78: Verknüpfung Marketing und Projektentwicklung

74 Vgl. Falk: Gewerbeimmobilien, Landsberg-Lech, 1994, S. 55-56

Literatur

Backhaus, K., Sandrock, O., Schill, J., Uekermann, H.: Projektfinanzierung, Stuttgart 1990

Backhaus, Uekermann: Projektfinanzierung, in: Wirtschaftsstudium, Heft 3, März 1990

Bohne-Winkel, S.: Das strategische Management von offenen Immobilienfonds unter besonderer Berücksichtigung der Projektentwicklung von Gewerbeimmobilien, Köln 1994

Brandenburger, J., Ruosch, E.: Projektmanagement im Bauwesen, 3. Auflage, Zürich 1991

Breitenstein, O.: Der Einsatz von Projektmanagement-Instrumenten beim Bau einer Tiefgarage, in Zeitschrift für Angewandte Wirtschaftswissenschaften, Kassel 1993

Breitenstein, O.: Deutsche Bahn Areale als Studienobjekt, in Gebäude Management, Immobilien - Organisation - Dienstleistung, Ausgabe 3/97

Breitenstein, O., Lennerts, K.: The latest developments in facility mangement research, in LASER, Leipzig 12. 96

Bullinger, Dieter: „Anforderungen und Aufgaben an einen Immobilie Projektentwickler", in: Immobilien Zeitung 24.02./ 10.03./ 24.03.1994

Caspar Frh. von Weichs: „Projektentwicklung im Rahmen des strategischen Managements eines Immobilienunternehmens", im: Intensivseminar „Projektentwicklung", 03.03.1984 Berlin

Diederichs, C., J, „Grundlagen der Projektentwicklung", im: Intensivseminar „Projektentwicklung", 03.03.1984 Berlin

Diederichs, C., J.: Grundlagen der Projektentwicklung/ Teil I, in: Bauwirtschaft, Jg. 48 Nr. 11

Diederichs, C., J.: Grundlagen der Projektentwicklung/ Teil IV, in: Bauwirtschaft, Jg. 49 Nr. 2

DIN 69901: Projektwirtschaft/ Projektmanagement, Begriffe, August 1987

Dombert, M.: Altlastensanierung in der Rechtspraxis, Berlin 1990

Dr. Gablers Wirtschaftslexikon, 1988

DVP: Informationen 1994, Wuppertal 1994

Falk, B. : Immobilien-Handbuch - Lose-Blatt-Werk, Lansberg am Lech 1990

Falk, B. : Immobilien-Handbuch - Wirtschaft, Recht, Bewertung, Stuttgart 1985

Falk, B.: Einkaufszentren, Landsberg am Lech 1982

Falk, B.: Gewerbe-Immobilien, 6. Auflage, Landsberg am Lech 1994
Feinen: Stürzt der gewerbliche Immobilienmarkt in die Krise, in: Der langfristige Kredit, 1994, S.340 ff.
Frutig, D., Reiblich D.: Facility Management, Erfolgsfaktoren der Immobilienbewirtschaftung, Zürich 1995
Gop, Rebecca: Aufreißer für enge Märkte? - Projektentwicklung in Deutschland, in: Immobilien- Manager, 4/ 1994
Harden, H., Kahlen, H. (Hrsg.): Planen, Bauen, Nutzen und Instandhalten von Bauten; Stuttgart- Berlin 1993
Harmsen, D.: Analyse der Projektentwicklung im Immobiliengeschäft, Karlsruhe 1990
Hauth, M.: Vom Bauleitplan zur Baugenehmigung, München 1995
Heinen, E.: Industriebetriebslehre, Wiesbaden 1978
Holzapfel, A. M.: Flächenrecycling bei Altlasten. Berlin 1992
Kleiber, W.: Verkehrswertermittlung von Grundstücken, 2. Auflage, Bundesanzeiger, Köln 1995
Kühne-Bühnig, L.; Heuer, J.H.B.: Grundlagen der Wohnungs- und Immobilienwirtschaft, Frankfurt 1994
Merz, R., Breitenstein, O., May A.: Intergral an Simultaneous Planning for the Building Installation Contractor, in LASER No. 2 1997, S. 469-480
Motzel, E. (Hrsg.): Projektmanagement in der Baupraxis, bei industriellen und öffentlichen Bauprojekten, Berlin 1993
Platz, J.: Immobilien Management - Prüfkriterien zu Lage, Substanz, Rendite, 4. Auflage, Wiesbaden 1994
Ruppe, J. ; Lindemann, M.: Altlasten: Praxisleitfaden zur Erfassung, Erkundung, Bewertung und Sanierung. Berlin 1991
Schütz, U.: Projektentwicklung von Verwaltungsgebäuden, Renningen-Malmsheim, 1994
Simon, J.: Die Last mit der Belastung, in: Immobilienmanager Ost`94, S. 64
Simon, J.: Wertermittlungsrichtlinie, 1. Auflage, München 1992
Sommer, J.: Projektmanagement im Hochbau, Berlin Heidelberg 1994
Steiner, U.: Besonderes Verwaltungsrecht, Heidelberg 1992
Verband öffentlicher Banken: Facility Management, Optimierung der Internen Betriebswirtschaft, Köln 1994

Springer und Umwelt

Als internationaler wissenschaftlicher Verlag sind wir uns unserer besonderen Verpflichtung der Umwelt gegenüber bewußt und beziehen umweltorientierte Grundsätze in Unternehmensentscheidungen mit ein. Von unseren Geschäftspartnern (Druckereien, Papierfabriken, Verpackungsherstellern usw.) verlangen wir, daß sie sowohl beim Herstellungsprozess selbst als auch beim Einsatz der zur Verwendung kommenden Materialien ökologische Gesichtspunkte berücksichtigen.
Das für dieses Buch verwendete Papier ist aus chlorfrei bzw. chlorarm hergestelltem Zellstoff gefertigt und im pH-Wert neutral.

Springer

Druck: Mercedesdruck, Berlin
Verarbeitung: Buchbinderei Lüderitz & Bauer, Berlin